Jörg Deuter
Lola Landau
Dichterin – Pazifistin – Zionistin

Jörg Deuter

Lola Landau
Dichterin – Pazifistin – Zionistin

Kommentierte Collage
ihrer Briefe und Gedichte an Jörg Deuter

Including Sibyll Stevens'
Reflections on her Mother Lola Landau (1933-45)

Laugwitz Verlag

[Titelbild:] Lola Landau, Porträt unter Verwendung einer Photographie von Lotte Jacobi aus dem Jahr 1930. Das Photo stellt die Schriftstellerin so dar, wie sie sich noch im Alter gerne sah und wurde mir von ihr in den frühen achtziger Jahren als das angemessene Porträt übermittelt, als es darum ging, meinen biographischen Essay über sie zu illustrieren.

© Jörg Deuter 2023

Alle Rechte dieser Ausgabe beim Verlag Uwe Laugwitz,
D-21244 Buchholz in der Nordheide, 2023

ISBN 9-783-933077-69-1

Inhaltsverzeichnis

Zitate	6
Grußwort	8
Einleitender Essay	11
Sibyll Stevens, Reflexions on the Period 1933 to 1945	100
Briefe 1983 bis 1990 und zugehörige Glossen	108
Epilog I – Meine persönliche Motivation: Befragen, um zu bewahren	216
Epilog II – Wegners lebenslange Mission: Aufbrechen, um zu helfen	228
Noch einmal drei Zitate	235
Die Berliner Marienstraße. Versuch einer Heimholung	237
Namensregister	241
Bibliographie I Sekundärliteratur zu Lola Landau II Selbständige Veröffentlichungen von Lola Landau	245
Danksagung/Kurzvita des Autors	247

Zitate

Nicht um des Friedens willen sind Kriege bisher geführt worden, sondern ihr politischer Zweckgedanke kann sich nur darauf beschränken, einen zeitweisen Waffenstillstand mit günstigeren Bedingungen für den Gewinner zu schaffen. Mag auch dieser einige Jahre dauern, so sucht doch stets der Verlierende den Verlust wieder einzubringen.

Solange Krieg überhaupt als bestehende Einrichtung anerkannt wird, solange er nicht gestürzt wird von einer ideal revolutionierenden Menschheit, solange wird auch dies [oben Gesagte als] ein allgemeines Gesetz blutiger Fortpflanzung Gültigkeit haben. (...)

Sie lieben die Tat, aber wollen nicht wissen, daß ihre Tat gleichbedeutend ist mit Totschlag.

> Lola Landau, Der eiserne Götze (1916). 48 Blätter. Deutsches Literaturarchiv Marbach. Blatt 26/27 und 19.

Einwanderer

Wir tragen von fremden Ländern die Spuren.
Ins Antlitz geschnitten mit schmerzhaftem Schnitt.
Vertrieben von zärtlich geliebten Fluren,
Schleppen auf dem Rücken wir verlassene Länder mit.
Noch immer begleitet von hellen Wolken und Winden,
Das Rauschen nördlicher Völker im südlichen Blut,
Durchwandern wir seufzend die Wüste,
um endlich die Heimat zu finden.
Doch hinter geschlossenen Gliedern
der Glanz der Erinnerung ruht.

> Entstanden um 1960. Das Gedicht wird von Lola Landau in ihrer Autobiographie »Meine drei Leben«, Berlin 1987, zitiert.

Gewiß ist es wahr, das wir für alles im Leben bezahlen müssen, jeder in seiner Weise. Aber ist das, was wir bezahlen, und das, was wir dafür empfingen, denn gering? Du hast unter einem tiefen inneren Gebot Dein jüdisches Sein, das ungeheure Abenteuer Deines Volkes dem Abenteuer mit einem ungetreuen Mann vorgezogen, und es war wohl so, daß Du diesem Gesetze folgen mußtest. Den Lohn dafür kann kein äußerer Erfolg, sondern nur innere Befriedigung bringen, die wir dabei empfinden.

Armin T. Wegner, Positano, an Lola Landau, Jerusalem, am 26. November 1947, in: Birgitta Hamann, Lola Landau. Leben und Werk. Berlin 2000

Grußwort

von Sibyll Stevens-Wegner, der Tochter Armin T. Wegners und Lola Landaus

I grew up in Berlin, a cosmopolitan, lively city in the 20th. My father was a writer, his travel-books were much read, they had a circulation up to 200.000 and one of his novels »Moni« was serialised in the Berliner Tageblatt. My mother had published works of poetry and together they wrote plays, published articles in periodicals, spoke on the radio and I often saw their photograph with their names: Armin T. Wegner and Lola Landau displayed monumentaly in magazines.

I felt very important being the child of »famous« parents.

Since 1933 we seemed to live in a vacuum with an uncertain future ahead of us. My mother was devastated by the last developments. She had recently witnessed the boycott of Jewish shops. For her the only solution was: Emigrate. She wanted to leave all that was Germany behind her. But no, Armin wanted to stay, it was vital that he as a »good« German stayed on and anyway, Hitler would not last long.

My father was so incensed with these new laws and the discrimination against Jews, that he wrote a letter to Hitler. No newspaper would print the letter, so he send it directly to he »Braune Haus«…

Ich habe noch einmal die Briefe meiner Mutter aus dem Buch »Welt vorbei« gelesen. Sie sind erschütternd. Meine Mutter hat so unter der Auflösung unserer Familie gelitten. Ich hatte es so viel leichter als Kind, denn ein neues Land, neue Städte, neue Schule, das waren Abenteuer für mich.

Ich bin sehr einverstanden mit Ihrem Plan, eine Zusammenstellung der Briefe meiner Mutter an Sie zu machen, die auch Gedichte enthält.

Mit herzlichen Grüßen, Sibylle [S.-W. 1923–2016]

Abb. 1. Vorlage für Lesser Ury, Porträt Lola Landau, um 1897. Wohl Mischtechnik: Bleistift/Kreide. Maße und heutiger Standort sind unbekannt. Das Porträt selbst ist verschollen, das gezeigte Photo befindet sich im Nachlaß Lola Landaus.

Abb. 2. Photoatelier Erich Sellin, Berlin, Lola Landau, etwa 1898.
Nachlaß Lola Landau

Einleitender Essay

Von Lola Landau läßt sich sagen, daß sie in ihrer Familie eines der eher unspektakulären Familienmitglieder war. Hinter Vettern wie Kurt Hahn (1886–1974), dem Begründer der »Erlebnispädagogik« und der Reformschule Salem, und Edmund Landau (1877–1938), dem Göttinger Mathematikprofessor, der mit seiner »Lehre von der Verteilung der Primzahlen« (1909) die Primzahlforschung vorantrieb und damit Wissenschaftsgeschichte machte, verliert sich ihr Name im Ressort der schreibenden Frauen.[1] Was aber sollte sie auch neben einem Pädagogen, der Prinz Philip, den englischen Prinzgemahl, zu seinen bis zuletzt begeisterten Schülern zählen konnte, und zu einem Freund Einsteins ins Feld führen können? Ich denke: Eine ganze Menge! War sie eine jener *Minor Poets*, wie einer meiner Deutschlehrer das weite Feld der ungelesen Schreibenden einst abqualifizierte? Ich habe den Begriff und das dahinterstehende Denken schon als Schüler nicht gemocht. Verstehen tue ich ihn heute noch weniger. Viele jener nicht mehr Gelesenen lohnten die Möglichkeit, sie zu entdecken. Ob wir dies tun, bleibt unsere Sache. Wenn wir es nicht tun, verlieren sie damit nicht ihr Recht, lesend wahrgenommen zu werden. Inzwischen hat mein Deutschlehrer von einst selbst einen Sohn, der ein Schriftsteller ist, den man kennt. Möge er nie in die Region der *Poetae minores* abgeschoben werden, die Arno Schmidt als unerlöste literarische Unterwelt beschrieben hat. Ob ein Werk noch lebt, hängt sicherlich nicht von der Anzahl seiner Leser ab, sondern mehr schon von der Intensität, mit der es gelesen wird. Daß diese Autorin uns noch etwas zu sagen hätte, belegt allein schon ihr Lebenslauf. Soviel ist richtig: Lola Landau war vergessen und wurde sogar längst tot-

---

1 Der Schwiegervater ihres Vetters Edmund Landau war Paul Ehrlich, »ein Jude und ein weiser Arzt«, wie Armin T. Wegner ihn in seinem »Sendschreiben« nennt. Landau hatte 1905 Marianne Ehrlich, die Tochter des siegreichen Bekämpfers der Syphilis und Nobelpreisträgers, geheiratet. So eng liegen historische und familiäre Bezüge in jenem Protestscheiben teilweise beisammen.

geglaubt, als sie in Jerusalem noch täglich am Schreibtisch sitzend ihrer schriftstellerischen Tätigkeit nachging: eine Autorin fast ohne Leserschaft, eine Emigrantin aus Überzeugung, eine Jüdin, die bis zuletzt eher schlecht als recht hebräisch sprach, gern und sehr feinfühlig aber weiterhin deutsch.

Als ich in der zweiten Hälfte der siebziger Jahre das Schicksal und Werk Armin T. Wegners, zunächst eher für mich selbst und aus der Neugier eines nach Identifikationsvorbildern Suchenden, zu erforschen begann,[2] mußte ich mich von Armin T. Wegners zweiter Ehefrau Irene Kowaliska anstaunen lassen, warum ich denn nicht an Lola Landau selbst schreibe, wegen meiner Fragen um dessen Haft und wegen der Ereignisse während der Zeit seiner ersten Ehe. Wie hätte ich aber auf die Idee kommen können? Hatte ich doch nicht einmal einen Hinweis darauf gefunden, daß Lola Landau überhaupt noch lebte. Erst Kürschners Literaturkalender von 1981 hat sie als deutsch schreibende Autorin wieder notiert; eine damals Neunzigjährige in Jerusalem, die um einer geschichtlichen Tat willen eigentlich nur als Zeitzeugin im letzten Moment noch wieder erinnert wurde, – Armin T. Wegners Protestschreiben an Adolf Hitler gegen den sogenannten Judenboykott zu Ostern 1933, dessen Auslöserin, Mitwisserin, erste Rezipientin sie gewesen war. Vielleicht sogar mehr? So vergessen konnte fast fünf Jahrzehnte nach der Ausgrenzung der Juden in Deutschland ein Mensch sein, der immerhin einen der massivsten Proteste gegen erste Ausschreitungen hervorgerufen hatte. Daß die Lyrikerin und Erzählerin Lola Landau der literarischen Öffentlichkeit völlig entschwunden war, kann angesichts von so viel Geschichtsvergessenheit da gar nicht mehr weiter verwundern. Wie aber hätte ich ahnen sollen, daß sich eine fast zehnjährige Freundschaft aus dieser Recherche entwickeln würde!

2 Leider war bei der Abfassung des Buches der Nachlaß Armin T. Wegners, der große Teile der Briefe und Skripte Lola Landaus enthält, wie auch deren eigener schriftlicher Nachlaß im Deutschen Literaturarchiv Marbach nicht erneut einsehbar, da das Archiv während dieses Zeitraums – bedingt durch den allgemeinen *Lock Down* – nicht zugänglich war.

Auch eine »Berliner Kindheit um 1900«

Dabei hatte alles im Leben der Arzttochter Leonore Landau (1892–1990), die großbürgerlich und wohlsituiert aufwuchs, früh aber auch schon zu widerständigem Denken geneigt war, mit einem fast alle Möglichkeiten eröffnenden Auftakt begonnen: Der Vater Theodor Landau (1861–1932) leitete seit 1876 an der Berliner Marienstraße 9 gemeinsam mit seinem Bruder eine Privatklinik für Gynäkologie. Diese Klinik war eine der frühesten gynäkologischen und genoß über Deutschlands Grenzen hinaus einen bedeutenden Ruf, denn die Brüder waren wirkliche Koryphäen des Faches. Im Inflationsjahr 1923 ist als Eigentümer des Gebäudes »E. Landau (Göttingen)«[3] eingetragen, also der heute als Mathematiker weltberühmte Edmund Landau (1877–1938), ihr Vetter. Lolas Vater Theodor, Sanitätsrat und Chefarzt, führte die Klinik nach dem Tod seines Bruders allein weiter. Sein Neffe war offensichtlich aber fortan als Besitzer der Immobilie im Grundbuch fixiert.

Heute befindet sich in der Nachbarschaft ihrer Privatklinik, auf dem Gelände der Charité, genauer gesagt an der Philippstraße 12, im Fachschaftshaus der Anatomie, die »Beckensammlung«: 85 Präparate von Kindern, Jugendlichen und Erwachsenen, sowie weibliche Beckenanomalien. Sicherlich hätten die Gebrüder Landau sich für diese Sammlung, die damals schon bestand, mehr als nur interessiert. Hatte Lolas Onkel Leopold (1848–1920) doch mit seiner Arbeit »The History and Technique of the Varginal Radical Operation« (1896) nicht nur Medizingeschichte erforscht, sondern ein Standardwerk nach den neuesten Erkenntnissen der damaligen Gy-

---

3 Berliner Adreßbuch 1923, wo er als Eigentümer genannt wird. Das Landausche Klinikgebäude befindet sich in einer der geschlossensten klassizistischen Straßen Berlins. Vgl. Eva Brinkschulte/Thomas Knuth (Hgg.), Das medizinische Berlin. Berlin 2011. S. 153. Für Nachforschungen in der Charité danke ich Frau Dr. Petra Lennig, Historikerin der Charité in Berlin. Leider konnte auch sie meine Frage, ob etwa einzelne der Exponate der Becken-Sammlung der Charité noch auf die Gynäkologen Theodor und Leopold Landau zurückgehen könnten, nicht klären.

näkologie geschrieben, das wegweisend gewesen zu sein scheint, denn gebärende Damen der Gesellschaft entbanden in der Privatklinik und kamen von überall her aus Europa und aus den USA. Beide Brüder Landau waren Mitglieder des »Vereins Freie Bühne« Berlin. Bereits das zweite Mitgliederverzeichnis vom 1. Januar 1890 verzeichnet sie als solche.[4] (Im ersten vom 30. Juni 1889 waren sie noch nicht genannt worden.) Das deutet auf ein ausgeprägtes Interesse am damals modernsten Theater hin, also an den Stücken Ibsens, Strindbergs und Hauptmanns, dessen »Vor Sonnenaufgang« dort 1889 und dessen »Die Weber« dort 1893 ihre Uraufführung erlebten. Die Gebrüder Landau und ihre Familien hatten durch die Mitgliedschaft im »Verein Freie Bühne« das Anrecht, diese umstrittenen, sofort Theatergeschichte schreibenden Aufführungen in Uraufführungen zu sehen, denn dafür war der Verein gegründet worden. Es erstaunt kaum, daß vier Fünftel der Mitglieder dieses Vereins, dem die führenden Dichter des Naturalismus angehörten (anfangs sogar Anzengruber, zudem die ganze Phalanx der Naturalisten: Heinrich und Julius Hart, Carl und Gerhard Hauptmann, Arno Holz und Johannes Schlaf), aber auch die führenden Musik- und Theaterleute (Otto Brahm, Hans von Bülow, Karl Emil Franzos oder Josef Kainz, die Hof-Schauspielerinnen Agnes Sorma oder Marie Seebach), jüdischen Glaubens oder jüdischer Herkunft waren. Deutlicher läßt sich der Aufbruch einer ganzen Gesellschaftsschicht in die Moderne kaum dokumentieren. So ist es auch mehr als nur ein bloßer Zufall, daß Lola Landaus literarische Ambitionen gerade mit dramatischen Werken begannen, deren Aufführung im kleinen Kreis sie einer öffentlichen Bewertung zwar entzogen, die aber dennoch in der »Berliner Gesellschaft« oder eben jenem Kreis, der sich für eine neue freie Bühne engagierte, sehr wohl zur Kenntnis genommen worden sein dürften. Ein Interesse an Progressivität auf den Brettern, die die Welt bedeuten, ist ihr mit in die

---

4 Die Mitgliederlisten des »Vereins Freie Bühne« vom 1889 und 1890 werden publiziert in: Friedrich Pfäfflin/Ingrid Kussmaul (Hgg.), S. Fischer, Verlag. Von der Gründung bis zur Rückkehr aus dem Exil. Marbach 1985 (= Marbacher Katalog 40). S. 34–36 und S. 38–44.

Wiege gelegt worden. Lola Landau hatte einen auch künstlerisch wirklich guten Start ins Leben.

Sie ist im Zentrum Berlin, wo sie, mitten im »alten Westen« aufgewachsen, an der Potsdamer Straße, an der schon und immer noch, zeitgleich mit ihr, Theodor Fontane gewohnt hat; dann an der Dessauer Straße und schließlich unweit der Kaiserin-Augusta-Straße, also des heutigen Reichpietschufers. Sie hat seit dem zwölften Lebensjahr das Schöneberger Mädchengymnasium besucht und war also eine waschechte Berliner Pflanze, verwurzelt im »Geheimratsviertel« um die Matthäi- und Zwölf-Apostel-Kirche. Den Titel Geheimrat führten ihr Vater und ihr Onkel denn auch tatsächlich. Gleich Virchow oder Menzel, die in der Nachbarschaft wohnten, waren sie demgemäß »Exzellenzen« im Sinn der wilhelminischen Titularordnung: auch dies eine »Berliner Kindheit um 1900«, und sie hat sie in denselben Straßen erlebt wie ihr exakt in denselben Jahren an denselben Stellen denselben Zeitgeist einatmender Alters- und Ortsgenosse Walter Benjamin, – und im selben assimiliert jüdischen Milieu; nicht in der Genthiner Straße, die eine Privatstraße war, kein öffentlicher Weg, oder am Blumeshof (dem »Blumeszof« Benjamins), wohl aber in der privaten Straße »Am Karlsbad«, einen Steinwurf davon entfernt. Die Phantasie und den Fond, jene Kindheit kulturanthropologisch oder quasi Gegenwarts-archäologisch zu erfassen, wie Benjamin dies tut, hätte sie wohl besessen. Und daß es sich bei diesen Lebenswelten schon damals um etwas im Vergehen Begriffenes handelte, hat sie erfaßt, warum sonst hätte sie sich so rasch von Werten ihrer Umwelt abgewandt? Aber sie lebte so sehr in ihrer jeweiligen Gegenwart, aus der heraus das Gewesene des wehmütigen Blicks zurück nicht bedurfte, sofern es nicht um das Erinnern an die geliebten Menschen ging. Nur so wird wohl auch das Überstehen-Können der zahlreichen Brüche in diesem Leben besser verständlich. Die Großmutter Anschulka in der »Lach-Ecke« ihrer Wohnung am Kurfürstendamm oder die »Sommermutter« Tante Charlotte Hahn (1865–1934) in der Wannseevilla waren bis ins höchste Alter Gesprächsthemen. Aber den kulturellen und historischen Rahmen, in dem sich deren und ihr frühes Leben abspielten, hat sie früh schon abgestreift wie einen Kokon. Benjamin entrückt das späte 19. Jahrhundert der exakten historischen Vorstellung. Die Magie, die von den familiären Szenen des alten Westens ausgeht, bleibt ihm wesentlicher, als deren gesellschaftliche Fixierung oder gar deren genealogisch präzise Benennung. Da gab es unbeweglich wie buddhistische Gottheiten auf ihren Sesseln festgebannte alte Tanten, von Gaben überbordende Weihnachtstische, bei denen der Entzug der Geschenke nach dem Fest gleich miterwartet wurde, zudem die Dämmerungswelten der Loggien und Veranden, in denen sich das Leben nie wirklich veränderte. Der Magier jener »Berliner Kindheit« verschiebt das Leben je nach Stimmung und Bedarf ins Geborgene oder Unheimliche, die emigrierte Dichterin sah nur noch die Charaktere ohne ihre kulturgeschichtliche Verbrämung. Insofern war sie ornamentloser und eben moderner.

Abb. 3. Lesser Ury, Café Gelber in Hamburg, Tuschpinsel- und Federzeichnung mit Deckweißhöhung auf Papier, 22,2 x 9,8. Auktion 1988 Villa Grisebach Berlin. Mit Widmung »Herrn Dr. Th. Landau z. fr. Erinnerung. Ihr (?) Lesser Ury«. Heutiger Verbleib unbekannt

Als Tochter eines kunstliebenden Vaters, der acht oder neun Räume seiner Wohnung in den Stilepochen von der Gotik bis zum Biedermeier eingerichtet hatte, verlebte Lola eine auch von hoher Lebenskultur und Ästhetik geprägte Kindheit und Jugend. Theodor Landau und sein Bruder gehörten zu den eher wenigen Förderern des heute bekannten Berliner Impressionisten Lesser Ury, dessen Werk sie früh unterstützten. Auf der Ury-Retrospektive »Zauber des Lichts« im Käthe-Kollwitz-Museum wurde 1995 ein Interieur »Café Gelber in Hamburg« (1887) gezeigt. Das Bild trägt eine persönliche Widmung des Malers.[5]

Lola Landau, der Philosophiedozent Fried Marck in Breslau und die Berufung zum Pazifismus

Ein Aufenthalt Lolas in Folkstone und London mit anschließendem Berliner Examen als Englischlehrerin ist kaum dokumentiert. Schicksalhaft sollte ein Skiurlaub im Riesengebirge werden, bei dem sie den Philosophen und angehenden Universitätsprofessor (Sieg-)Fried Marck,[6] den sie 1913 kennengelernt hatte, im vierten

---

5 Hermann A. Schlögl/Karl Schwarz, Lesser Ury. Zauber des Lichts. Berlin 1995. S. 146 und 197. Das Café Gelber wurde durch den Kabarettisten, Gerichtsreporter und Drehbuchautor Hans Hyan (1868 Berlin 1944) Literatur, der eine Erzählung »Es war im Café Gelber in Hamburg«, in: Das Narrenschiff. Blätter für fröhliche Kunst 1, 1898, veröffentlichte, in der das Landau-Gemälde Lesser Urys auf S. 246 abgebildet wird. Das Gemälde wurde am 3. Juni 1988, in der Auktion Nr. 6 des Auktionshauses Grisebach versteigert und befindet sich heute offenbar in Privatbesitz. Die weiter zurückreichende Provenienz vermag ich nicht zu ermitteln.

6 Über Fried Marck liegt nunmehr als Monographie vor: Markus Schulz, Siegfried Marck. Politische Biographie eines jüdisch-intellektuellen Sozialdemokraten. Göttingen 2016. (Dissertation, Niedersächsische Staats- und Universitätsbibliothek: Online) Hier wird die weitere Literatur zitiert. Kurz und informativ ist: Helmut Hirsch, Siegfried Marck, Biographisches zur Wiederentdeckung des Philosophen, Soziologen und Sozialisten, in: Sven Papcke (Hrsg.), Ordnung und Theorie. Beiträge zur Geschichte der Soziologie in Deutschland. Darmstadt 1986. S. 368–86. Die im Exil einsetzende Freundschaft mit

Anlauf ihr Ja-Wort gab. Sie hat später gestanden, daß es die große Liebe nicht war, sogar, daß sie eher Furcht zur Hochzeit trieb, die Furcht, etwas zu versäumen. Ein Trug- und Kurzschluß, der die Ehe mit dem geistig anregenden, ihr aber emotional fremden Fried Marck prägen sollte. Versäumt hatte sie vorerst vor allem, sich selbst zu finden, und so geriet sie unter die Fremdbestimmung der schwiegerelterlichen Breslauer Honoratiorenfamilie, einer Dynastie aus Stadträten und Bankiers, die geradezu aristokratisches Air ausstrahlte, auch wenn der Großvater Siegfried Marcks auch als juristischer Berater Ferdinand Lassalles auftrat. Hatte sie je einen Bezug zu dieser Welt? Lola Landau hat sich leicht spöttisch über den Familiensinn der Marcks geäußert und das Bildnis einer gleich ihr eingeheirateten Wiener Empiredame sozusagen zu ihrem Schutzschild oder Panier erklärt, aus deren Bild gewordener weltgewandter und etwas mokanter Ausstrahlung sie Kraft schöpfte, wann immer ihr der Familienstolz und der Ahnenkult der Marcks zu weit gingen.

Früh ging sie eigene Wege, früh hat sie den Wert eines ethisch bestimmten Pazifismus für sich erkannt. Daß sie darin schon von Beginn an von ihrem Mann bestärkt wurde, kann bezweifelt werden. Seit 1916 trat sie auch öffentlich dafür ein, den Krieg zu ächten, lebenslang, denn die Forderung nach Frieden sollte zu einem ihrer Anliegen werden und mit der Zahl der Kriege, die sie erleben mußte, trotz des zunehmenden Alters, nicht abnehmen: Magische sieben hat sie gezählt, acht wurden es, wobei der letzte, der Golfkrieg, in ihren letzten Lebenswochen ausbrach und sie überdauern sollte. An der gelegentlich konstatierten *Gleichzeitigkeit* der Hinwendung zu einem radikalen Pazifismus bei beiden Eheleuten spätestens im zweiten Kriegsjahr zweifele ich also. Fried Marck veröffentlichte noch 1916 eine Broschüre »Deutsche Staatsgesinnung«, in der er den Siegeszug der Deutschen über die ganze Welt erhoffte. Erst sein eigenes Fronterlebnis 1917 sollte diese Siegeslust herab-

---

Thomas Mann stellt ebenfalls Hirsch dar: Thomas Mann und Siegfried Marck im US-Exil, in: Hefte der deutschen Thomas-Mann-Gesellschaft 6/7, 1987, S. 70–86

stimmen und die Wende herbeiführen. Lola war ihm da voraus. Allerdings spielte Marck dann 1918 in den Arbeiter- und Soldatenräten eine wesentliche Rolle, zu denen seine ehemalige militärische Einheit den Redegewandten abgeordnet hatte.

Wer war er? Fried Marck hat 1911 mit einer Arbeit über »Erkenntniskritik, Psychologie und Metaphysik nach ihrem inneren Verhältnis in der Ausbildung der platonischen Ideenlehre« promoviert. Seine wissenschaftlichen Interessen werden deutlicher durch seine Habilitation bezeichnet: »Über die Grundbegriffe bei Kant und Hegel«, die der gerade einmal 28jährige 1916 vorlegt und in der Kant sichtlich besser wegkommt. Hönigswalds Grundproblem des »Gegebenen« innerhalb einer allgemeinen Methodenlehre des menschlichen Erkennens wird hier thematisiert. Das »Gegebene« und das »Ding an sich« werden miteinander in Einklang gebracht. Die Untersuchungen zum »Ding an Sich« Kants basieren auf Überlegungen, in denen der Zusammenhang von Bewußtsein und Gegenstand beschrieben wird. Dazu ist die Sprache notwendig. Erst durch Sprache wird die Objektivität eines Gegenstandes hergestellt. Im Interesse an der Sprache (und auch an Sprachkritik) hatten beide Ehepartner eine gemeinsame Basis. Sprachkritik wird als Forschungsschwerpunkt bestimmend bleiben: Marck wird 1930 Nachfolger Hönigswalds auf dessen Lehrstuhl in Breslau werden. Lebenslang werden auch politikwissenschaftliche Themen Marcks Publizistik bestimmen, so »Marxistische Staatsbejahung« (Breslau 1924) oder »Vernunft und Sozialismus« (Berlin 1956). Daß Lola Landau an diesem Philosophieren teilnahm, hat sie selbst freilich relativierend eingeschränkt. Ihr lag das nüchterne Zergliedern von Begriffen nicht. Aber natürlich haben die Eheleute über die entstehenden Werke Marcks gesprochen.

Nach der Verlobung am 2. Dezember 1914 mit Fried Marck (1888–1957) und ihrer Heirat im Juni 1915 gab es zunächst noch die anfängliche Kriegszustimmung beider Eheleute. Diese uns heute unverständliche Haltung teilen sie mit so großen, des Hurrapatriotismus unverdächtigen Geistern, wie etwa Sigmund Freud, Hugo von Hofmannsthal oder Thomas Mann. Marck hatte 1911 an der

Universität seiner Vaterstadt Breslau als Schüler Hönigswalds nicht bei diesem selbst, sondern bei Eugen Kühnemann promoviert, bei dem im Jahr zuvor auch Paul Tillich den Doktorgrad erworben hatte, und war dort vorerst Lehrbeauftragter. Kühnemann war Philosoph und zugleich Literaturwissenschaftler. Er galt als der rhetorisch bezwingende, auch witzige, aber weit weniger systematische Vertreter des Fachs. Die geistige Schwerkraft Hönigswalds und die dennoch vorhandene Anziehungskraft Kühnemanns hat dessen Student Hans-Georg Gadamer bezeugt, der wenig später (1918) sein Studium bei beiden beginnen wird, Kühnemann später sogar als seinen ersten Hochschullehrer bezeichnet hat, »ein sehr amüsanter Mann, aber unvergleichlich viel oberflächlicher als Hönigswald,« wie er sich noch 1996 erinnerte.[7] In demselben Jahr 1911, in dem Marck promovierte, schrieb sich eine jüdische Studentin an der Alma Mater ihrer Heimatstadt ein und besuchte gleich von Anfang an die Seminare Hönigswalds, die sie als sehr stark durch die neukantianische Terminologie bestimmt beschreibt: »(…) man mußte sich den Begriffsapparat des Kantianismus zu eigen machen, um ihm folgen zu können. Es hatte für die jungen Leute in seinem Seminar etwas Verführerisches, sich mit diesen scharf-geschliffenen Waffen in dialektischen Kämpfen zu üben. Wer etwas beitragen wollte, was nicht auf seinem Boden gewachsen war, wurde von Hönigswald mit seiner überlegenen Dialektik und beißenden Ironie mundtot gemacht,« erinnerte sich Edith Stein, denn um sie geht es, ihres ersten Semesters.[8] Siegfried Marcks Vermittlerposition, die er für die Lehren dieses Lehrers an der Universität einnahm, muß sehr stark gewesen sein. Sein Biograph Markus Schulz schreibt sogar: »Als Schüler von [Jonas] Cohn und von Hönigswald wirkte Marck [an der Breslauer Universität] als Bindeglied zwischen beiden.«[9]

---

7 Roswitha Grassl, Breslauer Studienjahre. Hans-Georg Gadamer im Gespräch. Schriften zu Leben und Werk Richard Hönigswalds. Mannheim 1996. S. 97
8 Edith Stein, Aus dem Leben einer jüdischen Familie. Lovain/Freiburg 1965. S. 121/22 (= Erinnerungen, Band 1)
9 Markus Schulz, Siegfried Marck. Politische Biographie eines jüdisch-intellektuellen Sozialdemokraten. Göttingen 2016. S. 45

Marck muß in denselben hier beschriebenen Seminaren gesessen haben, wie Edith Stein, – und Lola Landau mußte, nein, sie muß Edith Stein im Umfeld ihres Mannes begegnet sein, auch wenn die Philosophische Fakultät die personell am stärksten besetzte der Breslauer Universität war. Ich stelle mir also erstaunt die Frage: Lola Landau trifft Edith Stein? Warum bin ich nicht früher auf diesen Konnex aufmerksam geworden? Beide Frauen erwähnen einander in ihren Autobiographien zwar nicht, aber: das philosophische Seminar der Schlesischen Friedrich-Wilhelms-Universität zu Breslau und die Präsenz Siegfried Marcks lassen kaum einen anderen Schluß zu. Beide sind äußerlich betrachtet recht verschieden, gesellschaftlich und auch in ihrer Lebenskonzeption. Die eine ist werdende Philosophin, die andere werdende Mutter, die in dieser Rolle gerade ihr großes Glück erfährt. Aber wir werden uns erstaunliche Gemeinsamkeiten, ja geradezu parallele Protestaktionen, bewußt machen müssen.

Wann genau Lola Landau von ersten gegen den Krieg gerichteten pazifistischen Aktionen, die es 1914/15 gegeben hat, erfuhr, wissen wir nicht.[10] Am 17. August 1914 hatte die 21jährige, mitge-

---

10 Lola Landau erwähnt zwei Aktionen 1916 in ihrer Schrift »Der eiserne Götze«, Blatt 5. Wann sie zuerst von ihnen erfahren hat, wissen wir leider nicht. Deutsches Literaturarchiv Marbach, Bestand 90.70.37. Von der Gründung der Internationalen Frauenliga für Frieden und Freiheit vom 28. 4. - 1. 5. 1915 in Den Haag, an der auch Armin T. Wegners Mutter als eine Vertreterin Deutschlands teilnehmen wollte, aber aus gesundheitlichen Gründen nicht teilnahm, scheint sie damals noch nichts gewußt zu haben. Das Auswärtige Amt hatte einer beschränkten Anzahl von Teilnehmerinnen aus dem »Bund Neues Vaterland« (gegründet am 16. November 1914) die Reise zum 3. Haager Friedenskongreß gestattet, weil es sich von den Sondierungen dort Aufschlüsse über mögliche Verhandlungen mit den Feindstaaten versprach. Marie Wegner wäre die 29. Teilnehmerin gewesen, die aus Deutschland delegiert worden war, von etwa 1000 Frauen aus insgesamt 15 Ländern. Vgl. Henriette Bettin, Marie Wegner 1859–1920. Porträt einer engagierten Kämpferin für Frauenrechte. Drei Birken Verlag. Männedorf 2003. Briefe an die Söhne Richard (vom 2. Mai 1915) und Armin T. Wegner (vom 5. Juli 1915). Inzwischen liegt eine zweite Auflage, überarbeitet von Birgit Bettin und Dr. Hartmut Bettin, im Selbstverlag vor. Bittgesuche von Müttern sind dem Verfasser nur vom

rissen vom »neuen Geist« einer nationalen Gemeinschaft, noch schreiben können: »Da, wie über Nacht, ist unsere Zeit zur Größe berufen worden. Plötzlich ist ihr Name und Sinn gegeben. Sie hat den Ritterschlag erhalten und die finstere Zornesfalte der Notwendigkeit hat sich unauslöschlich in ihre Stirn gebrannt. Wir Menschen sind einmal wieder unter das Banner einer Idee gestellt worden, die höher steht als das Geschick des Einzelnen, und tausende von Persönlichkeiten zu einer riesigen Gewalt zusammenrafft. Das Erlebnis ist ungeheuerlich.« Die hohle Fassade dieses inszenierten Gemeinschaftsgeistes wird sie sehr bald durchschaut haben. Denn sie erwähnt in ihren Erinnerungen wenig später als spontane Kundgebung die »Demonstration der Internationale«, – die polizeilich verboten worden sei: Zwischen dem 26. und dem 31. Juli 1914 demonstrierten weit mehr als 500.000 Menschen auf mindestens 288 Antikriegsversammlungen in 163 Städten und Gemeinden Deutschlands.[11] Sie nennt auch ein großes Bittgesuch der Frauen und Mütter an den Kaiser, den Krieg zu beenden, das ich nicht verifizieren kann. Möglicherweise meint sie damit jenes Telegramm, das die Pazifistinnen Frida Perlen und Mathilde Planck zu Beginn des Ersten Weltkriegs an den deutschen Kaiser richteten. Im Lexikon deutsch-jüdischer Autoren des Saur-Verlags kann man über Lola erfahren, daß sie Mitglied der bis heute aktiven »Frauenliga für Frieden und Freiheit« gewesen ist, die als »Frauenausschuß

Ende des Ersten Weltkriegs her bekannt: So appellierte etwa die Mutter Carlo Schmids, selber Französin, an die französischen Mütter, sich für die Heimkehr deutscher Kriegsgefangener einzusetzen. Siehe: Carlo Schmid, Erinnerungen. Bern/München/Wien 1980. S. 48

11 Das Überblickswerk von Wilfried Eisenbeiß, Die bürgerliche Friedensbewegung in Deutschland. Organisation, Selbstverständnis und politische Praxis 1913/14 bis 1919. Frankfurt 1980, erwähnt Lola Landau leider nicht. Eine detailliertere Klärung ihres pazifistischen Engagements steht noch aus. Auch drucken die verbreiteten Anthologien, wie etwa Daniela Gioseffi (Hrsg.), Falsche Helden. Frauen über den Krieg. Frankfurt 1996 oder Hans-Joachim Simm (Hrsg.), »Und nun dächt' ich, wäre Zeit zum Frieden«. Dichter gegen den Krieg. Frankfurt 2004, ihre Friedensgedichte und -Essays nicht ab. (Im letzteren Band findet sich immerhin ein Beitrag von ATW.)

für dauernden Frieden« 1914 begründet worden war und sich 1919 umbenannte. In den von mir durchgesehenen Darstellungen über »Women's League for Peace and Freedom« (WILPF) finde ich ihren Namen allerdings nicht erwähnt. Dasselbe gilt für eine spätere Mitgliedschaft in der 1931 von Constanze Hallgarten in München mitgegründeten »Weltliga der Mütter und Erzieherinnen«. Auch hier ist die in jenem Lexikon erwähnte Mitgliedschaft nicht verifizierbar, ferner schreibt Lola Landau, soweit ich sehe, nirgends darüber. Tendenziell gleichgerichet und in die Zielrichtung beider Zusammenschlüsse ging aber ihr Engagement seit 1915. So hat sie es auch in ihrer Autobiographie beschrieben. Der zeitgeschichtlich interessierte Leser und vielleicht mehr noch die an der Frauen-Friedensgeschichte aktiv beteiligte Leserin werden gern wissen wollen, wie jene Mitstudentin Hanna, mit der Lola die Vorlesungen der Berliner Universität besuchte, oder jene Kinderärztin Dr. Käte Linden in Wirklichkeit hießen. Verband sie mit jenen Frauen doch nichts Geringeres als ein konspirativer Friedens-Zirkel, der als Häkel-Club getarnt publizistisch agitierte und informierte. Aus ihm heraus entstand Lolas Friedensschrift »Der eiserne Götze«, die zunächst als Beitrag zu einer gemeinsamen Broschüre konzipiert worden war, sich dann aber zu einem Buch auswuchs. Leider ist es mir, trotz vergleichender Lektüre infragekommender Frauen-Lebensläufe nicht gelungen, die tatsächlichen Identitäten ihrer Mitverschworenen herauszuschälen. Immerhin waren zu jener Zeit prominente Pazifistinnen wie Helene Stöcker oder Thea Mertelmeyer in Berlin ansässig, und auch sie waren Mitglieder der Frauenliga. Lola Landau hat später wenig über dieses Engagement gesprochen oder geschrieben, vielleicht auch, weil sie kaum danach gefragt worden ist, und sie hat offenbar keine Energie mehr darauf verwandt, sich konkreter, Biographisches festhaltend an ihre Mitstreiterinnen zu erinnern. Nun ging es ihr um den Frieden Israels mit seinen Nachbarn.

1919 wird sie im ersten Heft der Zeitschrift »Nord und Süd«, das zugleich das erste Heft nach der Novemberrevolution ist, postulieren: »Alle Frauen und Mütter − inniger als andere dem Kosmos, der Urerde verbunden – sind einander verwandt. Sie reichen sich über alle Grenzsteine und Mauern hinweg die Hände. Gemeinsam ist ihnen die Erbfeindschaft gegen den Krieg, den Vernichter des Lebens. Sie hassen den gewaltsamen, unnatürlichen Tod, der ihre Söhne, viele noch aus dem schlafenden Kindsein ihres Lebens, herausschleudert. Möchten Sie doch alle mit einem gemeinsamen Willen wie ein Heer zusammenstehen.« Da könnte man in jenem historischen Moment als den Bezug einer Position künftigen Kriegen gegenüber lesen, als allein in die Zukunft gerichtet, wenn Lola Landau nicht festgehalten hätte, daß der Aufruf bereits im Herbst 1915 so von ihr formuliert worden war. Sie konnte ihn ja nun erst veröffentlichen, nachdem alle Kriegszensur fortgefallen war. Fest steht: Mitte 1916 bejahte sie die frühen Anti-Kriegs-Aktionen bereits. Schon, daß ihr »in diesem Kriegsweihnachten« – gemeint ist 1915 – die Idee eines internationalen, des Haager Schiedsgerichtshofes bekannt geworden ist, erlöst sie geradezu. Sicherlich war auch ihr Weg hin zum Pazifismus eine fortschreitende Entwicklung, aber seit 1916 verurteilte sie bereits, daß nun »Werte des Lebens zu Werten des Todes« mutierten. Etwa gleichzeitig mit Hedwig Dohm, Heinrich Mann oder Käthe Kollwitz fand diese junge Lyrikerin zur Kriegsgegnerschaft. Um dieselbe Zeit, vielleicht schon im Jahr 1915, als sich ein gewisser Helmut Herzfeld aus Protest gegen den England-Haß »John Heartfield« nannte, oder doch erst ein Jahr später, als ein damals noch ebenso Unbekannter namens Georg Ehrenfeld Groß zum »George Grosz« wurde, verwandelte Leonore sich zur Lola. Ob diesem Namenswechsel grundlegende Überlegungen vorangingen, wissen wir nicht. Grundlegend war aber auf jeden Fall von nun an ihre Ablehnung des Krieges. Wenn selbst von George Grosz noch 1915 gesagt werden konnte: »Er lernt Wieland Herzfelde kennen. (...) Er verkehrt im Café des Westens, er veröffentlichte 1915 erste Arbeiten in Franz Pfemferts radikal pazifistischer Zeitschrift ›Aktion‹. Aber zu einer politischen Artikulation verhalfen ihm diese Begegnungen vorerst nicht,«[12] dann läßt uns das Lola Landaus Standpunkt zum selben Zeitpunkt bereits als artikuliert, ja dezidiert bezeichnen und desto höher einschätzen. Sie hatte erkannt: Krieg zeitigt Krieg. Der Soldat wird zum bloßen Kriegsgerät. Dem muß der Verlust der Individualität vorangegangen sein und die große Verschleierung dessen, was an der Front auf ihn zukommt. Das höchst persönliche Erlebnis, das Lola Landau zur Pazifistin werden ließ, ist bekannt. Ähnlich wie ihr späterer Mann, der vier Wochen nach seinem Schlachtfeld-Erlebnis Sanitäter werden wird, also wie Armin T. Wegner, hat sie ein solches bestimmendes Ereignis benannt. Jenem öffnete die Lektüre von Camille Lemonniers Roman »Les Charniers« (1881, Die Beinhäuser) die Augen, der die Schlachtfelder von Sedan im 70/71er Krieg mit krassem Realismus schildert. Dem Leseerlebnis des Literaten Wegner folgt bald darauf, im August 1914, der Gang des noch nicht eingezogenen Wegner über ein Schlachtfeld, nämlich dasjenige von Tannenberg, nur wenige Tage nach der Schlacht (26.- 28. August)–die Russen waren nach Ostpreußen eingefallen und zurückgeschlagen worden,–wo Wegner die Hand eines toten Russen findet, sie aufhebt und drückt. Sein Entschluss, nie wieder eine Waffe in die Hand zu nehmen, ist gefallen und wird so besiegelt. Im September wird er sich freiwillig als Sanitäter melden, um nicht als Soldat verpflichtet zu werden. Für Lola Landau war es der Brief einer jungen Engländerin an ihren an der Front stehenden Mann, den Fried Marck bei diesem Gefallenen gefunden hatte und den er ihr zur Zurücksendung nach England schickte. Der Bericht der jungen Frau ist es, der ihr die Augen über die Sinnlosigkeit des Krieges endgültig öffnet: Die Engländerin gibt eine Schilderung ihres Alltags und des gemeinsamen Kindes und schließt mit den Worten: »»Wir haben beide zusammen noch viel zu tun in der Welt, vor allem unser gemeinsames Baby zu erziehen. (...) hoffentlich wird er einmal in einer besseren Welt leben, ohne Krieg«(...). Ich saß wie erstarrt. Dies also war der Brief der Feindin, die ich hassen sollte.«[13]

12 Uwe M. Schneede, George Grosz. Der Künstler in seiner Gesellschaft. Köln 1975. S. 29/30
13 Lola Landau, Vor dem Vergessen. Meine drei Leben. Frankfurt, Berlin 1987. S. 51

Im Mai 1915 bereits schreibt Lola Landau ihre Tragödie »Der Festungskommandant«, das Drama eines Feldherrn, dessen innerer und äußerer Konflikt es ist, kein echter Krieger zu sein. Das Ganze erschien der Kritik damals als zu breit dargestellt, vielleicht war es eher zu stark psychologisierend? Immerhin legte sie auch später noch auf dieses Theaterstück großen Wert, nahm sie es doch als einzige ihrer dramatischen Arbeiten in ihre Bibliographie auf. Ihre für uns ungleich wichtigere »Friedensschrift« vom Juni 1916, die auch die Zustimmung ihrer Eltern gefunden hatte, gilt heute als verschollen, ist meiner Meinung nach aber mit dem als Manuskript erhaltenen Essay »Der eiserne Götze«, datiert im Juni 1916, »nach der Zerstörung der Kathedrale von Rheims«, identisch. Die Schrift entsteht, als Marck noch nicht an der Front ist und, wie wir bereits hörten, selbst in seinem Essay »Deutsche Staatsgesinnung« (1916) noch deutsche Siegesgewißheit über die ganze Welt propagiert. Ich halte erstaunt fest: Was den Pazifismus angeht, ist Lola ihrem Mann Fried Marck offensichtlich zeitlich voraus. Hat sie das Denken ihres Mannes beeinflußt? Nicht nur für eine 24jährige im Kaiserreich höchst eigenständige Schritte.[14] Ebenfalls 1916 erschienen die Gedichte »Schimmernde Gelände«, wo besonders »Karpathenschlacht« und »Lied der Gefallenen« (das von mir 1984 wieder abgedruckt wurde, was sie besonders erfreute) ihre deutliche Kriegsablehnung verraten. Die greise Hedwig Dohm (1831–1919), Frauenrechtlerin und Pazifistin der ersten Stunde, Großmutter von Katja und also Schwieger-Großmutter Thomas Manns, begrüßte diese Verse in der Vossischen Zeitung mit der hymnischen, geradezu hexametrischen Aufforderung: »Wandere weiter, begnadete Dichterin, bis zu den Gipfeln, wohin deiner Sehnsucht goldene Schwinge dich

---

14 Als zu Weihnachten 1917 die Großmutter Hedwig Pringsheim ihrem Enkel Klaus (Mann) Bertha von Suttners pazifistischen Roman »Die Waffen nieder« auf den Gabentisch legte, begrüßten die Eltern Katja und Thomas Mann dieses zeitgemäße Geschenk (noch) nicht, obwohl es sich sogar um das Exemplar der Urgroßmutter Hedwig Dohm gehandelt hat. Zu jenem Zeitpunkt war eine so bedingungslose Kriegsächtung im Hause Mann offenbar noch nicht akzeptabel, jedenfalls nicht ihren Kindern gegenüber. Siehe: Inge und Walter Jens, Frau Thomas Mann. Frankfurt 2003. S. 103

trägt.«[15] Lola Landau wird diese Rezension am Ende ihres nächsten Gedichtbandes zitieren, – sicherlich nicht ohne die eigene geistige Nähe zu der ebenfalls als Pazifistin Wirkenden zu empfinden. Sie hatte nun erkannt, daß der Soldat von 1914 eine Schachfigur oder ein Spielstein ist, die bereits in Friedenszeiten zum ausführenden Organ abgerichtet, also vor allem körperlich trainiert wurde: »Denn derselbe Geist, der in Vaterlandsgesängen leuchtet, befiehlt, daß man Menschen wie lebloses Kriegsgerät verwende, nicht besser und nicht schlechter als Kanonen, die zum Angriff oder zur Abwehr eingesetzt werden. Er bedient sich riesiger Körpermassen, gebraucht sie als Material, als reine Materie. (…) Er opfert mit Bewußtsein ganze Brigaden, die anstelle von schützenden Erdwällen die hinteren Reihen bergen müssen, oder er schleudert beim ersten Sturm Massen vor wie Granatenhagel, gewiß, daß erst viele als nutzloses Pulver verschossen werden müssen. Die ›Vergeistigung des Krieges‹ besteht in dem Gebrauch aller geistigen und anderen Mittel zu den materiellen Zwecken der Zerstörung.« Die Essenz, in der sie diese Erkenntnis zusammenfaßt, lautete: »Menschen sind im Krieg Munition,«[16] und hätte sie, öffentlich ausgesprochen, vor Gericht und von da aus wohl ins Gefängnis oder – bei Protektion durch einen Nervenarzt etwa – in die Heilanstalt gebracht. Lola Landau kommt zu dem Schluß, daß der Krieg zu ächten und abzuschaffen sei, denn: »Solange der Krieg überhaupt als bestehende Einrichtung anerkannt wird, solange er nicht gestürzt wird von ei-

---

15 Aus der Rezension von Hedwig Dohms wird zitiert in: Lola Landau, Lied der Mutter. Charlottenburg 1919. Nicht paginierte Anzeigenseite am Schluß des Buches

16 Lola Landau, Der eiserne Götze. Skript. S. 20. Deutsches Literaturarchiv Marbach, Bestand 90.70.37 Lola Landau hat auch späterhin noch Aufrufe und Dialoge zu Krieg und Frieden verfaßt, so etwa »Gaskrieg und Schutz der Zivilbevölkerung« DLM 90.70.43, »Gedanken über Religion und Menschen im Kriege« DLM 90.70.45 und »Erinnerungen an sechs Kriege« DLM 90.70.42. Als Rollenspiel zweier Grundhaltungen erwies sich für mich das »Zwiegespräch zwischen einer Friedensfreundin und einer, die es werden soll« aus den sechziger Jahren, DLM 90.70. 27. Ob diese Aufsätze und Dialoge irgendwo zur Veröffentlichung gelangten, ließ sich für mich nicht klären. Ich bezweifele es aber.

ner ideal revolutionierenden Menschheit, solange wird auch dieses allgemeine Gesetz blutiger Fortpflanzung Gültigkeit haben.«[17]

1916 wird der Sohn Andreas geboren und der Gedichtzyklus »Lied der Mutter« (1919) entsteht. Dieser Erstgeborene wird ihr Leben bis zu ihrem Ende begleiten und sie im Alter auch bei den ihr zunehmend schwerer fallenden organisatorischen Fragen der Schriftstellerei unterstützten. Wegen ihrer Gedichte nimmt sie im Jahr darauf Kontakt zur Frauenrechtlerin Maria Apollonia Wegner (1859–1920), geborene Witt auf, die eine eigene Zeitschrift, »Die Frau der Gegenwart«, herausgibt und der Lola ihre »Mutterlieder« vorlegt. Wegner-Witts Urteil: Die Form überwuchert den Inhalt.[18] Noch. Der Begegnung haftet etwas Schicksalhaftes an, denn Maria Wegner ist die Mutter Armin T. Wegners. Lola wird ihn erst im folgenden Jahr kennenlernen, anläßlich seiner Lesung im Breslauer Privathaus »einer bekannten Schriftstellerin«: Bezeichnenderweise ist es ein Vortrag über die Armenier, der übrigens mit jener Lesung gleichzusetzen sein dürfte, die im Berliner Tageblatt vom 9. und 10. Februar 1917 kurz angezeigt und besprochen wird.[19] Unmittelbar vor dieser Lesung hatte sie den auffallenden Fremden schon in der Straßenbahn bewundert, der in seiner Sanitäteruniform exo-

---

17 Lola Landau, Der eiserne Götze, S. 26/27. Deutsches Literaturarchiv Marbach 90.70.37
18 Birgitta Hamann, Lola Landau. Leben und Werk. Berlin 2000. S. 29
19 Hedwig Bieber, Saat und Ernte. Armin-T.-Wegner-Bibliographie. Wuppertal 1974. Nr. 617/18. Bei der Gastgeberin scheint es sich um Margarete Ledermann geborene Pringsheim gehandelt zu haben (1884 Oppeln – 1943 an einem unbekannten Ort), die damals in Breslau lebte und bei der Wegner am 28. Januar 1917 wegen der Möglichkeit einer Lesung von »Dichtungen« aus Bagdad angefragt hatte. Sie wurde 1953/56 für tot erklärt. Vgl. Landesarchiv Baden-Württemberg, Abt. Staatsarchiv Freiburg G 540/5, Nr. 11856 Amtsgericht Freiburg, wobei sie als Hausfrau bezeichnet wird. Die übrigen Salondamen, bei denen Wegner angefragt hatte, hatten abgelehnt, so Auguste Hauschner (1850–1924) in Berlin, Anselma Heine (1855–1930) in Berlin und eine »Frau Pringsheim«. Um wen es sich hierbei handelte, konnte ich nicht ermitteln. Vgl. Michael Engel, Die Pringsheims. Zur Geschichte einer schlesischen Familie, in: Horst Kant/Annette Vogt (Hgg.), Aus Wissenschaftsgeschichte und -theorie. Festschrift für Herbert Laitko. Berlin 2005. S. 189–220

tisch, während der Lesung seltsam abwesend und eben dadurch so anziehend auf sie wirkte, wovon sie mir noch 1986 lebendig erzählt hat. Eine Begegnung der besonderen Art, die durch die Brisanz des von Wegner in Mesopotamien Erlebten noch gesteigert wurde. Erstaunlicherweise sagt Lola Landau in ihren Lebenserinnerungen nichts über den Inhalt der Lesung. Man fühlt sich zu der respektlosen Frage genötigt: Hatte sie nur Augen für den Lesenden oder auch ein Ohr für das Gelesene? Sie hatte! Sie empfand, wie sie mir noch siebzig Jahre später gestand, was hier vor sich ging der Vertreibung ihres eigenen Volkes verwandt. Lola Landau hat später berichtet, daß das Gelesene sie zwar erschreckt, der Lesende für sie dadurch aber nichts an Faszination eingebüßt gehabt hätte. Auch die Frage des »Was wäre wenn?« stellt sich hier, denn die Gastgeberin[20] war die einzige Breslauerin, die Wegner angeschrieben und deren Salon er als Ort seiner Lesung erwogen hatte. Hätte diese Lesung in Berlin, etwa bei Auguste Hauschner oder bei Anselma Heine stattgefunden, wie Wegner es zunächst vorhatte, so wären sich Armin T. Wegner und Lola Landau nie begegnet. Beide Salonnieren hatten eine Lesung abgelehnt. »Ich bin in heller Verzweiflung. Ich habe die Briefe, die Sie mir bezeichneten, gelesen, aber ich kann diese Briefe nicht in meinem Hause verlesen lassen«[21] hatte Frau Hauschner ihm geschrieben, und hinzugefügt, wenn seine Gedichte ebenso bedrückend und kraß-realistisch seien wie die Prosa, sei ihr Salon auch dafür nicht offen. Literatur war das selbst

---

20 Wie diese »Frau Ledermann geborene Pringsheim« mit den Schwiegereltern Thomas Manns verwandt war, wäre zu klären. Persönliche Kontakte Wegners zu Thomas Mann datieren erst aus späterer Zeit: Aus dem KZ Börgermoor schrieb er an Thomas Mann und erbat sich Bücher für eine einzurichtende Lagerbibliothek, die er auch erhielt. (Tagebücher Thomas Manns vom 25. 10. 1933) Nach seiner Entlassung kam es zu einem Besuch im Hause Mann in Küsnacht, den Thomas Mann in seinen Tagebüchern am 11. 10. 1936 erwähnt. Über die bei diesem Tee geführten Gespräche wissen wir leider nichts. Vgl. Thomas Mann. Tagebücher 1933–34. Herausgegeben von Peter de Mendelsohn. Frankfurt 1977. S. 233
21 Auguste Hauschner, Berlin, an Armin T. Wegner, Berlin, ohne Datum, zitiert nach: Martin Tamcke, Armin T. Wegner und die Armenier. Anspruch und Wirklichkeit eines Augenzeugen. Hamburg 1996. S. 160

im dritten Kriegsjahr nicht und erbaulich schon gar nicht. Daß Wegners Berichte aus dem Osmanischen Reich damals in ihrer Authentizität nicht angezweifelt, ja daß sie eher als Berichte eines Augenzeugen, denn als Kunstwerke gehört und rezipiert wurden, macht den besonderen Stellenwert seiner Arbeit in einer Zeit aus, in der die deutsche Öffentlichkeit – angesichts der staatlichen Zensur – als einziges Volk in Europa so gut wie nichts von den Verbrechen am armenischen Volk wissen durfte. Um den deutschen Bündnispartner, das Osmanische Reich, nicht zu verschrecken, unterlag jedwede Berichterstattung über die Vertreibung der Armenier nämlich der Zensur und damit dem Verschwiegenwerden. Dies ging so weit, auch private Briefe Wegners an seine Mutter, die als Frauenrechtlerin und Pazifistin sowieso schon der Briefzensur unterlag, auszuwerten und gegen darin gemachte Äußerungen Verweise auszusprechen. Auch vor diesem Hintergrund ist Wegners Aufklärungsarbeit über die Verbrechen als mutig anzusehen. Obwohl er nur inoffiziell agieren konnte, sind seine Versuche, führende Publizisten und Politiker in den Jahren 1916 bis 18 zu interessieren, weit gespannt. Sie reichten von Privatunterredungen mit Walther Rathenau und Harry Graf Kessler und Friedrich Naumann, über die wir kaum etwas wissen, bis hin zu Kontakten mit den wichtigsten Journalisten, wie etwa Theodor Wolff, von denen allerdings nur Maximilian Harden, nach allem was wir erfahren, versucht hat, Wegner einen Weg zu ebnen, indem er die Kaiserin für das Schicksal der Armenier zu interessieren hoffte, was er besonders aufgrund ihres stark christlichen Engagements für erfolgversprechend hielt. Im November 1917 war es Harden »grimmig leid«, daß er ihm öffentlich nicht nützen könne, wie er an Wegner schrieb.[22] Gedruckt liegen Texte und Berichte mit Wegners Sanitäter-Kriegserlebnissen erst seit 1918 vor, wobei sie eben vor Kriegsende noch in eher wenig beachteten Kleinpublikationen erschienen, immerhin das schon ein Zeichen der Aufweichungserschei-

---

22 Brief Maximilian Hardens an Armin T. Wegner vom 8. November 1917, zitiert nach: Martin Tamcke, Armin T. Wegner und die Armenier. Anspruch und Wirklichkeit eines Augenzeugen. Hamburg 1996. S. 163

nungen, so in der von Wegner mit herausgegebenen Zeitschrift »Der neue Orient« und in einem Sammelband »Der Höllenfahrer. Novellen schlesischer Dichter« (1918) des ihm befreundeten Walter Meckauer, wo ein so stark ergreifender Aufruf wie der »Brief an die Mutter« aus den Aufzeichnungen »Der Weg ohne Heimkehr« in einer Erstfassung erschien, der also offenbar sogar schon im zuendegehenden Kaiserreich gedruckt werden konnte.

Daß die erste Begegnung Lola Landaus mit Armin T. Wegner im literarischen Salon einer Breslauer Jüdin stattfand und Wegner hier über seine Erlebnisse in Armenien gewissermaßen erstmals (halb)öffentlich berichtete, gibt schon diesem Kennenlernen den Nimbus des vieles Vorwegnehmenden. Schon hier ist der Dokumentator zugleich Ankläger. Und schon hier beeindruckt er durch die Intensität, mit der er die erlebte Leiderfahrung selbst verkörpert. Vorerst fühlte sich Lola aber noch gebunden. Ihr Mann Fried Marck ist seit 1917 als Telephonist an der Front in Flandern. Das zweite Kriegskind Alf(ons) Marck wird schwächlich und bedroht 1918 geboren und bereitet der Familie große Sorge, weil es von Anfang an die Nahrung verweigerte, der Mutter die Brust blutig sog und bei der schlechten Ernährungslage von vornherein kaum lebensfähig zu sein schien. Erst eine vom Land stammende Amme gibt Alf Kraft, weckt aber bei seiner Mutter Schuldgefühle, da nun der Milchbruder, der Sohn der Amme, erkrankte und in die väterliche Klinik gebracht werden mußte, wo er jedoch alsbald dank der Hilfe Theodor Landaus genesen konnte.

Um diese Zeit beginnt Lola Landau Prosa zu veröffentlichen.[23] Wie wir durch sie selbst wissen, hat sie Reden auf politischen Ver-

23 Die ersten Erzählungen sind nicht »Der Abgrund« (1926), wie Birgitta Hamann annimmt, sondern bereits 1916 erscheint »Eine Geschichte von der Heimkehr« in Walter Meckauers Anthologie »Die Bergschmiede. Novellen schlesischer Dichter«. Konstanz 1916 (9.-13. Tausend 1920). L.ola Landau ist hier als einzige nicht in Schlesien geborene Autorin der Sammlung vertreten. Es wird dort besonders auf den Lyrikband »Schimmernde Gelände« und ihr Drama »Der Festungskommandant« hingewiesen, wobei sie dieses Stück im Vorjahr am Breslauer Lobe-Theater noch unter dem Pseudonym Theodor Landoldt zur Aufführung gebracht hatte.

sammlungen während oder kurz nach der Novemberrevolution 1918 gehalten, die aber nicht überliefert zu sein scheinen. Auch war sie in der Frauenversammlung für internationale Abrüstung und–ihrer eigenen Diktion folgend – in der »Versammlung geistiger Arbeiter« aktiv, wie sie es später nannte. Gemeint gewesen ist der »Rat geistiger Arbeiter«. Anfang 1919 wurde sie in den Vorstand des »Weimarer Schriftstellerbundes« der Ortsgruppe Breslau gewählt, eine auf publizistische und rechtliche Fragen des Berufs gerichtete Organisation, womit sie endgültig als Berufsautorin anerkannt war. Bald darauf erfolgte auch eine Aufnahme in den Lyceum-Club. Den Kontakt zu Wegner hielt sie. Es muß die große Liebe auf den ersten Blick gewesen sein, die die Briefe heute noch nachvollziehbar machen.[24] Die beiden Liebenden hatten sich allerdings verständigt, daß Armin T. Wegner Lola Landaus Ehe nicht stören wollte. Auch widersetzte sich Wegners Geliebte Magda Jonas einer Trennung. Im Juni 1919, ausgerechnet während eines Berliner Besuchs bei ihren Eltern, kam es zur Wiederbegegnung Lolas mit ihm. Ein anschließender Tiergartenspaziergang und eine Einladung in sein Pensionszimmer werden in »Meine drei Leben« geschildert. Wegner ist als Redner für den »Bund der Kriegsdienstgegner« tätig, dessen erster Aktivistenkongreß vom 15. bis 27. Juni in Berlin stattfindet. Es sollte der einzige derartige Kongreß der »Paco« in Deutschland bleiben. Von diesem weit umgetriebenen *Poeta Ahasverus* (wie Wegner selbst sich nannte) muß auch in jener politisch bewegten und von Aktivität erfüllten Phase große Faszination ausgegangen sein, von der auch seine zweite Frau Irene Kowaliska mir noch bei Besuchen in Rom eindrucksvoll zu berichten wußte. Ich höre ihre klare, begeisterte Stimme noch, als sie mir die Porträtphotographien zeigte, die gerahmt im Arbeitszimmer stan-

---

24 Die ersten Schritte dieser Passion lassen sich nachvollziehen in den Briefen von Lola Landau an Armin T. Wegner aus Berlin am 15. Juni 1919, den ATW am 17. Juni beantwortete. Hierauf erwiderte Lola noch aus Berlin am 17. Juni, dann schrieb sie am 19. Juni, bereits aus Breslau, und erhielt am 23. Juni Wegners Antwort, auf die sie ihrerseits am 28. Juni antwortete. Diese Briefe sind im Nachlaß Armin T. Wegner im Deutschen Literaturarchiv Marbach erhalten geblieben.

den: »So sah er aus, als ich ihn kennenlernte.« Noch deutlicher sprach aber das Leuchten in ihren Augen, das sich heute noch bei mir einstellt, wenn ich mich der Begegnungen erinnere...

Mit Ferdinand Lassalle war schon einmal, fünfzig Jahre zuvor (1863), ein politischer Charakter, der sich zum Dichter berufen fühlte, in den Bekanntenkreis der Familie Marck in Breslau getreten,[25] und es ist nicht unwahrscheinlich, daß die Bankiers und Stadträte Marck ihren Klienten Lassalle, der »Geistesaristokrat und Sozialdemokrat« zugleich war, (Georg Brandes hat diese Epipher auf ihn bezogen geprägt.) mit einer Mischung aus Sympathie und Distanz betrachtet haben werden. Sein späterer Bruder im Geiste, Armin T. Wegner, der ein Dichter war und auch ein politischer Mensch, konnte von der Familie Marck nur als Störfaktor empfunden werden. War es Lola Landau doch, die aus Liebe zu ihm aus der Familie Marck und aus ihrer Ehe mit Fried Marck ausbrach. »Sozialaristokraten« (nunmehr frei nach Arno Holz) waren beide – Lassalle und Wegner – gleichermaßen: auf der Bühne, im Felde, wie auch im Gerichtssaal, wenn das Aristokrat-Sein bedeutet, den gegebenen Umständen, selbst im Kriegs- und Katastrophenfall, den Hauch eines Abenteuers abzugewinnen, doch selbst dabei – redend wie handelnd – die eigene Distanz zum mitmenschlichen Umfeld nie ganz zu überwinden. Wegner sprach nicht mit den Menschen, er sprach zu ihnen, ist von Zeitzeugen gesagt worden.

Lola Landau schreibt einen Zyklus von Liebesgedichten an den geliebten Mann (»Der unversiegbare Brunnen«), deren Buchausgabe von 1922 heute dubioserweise in keinem einzigen Exemplar mehr nachweisbar ist. Wurden sie durch die Familie aufgekauft und dann vernichtet? Da die Eltern Lola Landaus die Scheidung und den Dichter, aus alter christlicher, bis zu den Kreuzfahrern reichen-

---

[25] Der Großvater, der ebenfalls Siegfried Marck hieß (gest. 1888), hatte Ferdinand Lassalle in einer Erbschaftssache beraten, wobei dieser seinem Schwager Ferdinand Friedland dazu verhelfen wollte, daß dessen Prozeß voranschritt. Hierzu hatte Marck ein Monitum vor Gericht aufgesetzt. Ein Schreiben Lassalles an Marck vom 13. Januar 1863 befindet sich im Nachlaß Marck in New York. (bei Markus Schulz zitiert LBI NY)

Abb. 4. Lola Landau mit dem Klepperboot »Arche Noah" am Ufer des Stechlin oder einem anderen der märkischen oder mecklenburgischen Seen, vermutlich 1928/29, kurz vor der gemeinsamen Palästina- und Nahost-Reise, zu der das Boot angeschafft wurde.

der Sippe und – gemessen an Landau-Marcks, den Privatklinik-Besitzern und Bankiers – ein Habenichts, als Ehemann nicht akzeptierten, wäre eine solche *Damnatio memoriae* der Liebesgedichte immerhin denkbar. Trotzdem sind sie nachzulesen, weil Lola wenigstens einige 1969 in ihren Band »Noch liebt mich die Erde« aufgenommen hat. Trotz der Widerstände beider Elternhäuser kommt es zur Scheidung, die Marck und sie anstreben, um ihre »Geistesverwandten« heiraten zu können. Das Sorgerecht für die beiden Söhne erhält Lola Landau. Die finanzielle Absicherung für die Kinder wird von der Großmutter Rosa Marck mitgetragen, denn der Philosophieprofessor verdient 1920 gerade einmal 234 Reichsmark, von denen er nur 50.- für den Unterhalt abzweigen kann. Deshalb verkauft seine Mutter im selben Jahr Schmuck und Preziosen im Wert von 20.000.- Reichsmark, um einen Fond für die Ausbildung der Enkelsöhne Andreas und Alfons zu bilden. Es steht allerdings zu vermuten, daß das Geld in der drei Jahre darauf erfolgenden Inflation verfällt.

Lola Landau, der Dichter Armin T. Wegner in Berlin, am Stechlin und die Berufung zum Zionismus

Am 9. November 1920, dem zweiten Jahrestag der Novemberrevolution, findet die Hochzeit von Lola Landau und Armin T. Wegner statt, weitab von aller *High Society* der Landaus sowie auch von aller Dichter-Boheme. Die beiden »Geistesverwandten« haben sich gefunden. Sie feiern zu zweit in einem biederen Rheinsberger Gasthof, und, so als wollten sie Kurt Tucholsky vorwegnehmen, spazieren sie in ihre Ehe hinein, denn ihre Hochzeitsreise ist schlicht die Fußwanderung vom Standesamt ins eigene Haus am Stechlinsee. Von nun an beginnt die gemeinsame Schriftstellertätigkeit, die Lola später als die glücklichste Phase ihres Lebens bezeichnen wird. Armin wird ein brüderlicher Ziehvater der Söhne Andreas (1916–1997) und Alf (1918–1995) werden, überläßt erzieherische Entscheidungen aber grundsätzlich der Mutter. 1923 wird die Tochter Sibylle geboren. Das Familienleben prägt zunächst den

Alltag, und statt der bisherigen großen Reisen werden nun Segelpartien auf den brandenburgischen und mecklenburgischen Seen unternommen, wobei Lola ihre Leidenschaft für das Bootfahren entdeckt. Oft rudert sie stundenlang allein oder mit den Kindern auf dem See. Die Zwanziger Jahre werden ihre intensivste Schaffenszeit, aber später auch die Zeit hektischen Erlebens. Während sie sich der frühen Globsower Phase als der schönsten Jahre ihres Lebens erinnert, zersplittert sich das Leben in Berlin später in allzu wechselvoller Aktivität. Es »waren die Jahre des Ehrgeizes und des Erfolges. (...) Glücklich waren wir nicht; denn der Ehrgeiz ist ein Hunger, der nie gestillt wird. Je mehr man bekommt, desto gieriger wird man. (...) Wir durchblätterten die Zeitungen, um das Lob unserer Namen, die Porträts unserer Gesichter zu finden. (...) Aber die Versuchungen schneller Wirkung und hoher Honorare waren zu groß, das laufende Band des Erfolges ließ uns nicht mehr los.«[26]

Neben einem verschollenen Roman über das Leben im Haus der sieben Wälder, der nie vollendet wurde, entstehen nun vor allem Theaterstücke und Hörspiele. Ein faustisches Studentenstück »Die Wette mit dem Tod« wird in Wernigerode uraufgeführt, Problemstücke über Heranwachsende wie »Kind im Schatten« oder »Die Bollejungen« machen ihren Weg an Berliner Theatern, wobei das erstgenannte unter dem Pseudonym Leonhard Wegner herauskommt, was sich 1932 bereits als vorausschauendes Verschleiern des jüdischen Autorinnennamens deuten läßt. Mit ihrem Mann gemeinsam verfaßte sie das von türkischer Märchenwelt inspirierte Puppenspiel »Wasif und Akif oder: Die Frau mit den zwei Ehemännern«, das in einer Starbesetzung mit Anni Mewes, Leonard Steckel, Paul Bildt und Paul Henkels in der Komödie am Kurfürstendamm aufgeführt wurde. Auch das Hörspiel »Treibeis« über die Umkehr Fritjof Nansens schrieb sie gemeinsam mit Armin.

1925 reisten beide nach Spanien und Marokko. 1927 hatte Armin T. Wegner eine Einladung zum 10jährigen Bestehen der Sowjetunion angenommen. Lola versuchte ihr Kinderstück »Der Flug

---

26 Lola Landau, Vor dem Vergessen. Meine drei Leben. Frankfurt/M., Berlin 1987. S. 247/48

um die Welt« beim Leningrader Kindertheater herauszubringen, was ihr auch gelungen sein soll. Entscheidend wird 1929 die Palästinareise, die ihr das Land der Juden nahebringt und sie auf ihre eigene jüdische Herkunft verweist und die damit in ihr vor allem den Willen stärkt, dazuzugehören zu ihrer Gemeinschaft, also zum Judentum, einer Gemeinschaft, die sie aber nicht religiös, sondern lebenslang kulturell, politisch und gesellschaftlich begründen wird. Im darauffolgenden Jahr wird sie ihre Nahost-Eindrücke in der Reportage »Frau ohne Gesicht« ungeschönt und mit beeindruckenden Photos in Scherls Magazin darstellen: eine Europäerin, die vor der Armut und dem weitverbreiteten Aberglauben der Frau in orientalischen Gesellschaften erschüttert zurückschreckt. Vorerst begreift sie auch ihren Zionismus noch nur als Kulturzionismus. Politische Konsequenzen, wie sie Moses Hess 1862 in seinem programmatischen Roman »Rom und Jerusalem« zuerst postuliert hatte, stellen sich noch nicht ein. Ein für sie aber schon jetzt wesentliches Element ist jener Bezug, der auf die jüdische Erzählkultur aufbaut, die gerade damals von Martin Buber wiederbelebt wird, den die Wegners gut kennen. Ihre Hoffnung auf einen jüdischen Staat ist bei Lola Landau auch später keineswegs religiös motiviert. An eine Auswanderung nach Palästina denkt sie vor 1933 noch nicht. Armin T. Wegner blickt weiter und sieht bereits 1929 das Konfliktpotential, das eine antisemitische Politik in Deutschland auch für seine Ehe bedeuten könnte, voraus, als er geradezu beschwörend die Gemeinsamkeiten, die den deutschen und den jüdischen Volkscharakter seiner Meinung nach miteinander verbinden, in seinem Palästina-Reisebuch formuliert. In einem Brief an seine gerade zur Schule kommende Tochter Sibylle schreibt er aus der Grabeskirche in Jerusalem: »Meine kleine Jüdin! In diesen Tagen wirst Du zum ersten Male zur Schule gehen. Früher oder später wird es auch Dir geschehen, daß Du der Fremdheit, der Böswilligkeit, der Feindschaft begegnest... Trage den Haß wie einen Adel! (...) Der Deutsche ist immer der Jude unter den Völkern gewesen, man hat ihn gehaßt, wie man den Juden gehaßt hat; denn nur was stark ist, hassen die Menschen, das Schwache verachten sie oder lassen es liegen. Aber der Starke ist nur stark im Unglück und schwach im Glück; darum hat der Deutsche seine größten Werke der Welt gegeben, als er in viele Stämme zersplittert war; daher hat der Jude die tiefsten Wunder seiner Seele offenbart, als er über alle Länder zerstreut lebte, – vielleicht, daß beide sich darum so schlecht verstanden, weil sie einander so tief verwandt sind.«[27] An dieser Geschichtsauffassung hielt Wegner auch nach dem Krieg fest und verbreitete sie persönlich in Israel und öffentlich in Deutschland, so in einer Rede in der evangelischen Zeitschrift »Eckart« 1955, was sogar zur Entlassung des Chefredakteurs geführt haben soll. Wegner blieb ein schwer klassifizierbarer, in seinen Anschauungen keinesfalls angepaßter Autor, womit er im Nachkriegsdeutschland sein *Revival* oder seine Chance auf eine wenigstens moralische Anerkennung keinesfalls erhöhen konnte. Als Idealist und manchmal nicht ohne Weltferne wollte er sich seinen Glauben an ein doch noch vorhandenes Gefühl seiner Landsleute für Würde und Gerechtigkeit nicht nehmen lassen. Er glaubte sogar an die Umkehr jener breiten Schicht von Handlangern und Mitläufern, die ihn 1933 mißhandelt, und das heißt im Keller des ehemaligen Soldaten-Gefängnisses an der Columbiastraße in Tempelhof geknebelt und ausgepeitscht hatten. Schwer verständlich bleibt das, aber es läßt sich eben so wenig als bloßer Opportunismus wie als fauler Friede mit der eigenen Nation abtun.

Der Rückzug an den Stechlinsee hatte sich schon vor Beginn des NS-Regimes als zunehmend brüchig erwiesen, die Menschen polarisierend, eigentlich von Anfang an eine Idylle mit tiefen Rissen. Nicht nur die Fischer und Bauern hatten sich hier in Fraktionen gespalten. Die treibende Kraft am Ort war zu jener Zeit ein General des Ersten Weltkriegs, der deutschlandweit große Verehrung genoss und in der Trias der Kriegshelden neben Hindenburg und Ludendorff den dritten Platz einnahm: Karl Litzmann (1850–1936). Er blieb auch in der Weimarer Republik, wie die beiden anderen, in breiten Kreisen der Bevölkerung so etwas wie ein nationaler Heros, wieviel mehr noch am Ort selbst. Schon beim ersten

---

27 Armin T. Wegner, Jagd durch das tausendjährige Land. Berlin 1930. S. 208

Schritt kam die Familie Landau nicht um ihn herum, denn bereits der Verkäufer des ansehnlichen Sommerhauses an Lola Landaus Mutter war–dem Vernehmen nach–der Allgewaltige selbst. Es lässt sich wohl nur aus der angespannten wirtschaftlichen Lage der Jahre nach dem Ersten Weltkrieg heraus erklären, daß der Antisemit ein Haus an eine Jüdin verkaufte und damit den Boden bereitete für eine von Anfang an gespannte, Lola Landau von vorn herein stigmatisierende Nachbarschaft. Oder wollte der General bewusst Konfliktpotential vor Ort schaffen?

Auch zwischen Wegner und Litzmann gab es das über differierende Meinungen hinweg bestehende Einvernehmen »großer Geister« nicht, von dem der Dichter geträumt hat und das er bei Litzmann anfangs sogar, darin allzu idealistisch, voraussetzen zu können glaubte. Und so kam es, daß der alte General, der von 1933 bis zu seinem Tod Mitglied des gleichgeschalteten Reichstags war und der – sich nach dem Massaker an der SA sofort bekennerhaft hinter Hitler stellend – als Teilnehmer der Entourage des SA-mordenden Führers auftrat, kurz vor dem sogenannten »Röhm-Putsch« im Ort heftig gegen seinen Nachbarn Armin T. Wegner intrigierte, einen Nachbarn, der an seinem Glauben an Deutschland auch dann noch festhielt, als ihm dies alle Rechte entzog.

Es ist nicht unwahrscheinlich, daß auf Litzmanns Initiative auch jene Schilder zurückgingen, die Juden den Aufenthalt in Neuglobsow verwehrten. Wenige Jahre später wurde die polnische Stadt Lodz in Litzmannstadt umbenannt. Dies geschah 1940 auf ausdrücklichen Wunsch Hitlers und sollte an die in der Nähe von Lodz errungenen Siege Litzmanns im Ersten Weltkrieg erinnern: Der selbst war vier Jahre tot, Wegners waren aus Neuglobsow fast ebenso lange vertrieben. Bis zu ihrer Enteignung 1946 war die Familie Litzmann in Neuglobsow herrschend, aber auch danach noch lag der Schatten des allmächtigen Ureinwohners weiterhin über dem Dorf. Der Armin-T.-Wegner-Forscher Ulrich Klan[28] berichtet

---

28 Ulrich Klan, Kein toter Dichter! Posthume Begegnung mit einem Autor, in: Johanna Wernicke-Rothmayer (Hrsg.), Armin T. Wegner. Schriftsteller, Reisender, Menschenrechtsaktivist. Göttingen 2011. S. 300–12, hier: S. 318

sogar noch aus der späten DDR-Zeit davon, daß einige Neuglobsower mit ihm, dem »Wessi«, gern über Litzmann sprachen, stolz die Garage zeigten, in der der vom »Adolf« geschenkte Mercedes gestanden hatte und – nach vier Jahrzehnten des verordneten Sozialismus – offenbar immer noch so wenig ideologische Distanz zu dem Militaristen und Antisemiten aufbrachten, daß sie ihn als ihren großen Mitbürger ansahen. Vom Dichterpaar Wegner-Landau aber wußten dieselben Leute nicht viel zu sagen. Inzwischen hat Neuglobsow sich auf seine Dichter zurückbesonnen. Heute sind *sie* der nicht ohne Stolz erinnerte Teil der Ortsgeschichte. Wohl möglich, daß Klan damals an randständige DDR-Bürger geriet, deren angestauter Frust sich in der falschen Hoffnung entlud, der Mann aus dem Westen werde sich für ihren Provinzdiktator begeistern lassen oder die ihm einfach damit imponieren wollten, daß auch bei ihnen einst ein »Herrenmensch« die Provinz ein wenig zum Zentrum der Macht gemacht habe. Klan tat es natürlich nicht. Es gab auch andere Bürger am Stechlin. Wie er seine Armin-T.-Wegner-Lesung damals in der tiefsten DDR-Provinz erlebte, das hat Klan selbst zu schildern gewußt, als ein geradezu verschwörerisches Gemeinschaftserlebnis der darauf Eingestimmten.

Obwohl Lola Landau in ihren Lebenserinnerungen ein klares Bild des Despoten Litzmann zeichnet, hat die Wegner-Forschung ihn spät erst als eine treibende Kraft der Bedrängung und Diffamierung Armin T. Wegners und Lola Landaus ins Visier genommen. Es scheint: Er blieb eine graue Eminenz, die gern andere für sich agieren ließ, sich in seinem Ruhm sonnte. Ein Mann hinter den Kulissen eher als ein Agierender? Selbst die geschichtliche Erkenntnis über ihn hat sich gewandelt: Heute werden Litzmann sogar die militärischen Erfolge abgesprochen, auf die sich einst sein Ruhm gründete.[29] Statt seiner soll der Feldmarschall Hans von der Goltz

---

[29] Hans Kraft, Brzeziny. Die Zerstörung einer Legende. Das Problem des Feldzugs von Lodz, in: Wehrwissenschaftliche Rundschau 16, 1966. Heft 11. Vergleiche auch: Jörn Lehweß-Litzmann, Walter Lehweß-Litzmann. Absturz ins Leben. Querfurt 1994. Das ist die Biographie von Karl Litzmanns Sohn Walter (1907–1986), der seit 1952 Chef der fliegerischen Ausbildung der NVA und

der begabte Stratege gewesen sein, der in jenem Nachtmarsch vom 23. zum 24. November 1914 den Vorstoß in Ostpreußen schaffte und damit die russischen Okkupanten wieder austrieb. Als Held der Schlacht von Brzeziny, also als »Held von Lodz«, der die Russen auch hier entscheidend schlug, gilt inzwischen der kommandierende General der Infanterie Reinhard von Scheffer-Boyadel. Was bleibt also von dem einst für militärische Verdienste im Ersten Weltkrieg so Hochgelobten? Die Erinnerung an ein Transparent am Ortseingang von Neuglobsow: »Juden sind hier unerwünscht« und das örtliche Intrigieren gegen Armin T. Wegner, daneben auch die Verachtung, die er seiner jüdischen Mitbürgerin Lola Landau von Anfang an zuteil werden ließ.[30]

Zu guterletzt (Armin T. Wegner löste gerade notgedrungen den Hausstand auf) lag auch noch der Charme einer operettenhaft wirkenden Ehe über allem. 1934 heiratete Erika Patzek (1911–2007) den Prinzen Sigvard Bernadotte (1907–2002), der sich am Ort ein Herrenhaus, die »Villa Bernadotte«, erbauen ließ. Erika war die Tochter eines Berliner Müllabfuhrbetreibers und Pächters der Berliner Wochenmärkte, der wahrscheinlich durch Militärlieferungen zu Vermögen gelangt war. Sigvard war der Sohn des schwedischen Königs und ein Bruder des Thronfolgers, dessen Platz 3 in der Thronfolge und dessen königlicher Titel infolge dieser Eheschließung gestrichen wurden. Die pompöse Villa und die offenbar Wegners wenig sympathische Prinzengemahlin spielen noch in Lola Landaus Erinnerungen hinein, und der ihr Mann schrieb an sie: »Nun ist unser Dorf am Stechlin auf diesem Wege in die Weltpresse gelangt. Die Tochter des Kleinbürgers hat dies schneller zustande

---

seit 1959 Direktor des DDR-Flugbetriebs bei Interflug war. Der 1997 entstandene Film von Rolf Hosfeld und Wolfram Moser »Eine deutsche Geschichte. Der Stechlin. Der General und der Dichter«, Transfer Film & TV Produktion, verarbeitet die Konstellation dokumentarisch und cineastisch.
30 Neuerdings ist Peter Böthig, Im Haus der Sieben Wälder. Frankfurt/O. 2010. 2. Auflage 2016, (= Frankfurter Buntbücher 49) den Spuren vor Ort erneut nachgegangen. Das Wegner-Zitat entstammt einem Brief an Lola Landau vom 2. März 1934, in: Lola Landau/Armin T. Wegner, »Welt vorbei«. Die KZ-Briefe 1933/34. Berlin 1999. S. 84

Abb. 6. »Haus Sieben Wälder" in Neuglobsow am Stechlinsee in jener Zeit, als Armin T. Wegner und Lola Landau es bewohnten. Das Haus war von Lolas Mutter Philippine Landau für die Jungverheirateten erworben worden und ist noch heute erhalten, wobei es aber nach der „Wende" sehr verändernd umgebaut wurde.

gebracht als sein Dichter.« Eine literarische Vorvergangenheit hatte es bereits gegeben: Vor der Villa Bernadotte hatte einst das »Waldhaus« gestanden, in dem Hans Ditzen frohe Kinderferien verbrachte, die er in seinem Erinnerungsbuch »Damals bei uns daheim« (1942) beschrieben hat, als er längst als Hans Fallada berühmt war. Die Prinzenehe wurde 1943 geschieden, aber die »Villa Bernadotte« ist heute, anders als das »Haus sieben Wälder«, wieder in einem erstklassig restaurierten Zustand. Von Falladas Kinderparadies »Waldhaus« existiert freilich nichts mehr.

Lola Landaus Wille zur Auswanderung nach Palästina, in der sie vom ersten Moment an ihre Heimkehr sah, setzte mit Hitlers Machtantritt mit aller Konsequenz ein und wurde durch den sogenannten »Judenboykott« vom 1. April 1933 vorangetrieben. Deutschland war ihr geistiges und materielles Zuhause gewesen, aber, so stellt sie lapidar fest, »dieses Zuhause wurde am 1. April 1933 zertrümmert.«[31]

Vom 11. bis zum 16. März war Lolas Vetter Kurt Hahn (1886–1974) verhaftet worden: in »Schutzhaft« genommen in Überlingen. Der jüdische Internatsleiter humanistischer Prägung, der zudem ein überzeugter Patriot war, konnte den Nazis nur ein Dorn im Auge sein. Der dafür aufgegriffene »Grund der Verhaftung«, wird auch in detaillierten Darstellungen nicht konkret benannt. Ein wesentlicher Auslöser scheint gewesen zu sein, daß er im September des Vorjahres seine Mitarbeiter am Internat in Salem am Bodensee aufgefordert hatte: »Salem kann nicht neutral bleiben. Ich fordere die Mitglieder des Salemer Bundes auf, die in einer SA oder SS tätig sind, entweder ihr Treueverhältnis zu Hitler oder zu Salem zu lösen.«[32] Solch klare Worte fand Hahn nach dem Mord an einem Kommunisten, den fünf SA-Leute im oberschlesischen Potempa begangen hatten. Allerdings wird in der wissenschaftlichen Literatur über Salem gelegentlich seine »Rede über die staatsbürgerliche Erziehung«

---

31 Lola Landau, Meine drei Leben. Berlin/Wien 1987. S. 282, ähnlich auch S. 283 und 286

32 Kurt Hahn, An die Mitglieder des Salemer Bundes. Kurt-Hahn-Archiv im Kreisarchiv Bodensee. Signatur S/z 230. Hahn hatte sich damit *expressis verbis* gegen die Morde und auch gegen die Amnestie der Mörder von Potempa (Oberschlesien) gewandt, wo fünf SA-Leute einen Kommunisten zu Tode geprügelt hatten. (Mit Dank an Frau Brigitte Mohn, Kurt-Hahn-Archiv, für ihr Schreiben vom 6. November 2019.) Hahns Entlassung aus dem Schuldienst erfolgte im Juli 1933. Er emigrierte sofort nach Schottland. Zuvor aber hatte er am 3. Juni 1933 noch ein Rundschreiben an die Eltern seiner Schüler verfaßt, in dem er sich für das Weiterbestehen der Schule unter besonderer Berücksichtigung der Freistellen einsetzte: »Als ich Salem verließ, handelte es sich darum, Lehrer, Schüler und Eltern instand zu setzen, die Schule heil durch die Erschütterung hindurchzuführen, die unvermeidlich mit der Verbannung des Leiters verbunden war. (…) Denjenigen aber, die mit besonderer Sorge mein längeres Fernbleiben betrachten, möchte ich vorweg sagen: Sie überschätzen die unmittelbare Einwirkung meiner Person und sie unterschätzen das Werk das in Salem geschaffen worden ist.« Das Rundschreiben zirkulierte als Druck unter dem Titel »An Eltern und Freunde«, gelangte aber nicht an eine breitere Öffentlichkeit. Es ist als wahrscheinlich vorauszusetzen, daß Lola Landau und mithin Armin T. Wegner es kannten.

als offizieller Verhaftungsgrund angegeben, die er kurz zuvor in Hamburg, Berlin und Göttingen gehalten haben soll.[33] Sowohl von der Verhaftung als auch von seinem kurzen im September 1932 verfaßten Rundschreiben an seine Lehrer und Schüler haben Lola Landau und Armin T. Wegner gewußt. Beide Ereignisse sollten sie geradezu persönlich betreffen. Denn hier gab es einen Vorschein auf das, was Wegner bald selbst tun und was er danach selber erleben sollte: eine deutliche Stellungnahme gegen den Nationalsozialismus zu erheben und die Folgen für jenen, der diesen Widerspruch erhob. Kurt Hahn kam mit seiner kurzen Gefängniszeit relativ glimpflich davon, wohl weil der britische Premier Ramsey MacDonald gehen die Haft beim Außenminister Konstantin von Neurath intervenierte.[34] Hahn mußte dann aber besitzlos emigrieren. Damit hat auch Armin T. Wegner rechnen müssen. Und er wußte dies. Ja, mehr noch, er kam nach dessen Haft womöglich in direkte Berührung mit dem Vetter seiner Frau. Zunächst war Hahn nämlich nur aus Baden ausgewiesen worden. Er begab sich also in die Heimatstadt Berlin, wo er sich seit der zweiten Märzhälfte 1933 aufgehalten hat. Zumindest zeitweise lebte er in der elterlichen Villa am Wannsee, (Bergstraße 2 in der Villenkolonie Alsen, nicht weit von der Villa der Wannsee-Konferenz) wo ihn Golo Mann in seinen letzten Berliner Tagen besucht hat. Diese Verabschiedung von dem einstigen Lehrer war zugleich Golo Manns Abschied von Deutschland. Sie war es, die ihn zudem »am meisten berührt und erschüttert« hat. Mann sah einen tiefen Widerspruch in Hahns anhaltender Anhänglichkeit an Deutschland und seiner Ausgrenzung: »»Man muß sein Vaterland auch dann lieben, wenn es einen nicht liebt. Das ist sogar das Wesen der Vaterlandsliebe.‹ Armer Mann!« Die Tagebuchnotiz des 25jährigen Golo läßt sich, was die Vaterlandsliebe betrifft, zeit- und ortsgleich genauso auf Armin T.

---

33 Zu Kurt Hahns Aktivitäten in dieser Zeit informiert konzise: Ruprecht Poensgen, Die Schule Schloß Salem im Dritten Reich, in: Vierteljahreshefte für Zeitgeschichte 44, 1996. Heft 1. S. 25 – 54.
34 Der nicht ganz eindeutige Vorgang der Intervention und Freilassung Kurt Hahns wird dargestellt bei Peter Friese, Kurt Hahn. Leben und Werk eines umstrittenen Pädagogen. Dorum 2000. S. 127/28

Wegner beziehen. Im Juli emigrierte Kurt Hahn über das Ostseebad Heringsdorf, wo er an der Strandpromenade im Haus der Familie Oppenheim unterkam. Von dort aus schiffte er sich nach Hoek von Holland ein und ging dann endgültig nach Großbritannien. Seine Mutter, Lolas Lieblingstante Charlotte Hahn geborene Landau (1865–1934), »ein stolzes Judenweib, ist wahnsinnig geworden,«[35] hatte Golo Mann nach seinem Besuch am Wannsee festgestellt. War es so? Sie hat die Emigration ihres Sohnes jedenfalls nicht lange überlebt und hatte sich bereits 1933 in ein Sanatorium in Lindau begeben müssen.

Bereits seit 1930 bis in den Mai 1933 hinein versuchte Hahn, gegen Hitler zu agitieren.[36] Er traf in Berlin mit einem Kreis politischer Denker zusammen, von denen einige später zu den führenden Köpfen des 20. Juli 1944 gehören sollten: Axel von dem Bussche, Hans-Bernd von Haeften und Ludwig Beck. Dabei versuchte Hahn gerade älteren Diplomaten und Militärs von Anfang an alle Illusionen über Hitler zu nehmen und sah dessen rassistische Politik in ihrer grausamen Konsequenz klar voraus. Ob und wann er zwischen März bis Mai 1933 in Berlin Kontakt mit seiner Cousine Lola Landau und deren Mann aufnahm, dies zu klären, ist mir leider nicht gelungen.

Hochinteressant bleibt es für uns aber, daß Armin T. Wegner von Entamtung, Haft und Ausweisung, sowie letztendlicher Emigration seines angeheirateten Vetters Kurt Hahn gewußt haben

---

35 Golo Mann, Erinnerungen und Gedanken. Eine Jugend in Deutschland. Frankfurt/M. 1986. S. 539. Auch alle anderen hier zitierten Notizen Golo Manns stammen aus dieser Quelle, S. 538/39, wobei dieser sein Tagebuch vom Mai 1933 ausführlich zitiert. Bekannt ist, dass Charlotte Hahn sich in ein Sanatorium in Lindau begeben mußte.
36 [Interview mit] Barbara von Haeften, in: Dorothee von Meding, Mit dem Mut des Herzens. Die Frauen des 20. Juli. Berlin 1992. (Goldmann Taschenbuch-Ausgabe o.J.) S. 257–86, hier: S. 266. »In den ersten Jahren [1930ff.] unserer Ehe kam Kurt Hahn (...) öfter nach Berlin, um zusammen mit meinem Mann [Hans-Bernd von Haeften], den er für einen begabten jungen Politiker hielt, Brüning, meinen Vater und andere aus der älteren Generation davon zu überzeugen, daß man Hitler unter keinen Umständen an die Macht kommen lassen dürfe.«

müßte. Er tat trotzdem, was er tun mußte. Er hat seine Kritik an der Drangsalierung der Juden am 1. April '33 in seinem »Sendschreiben« so deutlich und unmißverständlich zum Ausdruck gebracht, daß wir noch heute Zeugen der Ereignisse zu sein glauben. Wegner beschreibt die Gewalttaten als vorerst vergangen, damit er sie benennen kann und wird damit umso decouvrierender: »Zwar verprügelt man ihn nicht mehr, reißt ihn [den deutschen Bürger jüdischen Glaubens] nicht mehr aus seiner Wohnung, seinem Bett oder überfällt ihn auf der Straße, wie dies in den ersten Tagen des Erwachens der Nation geschah; man achtet sein Leben voller Höflichkeit, – um es ihm auf eine andere, auf die Dauer viel qualvollere Weise zu nehmen. Ich weiß nicht, wieviele der Nachrichten wahr sind, die in den Zeitungen stehen, oder die man sich Stunde um Stunde im Volke erzählt. Tausende von Anwälten wurden aus ihren Berufen ausgesperrt, Richter, deren Ämter nach dem Gesetz unkündbar sind, hat man von ihren Posten verstoßen, jüdische Ärzte, Ärztinnen und Assistenten aus den Hospitälern geholt; man verkündet ihren Ausschluß aus den Krankenkassen, jagt jüdische Lehrer und Hochschullehrer von der Kanzel oder schickt sie auf Urlaub, eine Gnadenfrist, deren Ende niemandem zweifelhaft sein kann, beraubt jüdische Theaterdirektoren und Musiker ihrer Bühnen, spricht von ganzen Wörterbüchern jüdischer Schriftsteller, Listen, die man den Zeitungen und Verlegern unterbreiten will, um den Ausschluß aller jüdischen Schriftsteller zu bewirken, schickt jüdische Kinder aus den Schulen nach Hause (...).«[37]

Lola hat das Entstehen dieses Sendschreibens in den ersten hier abgedruckten Briefen an mich skizziert. Armin T. Wegners Sendschreiben an Hitler kannte sie vor seiner Absendung an Hitlers Privatkanzlei in München (nicht an die Reichskanzlei, wie öfter zu lesen ist und auch von Wegner selbst gelegentlich kolportiert wird). Sie kannte jedes Wort dieses großen inzwischen historischen Dokuments. Und sie trug es mit. Ob sie wirklich mit ihrem Mann

---

37 Armin T. Wegner, »Für Deutschland!«, in: derselbe, Rufe in die Welt. Manifeste und offene Briefe. Herausgegeben von Miriam Esau und Michael Hofmann. Göttingen 2015. S. 136 - 148, hier: S. 141/42

über die sie in jenen Ostertagen 1933 persönlich belastenden Ereignisse (zu) wenig sprechen konnte,[38] wie Birgitta Hamann vermutet, bleibe dahingestellt. Jedenfalls erfaßte Armin T. Wegner die aktuellen Erlebnisse seiner Frau sehr genau und hat sie dem Hitler-Brief mit einbeschrieben, ja sie haben ihn den Brief eigentlich erst schreiben lassen, wie wir durch Lolas ersten Brief an mich genau erfahren werden. Das Schreiben ging am 20. April 1933 in der Privatkanzlei in München ein, ein mutiger, gewagter, faktisch von vornherein vergeblicher Versuch, die Umkehr der Rasse-Politik der Nationalsozialisten einzufordern. Aber wollte Wegner das überhaupt noch? Eine andere Vermutung liegt nahe: Wahrscheinlich wollte er nur noch dokumentieren, was einzufordern unmöglich geworden war, und er sah als einzige nur noch halböffentliche Möglichkeit einer solchen Parteinahme und eines so hohen Bekennermutes den Weg in die Höhle des Löwen selbst an. Hier würde sein Protest immerhin »aufbewahrt«, also archiviert werden.[39] Auch in diesem Punkt hat er sich grausam geirrt. Das originale Sendschreiben, das im »Braunen Haus« in München eintraf, existiert heute nicht mehr, wohl aber die handschriftliche Konzeption des Autors.

Wenige Tage vorher, soweit wir wissen am 8./9. April, war ein anderes, nicht weniger mutiges Protestscheiben verfaßt worden, das ebenfalls den sogenannten Judenboykott anklagte. In diesem Fall war der Adressat der Papst. Da die päpstlichen Archive einer Sperrfrist von siebzig Jahren unterliegen, konnte dieser Protest erst 2003 veröffentlicht werden, und ist dadurch noch unbekannter geblieben als Wegners Sendschreiben: Gemeint ist der Brief der als Jüdin geborenen späteren Karmeliter-Klosterfrau Edith Stein an Pius XI.

38 Birgitta Hamann, Lola Landau. Leben und Werk. Berlin 2000. S. 70
39 Allerdings ist der Bestand der Privatkanzlei Adolf Hitler, in dem Wegners Sendschreiben allenfalls noch vermutet werden kann und »der aus durchaus zufällig angelegten Beständen« besteht, noch nicht systematisch gesichtet worden, so dass die Möglichkeit besteht, daß das Sendschreiben dort, im Sonderarchiv des Russischen Staatlichen Militärarchivs Moskau, Fond 1355, ruht. Vgl. hierzu: Henrik Eberle (Hrsg.), Briefe an Hitler. Ein Volk schreibt seinem Führer. Unbekannte Dokumente aus Moskauer Archiven. Bergisch Gladbach 2009. S. 20

Heiliger Vater!

Als ein Kind des jüdischen Volkes, das durch Gottes Gnade seit elf Jahren ein Kind der katholischen Kirche ist, wage ich es, vor dem Vater der Christenheit auszusprechen, was Millionen von Deutschen bedrückt.

Seit Wochen sehen wir in Deutschland Taten geschehen, die jeder Gerechtigkeit und Menschlichkeit – von Nächstenliebe gar nicht zu reden – Hohn sprechen. Jahre hindurch haben die nationalsozialistischen Führer den Judenhass gepredigt. Nachdem sie jetzt die Regierungsgewalt in ihre Hände gebracht und ihre Anhängerschaft, – darunter nachweislich verbrecherische Elemente – bewaffnet hatten, ist diese Saat des Hasses aufgegangen. Dass Ausschreitungen vorgekommen sind, wurde auch vor kurzem von der Regierung zugegeben. In welchem Umfang, davon können wir uns kein Bild machen, weil die öffentliche Meinung geknebelt ist. Aber nach dem zu urteilen, was mir durch persönliche Beziehungen bekannt geworden ist, handelt es sich keineswegs um vereinzelte Ausnahmefälle. Unter dem Druck der Auslandsstimmen ist die Regierung zu „milderen" Methoden übergegangen. Sie hat die Parole ausgegeben, es solle „keinem Juden ein Haar gekrümmt werden". Aber sie treibt durch ihre Boykotterklärung – dadurch, dass sie den Menschen wirtschaftliche Existenz, bürgerliche Ehre und ihr Vaterland nimmt – viele zur Verzweiflung: es sind mir in der letzten Woche durch private Nachrichten 5 Fälle von Selbstmord infolge dieser Anfeindungen bekannt geworden. Ich bin überzeugt, dass es sich um eine allgemeine Erscheinung handelt, die noch viele Opfer fordern wird. Man mag bedauern, dass die Unglücklichen nicht mehr inneren Halt haben, um ihr Schicksal zu tragen. Aber die Verantwortung fällt doch zum grossen Teil auf die, die sie so weit brachten. Und sie fällt auch auf die, die dazu schweigen.

Abb. 5. Edith Stein, Brief an Papst Pius XI. vom 8./9. April 1933, in dem sie sich gegen den sogenannten »Judenboykott" wendet. Der Brief wurde erst 2003 in den Archiven des Vatikan freigegeben und zuerst im Edith-Stein-Jahrbuch 2004 publiziert. »Alles, was geschehen ist und noch geschieht, geht von einer Regierung aus, die sich ›christlich‹ nennt. (…) Tausende treuer Katholiken in Deutschland – und ich denke in der ganzen Welt – [warten] darauf, daß die Kirche Christi ihre Stimme erhebe (…)." Dieselbe, hier freilich religiös motivierte Sorge, die Armin T. Wegners »Sendschreiben an Adolf Hitler", das ebenfalls in diesen Tagen formuliert wurde, prägt, ist unüberhörbar. Edith Stein und Lola Landau müssen sich aus den gemeinsamen Breslauer Jahren von 1913 bis 1916, die bei Lola noch bis 1920 andauerten, gekannt haben.

Alles, was geschehen ist und noch täglich geschieht, geht von einer Regierung aus, die sich „christlich" nennt. Seit Wochen warten und hoffen nicht nur die Juden, sondern Tausende treuer Katholiken in Deutschland - und ich denke, in der ganzen Welt - darauf, dass die Kirche Christi ihre Stimme erhebe, um diesem Missbrauch des Namens Christi Einhalt zu tun. Ist nicht diese Vergötzung der Rasse und der Staatsgewalt, die täglich durch Rundfunk den Massen eingehämmert wird, eine offene Häresie? Ist nicht der Vernichtungskampf gegen das jüdische Blut eine Schmähung der allerheiligsten Menschheit unseres Erlösers, der allerseligsten Jungfrau und der Apostel? Steht nicht dies alles im äussersten Gegensatz zum Verhalten unseres Herrn und Heilands, der noch am Kreuz für seine Verfolger betete? Und ist es nicht ein schwarzer Flecken in der Chronik dieses Heiligen Jahres, das ein Jahr des Friedens und der Versöhnung werden sollte?

Wir alle, die wir treue Kinder der Kirche sind und die Verhältnisse in Deutschland mit offenen Augen betrachten, fürchten das Schlimmste für das Ansehen der Kirche, wenn das Schweigen noch länger anhält. Wir sind auch der Überzeugung, dass dieses Schweigen nicht imstande sein wird, auf die Dauer den Frieden mit der gegenwärtigen deutschen Regierung zu erkaufen. Der Kampf gegen den Katholizismus wird vorläufig noch in der Stille und in weniger brutalen Formen geführt wie gegen das Judentum, aber nicht weniger systematisch. Es wird nicht mehr lange dauern, dann wird in Deutschland kein Katholik mehr ein Amt haben, wenn er sich nicht dem neuen Kurs bedingungslos verschreibt.

Zu Füssen Eurer Heiligkeit, um den Apostolischen Segen bittend

Dr. Editha Stein
Dozentin am Deutschen Institut
für wissenschaftliche Pädagogik

Münster i/W.
Collegium Marianum

17

Dieser Brief wurde von ihr dem Erzabt von Beuron, Raphael Walzer, übergeben, der ihn, ohne ihn selbst zu lesen, an den päpstlichen Staatssekretär Eugenio Pacelli weitergeleitet hat. Der wiederum sollte ihn persönlich dem Papst Pius XI., der gut deutsch verstand, vorlegen. Dies scheint auch geschehen zu sein. Allerdings ist Edith Stein von Pius XI. ebenso wenig einer Antwort gewürdigt worden wie Armin T. Wegner von Adolf Hitler. Da der Vermittler Pacelli, seit 1939 selbst als Pius XII. Papst (er ist »Der Stellvertreter« Rolf Hochhuths), ein seit langem kritisiertes Stillschweigen zur Judenverfolgung der Nationalsozialisten und Italo-Faschisten zu seiner Strategie machte, war es wohl von vornherein ausgeschlossen, daß Edith Steins Bedenken bei ihm, als dem Nachfolger auf dem Stuhl Petri, späterhin noch etwas bewirken konnten. Auch das Beharren Pius XII. auf Neutralität und seine Beschränkung auf rein humanitäre Hilfe entsprachen in keiner Weise dem von Edith Stein geforderten öffentlichen Protest, den sie vom Oberhaupt der katholischen Kirche gegen die Judenverfolgung einforderte.

Es drängt sich die Frage auf, ob die beiden Protestierenden, Edith Stein und Armin T. Wegner, von der gegenseitigen Aktion je erfahren haben. Daß sich Lola Landau und Edith Stein aus der gemeinsamen Breslauer Zeit der Philosophiestudentin und des als Philosophiedozenten tätigen Ehemannes aus dem Seminar gekannt haben müssen, wurde bereits erwähnt. Belege dieser Verbindung ließen sich allerdings bisher – etwa in Form von Kontakten über gemeinsame Bekannte – nicht finden. Heute bedauere ich sehr, daß ich eine mögliche gegenseitige Kenntnis der Proteste Armin T. Wegners und Edith Steins bei Lola nicht erfragen konnte. Denn, ob hier eine geschichtliche Synchronizität waltete oder Verbindungen bestanden, wäre historisch bedeutsam, und es wäre leicht zu ermitteln gewesen, wenn ich vom Schreiben der Edith Stein an den Heiligen Vater gewußt hätte, als Lola Landau noch lebte. Wobei sich mir als vom Urheberrecht durchaus Überzeugten die Frage stellt, ob eine Institution – und sei es der Kirchenstaat – eine »Schutzfrist« für ein an den Papst gerichtetes Schreiben verhängen kann und damit der orientierungsbedürftigen, um Beispiele ringenden Nachwelt, ein Vorbild an Zivilcourage und selbstloser Gesinnung zwei Generationen lang vorenthalten darf: eine Schutzfrist für ein Schreiben, an dem der Vatikan kein Copyright besitzt und für das er nicht einmal das moralische Recht in Anspruch nehmen kann, es je beantwortet zu haben.[40]

Lola Landaus erste Briefe an mich erhellen die Situation der Entstehung von Armin T. Wegners »Sendschreiben« an Hitler schrittweise und geradezu minuziös, – ihr Beginn findet am familiären Mittagstisch statt und wird von der verzweifelten Tochter Sibylle ausgelöst. Sie wurde auf eine Judenbank gesetzt und ihre beste Freundin wollte auch nicht mehr mit ihr heimgehen. Der Anstoß ist so persönlich, wie er nur sein kann. Die Reaktion des Vaters darauf ist die eines vom Schock Betroffenen, der sich aber sofort fängt und das Problem der Ausgrenzung durch Vorsprache bei der Direktorin der Schule zu beheben hofft, das angemessene, in normalen Zeiten naheliegende Vorgehen. Nicht jedoch im April 1933. Die Schulleiterin erklärt sich für nicht mehr frei handlungsfähig, auch wenn sie gerne anders, menschlich, handeln würde. Sie folgt

---

[40] Ein weiterer möglicher Bezugspunkt, der mit Wegners Schreiben an den »Führer« in – wenn auch nicht bewußtem – Zusammenhang steht, könnte jenes Schreiben sein, das die »Jüdische Gemeinde zu Berlin« zwei Tage vor dem Judenboykott an den Reichskanzler richtete. Dieses also am 30. März 1933 an ihn gesandte Schreiben wird von mir leider nur in der deutschen Einleitung zu Francis R. Nicosias, The Third Reich and The Palestine Question. London 1985, zitiert gefunden, und zwar von dem als revisionistisch geltenden britisch-deutschen Historiker Hannsjoachim W. Koch, University of York. Koch weist leider seine Quelle nicht nach. Jedoch ist das Schreiben so wesentlich, dass es nicht unerwähnt bleiben darf. Das Bekenntnis zu Deutschland als ihrem Heimatland hat in jener extremen Situation zweckbezogenen, Existenz und Leben erhaltenden Charakter. Aber es ist darüber hinaus in jenem Schriftstück auch hohe Selbstachtung spürbar, die mit diesem öffentlichen Appell einhergeht, so daß die jüdische Gemeinde einen Ton trifft, der Wegners »Sendschreiben« in manchem gleicht, so wenn sie schreibt: »In allen vaterländischen Kriegen haben deutsche Juden in dieser Verbundenheit Blutopfer gebracht. Im großen Kriege haben von 500.000 deutschen Juden 12.000 ihr Leben hingegeben. Auf den Gebieten friedlicher Arbeit haben wir mit allen unseren Kräften unsere Pflicht getan.«

den ihr gemachten Vorgaben, wie es in dieser Zeit Millionen anderer möglicherweise gar nicht nationalsozialistisch eingestellter Deutscher an allen möglichen Stellen tun. Wegner kann den Instanzenweg, wenn wir ihn einmal so nennen wollen, nicht mehr beschreiten. Nur noch von oben her ließe sich dem Treiben Einhalt gebieten. Er hält aber, wenn wir seinen eigenen, allerdings Jahrzehnte später gebrauchten Worten glauben dürfen, eine Umkehr immer noch für möglich, obwohl er nachweislich Hitlers »Mein Kampf« gelesen hat, der die Verfolgung der Juden programmatisch voraussagt. Und auch, was die Direktorin der Schule sagt, hätte ihn bedenklich stimmen müssen. Glaubt er wirklich noch an Umkehr? Für zivilen Ungehorsam ist es offenbar zu spät, auch wenn Lola Landau weiterhin bei ihrer jüdischen Parfümerie einkauft, wie es auch die 92jährige Großmutter Dietrich Bonhoeffers, die SA-Postenkette durchschreitend, tut.

Der Kölner Kaufmann Richard Stern (1899–1967) hatte sogar mit einem Flugblatt gegen den Boykott jüdischer Geschäftsleute protestiert: »Ist der deutsche Jude nunmehr ein Mensch zweiter Klasse geworden, den man nur noch als Gast in seinem Vaterland duldet? Wir fassen diese Aktion gegen das gesamte deutsche Judentum auf als eine Schändung des Andenkens von 12.000 gefallenen deutschen Frontsoldaten jüdischen Glaubens,« hatte er geschrieben. Und schwarz umrahmt stand darüber zu lesen: »Wer im III. Reich einen Frontsoldaten beleidigt, wird mit Zuchthaus bestraft.« Es gibt sogar ein Photo, das Stern mit dem Eisernen Kreuz vor seinem Bettengeschäft zeigt, während neben ihm ein SA-Mann Posten steht, um Käufer am Eintreten zu hindern.[41] Derartige couragierte Schritte Einzelner konnten die Situation nicht mehr ändern. Wegner weiß auch soviel, daß seine Ehe und damit auch seine Familie nur dann bestehen bleiben können, wenn seine Frau nicht

---

41 Das erhaltene Flugblatt Richard Sterns mit dem Titel »Frontkameraden und Deutsche« wird, wie auch das Photo, im Stadtmuseum Köln aufbewahrt. Als direkter Reflex auf den Judenboykott ist auch Robert Weltschs Aufruf »Tragt ihn mit Stolz, den gelben Fleck«, in: Jüdische Rundschau, Berlin, vom 4. April 1933 anzusehen.

emigrieren muß. Denn zum weiteren gemeinsamen Familienleben bedarf es eines gemeinsamen Lebensraumes, und dieser heißt für ihn immer noch und nur Deutschland. Er kämpft also auch aus höchst persönlichen Gründen. Lola Landau hat ihn von seinem mutigen Schritt nicht abgehalten, obwohl sie geahnt haben dürfte, daß er erfolglos bleiben würde. Sie wäre die einzige gewesen, die dies vielleicht vermocht hätte.

Nach der Absendung seines Sendschreibens zog Wegner sich aus der Zivilisation zurück. Die Zeit seines Untertauchens in den Wäldern bei Sakrow ist noch relativ wenig erforscht. Zunächst, seit Ende Mai, hat Wegner offenbar in einer Pension am See gewohnt, wobei es sich, wie in den Jahren zuvor, um die Villa »Inselblick«, Kladower Straße 5, gehandelt hat. Inhaber waren um 1935 die Gebrüder John. Ob er dort erneut auch in diesem Jahr untergekommen sei, fragt ihn die Tochter Sibylle in einem ihrer Briefe. Er selbst bestätigt dies später in seiner Verteidigungsschrift.[42] Alsbald mußte er sein Zimmer dort für angemeldete Feriengäste räumen und zog also gezwungenermaßen mit den Zelten in den Wald. Er selbst schreibt an Lola, daß er durch die Mieterin in Neuglobsow denunziert worden sei. »Abends hat unsere Mieterin (…), die sich zuletzt von trockenem Brot nährte und die Winterhilfe in Anspruch nahm, die Reihen meiner Bücher durchsucht, in der Hoffnung, etwas zu finden, bis es ihr schließlich gelungen ist. Auf meinem eigenen Telefon hat sie sich mit der Staatspolizei verbinden lassen, bis die Gebühren auf fünfzehn Mark stiegen, die sie nie bezahlte, und die Post ihr den Telephondraht durchschnitt. Es ist gottvoller Widersinn, daß ich so wahrscheinlich noch selber die Gebühren für das Gespräch zahlen muß, das mich in das Konzentrationslager brachte.«[43] Peter Böthig hat diese Tatsache erhärtet.[44]

42 Johanna Wernicke-Rothmayer, Armin T. Wegner, Gesellschaftserfahrung und literarisches Werk. Frankfurt/Main und Bern 1982. S. 341
43 Armin T. Wegner, Neuglobsow, an Lola Landau, London, am 2. März 1934, in: Armin T. Wegner/Lola Landau, »Welt vorbei«. Die KZ-Briefe 1933/34. Herausgegeben von Thomas Hartwig. Berlin 1999. S. 82
44 Peter Böthig (u.a.), Im Haus der sieben Wälder. Lola Landau und Armin T. Wegner in Neuglobsow. Frankfurt/O. 2010. (Buntbuch 49) und 2. Auflage

Das Sommerhaus hatte aus wirtschaftlichen Gründen vermietet werden müssen. Wegner selbst schreibt, daß er bei der Verbrennung pazifistischer Schriften im Garten des Hauses »Sieben Wälder« beobachtet wurde, deren Fetzen auf ein Nachbargrundstück hinüberwehten. Bereits im Juni war es deswegen zu einer Haussuchung in der Berliner Wohnung gekommen, von der er auch in seiner Verteidigungsschrift berichten wird. »Die Verbrennung dieser Papiere hat nun zu einer Anzeige über mich und damit zu meiner Verhaftung geführt.«[45] Nicht auszuschließen aber dürfte sein, daß Wegners Nachbar, also General Litzmann selbst, der eigentliche Anstifter oder Drahtzieher der Denunziation war. Jedenfalls war er ihr geistiger Wegbereiter. Hatte er sich doch bereits 1924 anläßlich der Neuherausgabe von Wegners pazifistischen Aufrufen unter dem Titel »Der Ankläger« argwöhnisch gezeigt und gegen diesen ereifert. Damals hatte es der Dichter immerhin noch für möglich gehalten und für sinnvoll erachtet, sich Litzmann gegenüber zu rechtfertigen und ihm am 17. Dezember 1924 einen seinen Standpunkt als Pazifist klärenden Brief geschrieben.

Lola Landau, die während des Rückzugs in die Potsdamer Wälder in der gemeinsamen Wohnung am Kaiserdamm in Berlin geblieben war, hat ihren Mann vom Juni bis zum August 1933 immer wieder in Sakrow besucht und an den Wochenenden auch in den Zelten übernachtet. Beide gingen gemeinsam in das nahegelegene sogenannte »spießige Zeltlager«. Aber die alte vertraute Nähe wollte nicht aufkommen. Lola war durch ihre Werbetätigkeit für den Jüdischen Aufbaufond überarbeitet, Wegner dürfte geahnt haben, was nun auf ihn zukommen mußte, auch wenn er noch unerschütterlich an seinem Roman über das Schicksal des armenischen Volkes weiterarbeitete und also weiterhin an seiner literarischen Sendung festhielt. Aus gesundheitlichen Gründen, wohl aber auch,

---

Potsdam 2012. S. 15. Wegners Brief vom 2. März 1934 wird publiziert in: Armin T. Wegner/Lola Landau, »Welt vorbei.« Die KZ-Briefe 1933/34. Berlin 1999. S. 82

45 Johanna Wernicke-Rothmayer, Armin T. Wegner, Gesellschaftserfahrung und literarisches Werk. Frankfurt/M., Bern 1982. S. 338

um einen längeren Auslandsaufenthalt zu sondieren, suchte Lola Landau ein preiswertes Seebad.

Ihr Erholungsaufenthalt in Mölle in Südschweden begann am 14. August 1933. Er sollte sich über Dänemark bis ins erste Exil nach England fortsetzen. Daß Lola nicht unmittelbar nach der Verhaftung ihres Mannes am 16. August nach Deutschland zurückkehrte, ist ihr als Ausdruck fehlenden Interesses an dessen Schicksal ausgelegt und womöglich sogar zum Vorwurf gemacht worden. Man sollte aber darin zuallererst den Willen sehen, sich selbst vor einer Verhaftung zu schützen, zumal der Weg Armin T. Wegner deutschlandweit durch Gefängnisse und KZs führte. Wohin also hätte sie zurückkehren sollen? Bereits am 23. August ist er nicht mehr in Berlin, sondern im Lager Oranienburg. Von dort aus gelangt er am 2. September ins Emsland, wo er vom Gefängnis in Papenburg aus zu Fuß in einer Gefangenenkolonne nach Börgermoor marschieren muß. Mitte Oktober werden seiner Sekretärin zwar beschlagnahmte Bücher als »geprüft und für harmlos befunden« zurückerstattet, aber dennoch wird er Ende Oktober in das Lager Lichtenburg bei Torgau verlegt. Eine dort im November verfasste 21 Seiten umfassende Verteidigungsschrift, die Wegner gegen den Verdacht auf »Gefährdung der öffentlichen Sicherheit« aufgesetzt hatte, wurde nicht mehr abgeschickt, da er am 26. Dezember 1933 im Rahmen einer Weihnachtsamnestie aus Torgau entlassen wurde. Nach kurzem Berlin-Aufenthalt reist Wegner Ende März 1934 nach Weener in Ostfriesland, um dort dem älteren jüdischen Fahrradhändler Jakob de Jonge (1874–1947) zu helfen, der des Waffenbesitzes angeklagt und im Lager Börgermoor besonders drangsaliert worden war. Der Dichter wurde acht Tage lang in Leer in Einzel- und Dunkelhaft genommen und kehrte gebrochen nach Berlin zurück.[46] Allerdings konnten sein Schützling und dessen Familie nach

46 Wegner selbst spricht von sieben Gefängnissen und drei KZs, die er während der NS-Zeit durchlaufen mußte. Zunächst wurde er im Hausgefängnis der Gestapozentrale an der Prinz-Albrecht-Straße 8 (Gefängnis 1) in Berlin inhaftiert, von hieraus gelangte er in das berüchtigte SS-Gefängnis Columbiahaus am Columbiadamm (2), von wo aus er nach Oranienburg verlegt wurde. Offenbar gelangte er von dort nach Münster ins Gefängnis. (3) Von hieraus wur-

Leeuwarden emigrieren. Im Epilog werden die Einzelheiten dieser Aktion beschrieben. Wie hätte Lola, selbst wenn sie in Berlin geblieben wäre, ihm bei alledem helfen können?

Höchst erstaunlich ist der durch die hier vorgelegten Briefe erstmals dokumentierte Besuch Andreas Marcks bei seinem Pflegevater Armin T. Wegner im KZ Oranienburg. Ein 16jähriger hat den Mut, seinem Ziehvater Wäsche und Nachrichten in ein Konzentrationslager zu bringen, und das zu einem Zeitpunkt, als seine Mutter als Jüdin im Ausland weilt und der Verbreitung von so genannter »Greuelpropaganda« über das NS-Regime verdächtig gemacht wird. Wenn es angesichts von soviel Wagemut noch eine Steigerung geben könnte, so ist fast erstaunlicher noch, daß Armin T. Wegner seinem Pflegesohn im KZ, im Beisein eines stets präsenten Aufsehers also, davon berichten konnte, daß er geschlagen worden sei. »Mach doch kein so trauriges Gesicht, einmal wirst Du auch von Deinem Vater Schläge bekommen haben,« soll einer der Peiniger danach zu ihm gesagt haben.

> de er nach Papenburg (4) geschafft, wo er wiederum im Gefängnis untergebracht war, bevor der Weitermarsch ins Lager Börgermoor erfolgte. Von Börgermoor wurde er ins KZ Lichtenburg bei Torgau überführt. Ende März 1934 reiste er – inzwischen freigelassen – nach Weener/Ostfriesland, um dem dortigen Bürgermeister Unrecht und Leid eines Mitgefangenen in Börgermoor zu berichten. Dieser, Fahrradhändler de Jonge, war wegen Waffenbesitzes eingesperrt worden. Wegner wurde in Weener (?) für acht Tage in Dunkelhaft gehalten. (5) 1938 kam es in Positano nochmals zu einer Verhaftung Wegners, als Hitler Italien vom 2. bis 10. Mai einen Staatsbesuch abstattete und »verdächtige Personen« in »Schutzhaft« (6) genommen wurden. Wegner wurde nach Neapel ins Gefängnis gebracht. Es sind für mich also sechs Gefängnisaufenthalte belegbar. Allerdings glaube ich mich eines kurzen Aufenthaltes Wegners im SA-Gefängnis Papestraße (7) zu erinnern, von dem mir dann Irene Kowaliska berichtet haben müßte. Das Gefängnis befindet sich am Werner-Voß-Damm 54a und ist heute das einzige Gefängnis des frühen NS-Terrors in Berlin, an dem sich noch Spuren der Situation von 1933 finden lassen. Philipp Holt, »Gedenkstätte Papestraße«, konnte bisher keinen Hinweis darauf finden, daß Armin T. Wegner hier in Haft gehalten wurde. (Auskunft an den Verfasser vom 20. Oktober 2020) Einer im Dezember 1941 anberaumten Verhaftung, die ihn in ein Gefangenenlager nach Potenza gebracht hätte, entzog sich Armin T. Wegner durch die Flucht nach Rom.

Dieser Höhepunkt der Demütigung, der mit anderen Folterungen verbunden war, fand im SS-Gefängnis Columbiahaus am Tempelhofer Feld statt, wo der Dichter mit einer Reitpeitsche geschlagen wurde. Im Gegensatz zu vielen anderen in so krasser Form Gefolterten hat ihm diese düsterste Stunde nicht dem Mund verschlossen, sondern er hat sogar oft und intensiv versucht, von der ihm zuteil gewordenen Erniedrigung Zeugnis abzulegen, sei es, um sich dadurch von erlittenem Leid zu befreien, sei es, um zu warnen. Der 1957 als Student auf Stromboli weilende Maler Matthias Koeppel erinnert sich an Wegners exaltierte Ausbrüche, die die Stipendiaten der Berliner Hochschule der Künste auf seiner Terrasse über dem Vulkan erlebten, in einem Essay für mich: »Mit großen schauspielerischen Gesten und pathetisch grollender Stimmlage schilderte er, wie sie ihn schlugen und mit immer wieder neu erfundenen Foltermethoden quälten. (...) In etwa halbstündigen Abständen mischte sich das ferne Grollen des permanent tätigen Vulkans ein, wie eine dramaturgische Überhöhung dieser Szenerie.« Schon hieraus wird klar: Wegner gehörte nicht zu jenen Traumatisierten, die über ihre Erlebnisse schwiegen. Es drängte ihn vielmehr dazu, darüber zu reden.

Für mich ist höchst wahrscheinlich: Wegners Peinigung erfolgte nicht primär oder gar ausschließlich wegen seines weit zurückliegenden pazifistischen Engagements; sie ist das Produkt einer Strafaktion an dem Hitler-Gegner Wegner. Alles spricht für mich gegen die von dem Greifswalder Germanisten Gunnar Müller-Waldeck aufgestellte Hypothese, die Gestapo habe Wegner nur seiner pazifistischen Vergangenheit wegen verhaftet.[47] Die von Müller-Waldeck daraus gezogene Schlußfolgerung, der Dichter habe lebenslang eine Fiktion aufrechterhalten,[48] nämlich diejenige, wegen seines Sendschreibens inhaftiert worden zu sein, ist damit unhaltbar. Dagegen spricht allein schon: Die nach der Verhaftung erforderlich

---

47 Gunnar Müller-Waldeck, Verwehrte Heimkehr. Nachträge zu einem unheldischen Helden, in: neue deutsche literatur 52, 2004. Heft 556. S. 77–90
48 So: Armin T. Wegner, Das Verhängnis, in: derselbe, Fällst du, so umarme auch die Erde oder der Mann, der an das Wort glaubt. Wuppertal 1974. S. 146–51, hier: S. 146/47

werdende Verteidigungsstrategie Wegners bezieht sein Sendschreiben an Hitler sehr wohl mit ein. In seiner Verteidigungsschrift vom 8. November 1933 verweist er dieses zwar in den Bereich der Rein-Persönlichen, des besorgnisvollen Hinweises an den Reichskanzler, gibt aber damit zugleich zu erkennen, daß es der Gestapo sehr wohl bekannt gewesen ist, als man ihn verhaftete.[49] Es kann auch nicht anders sein, als daß Wegners Sendschreiben, der von ihm im Konzept sogenannte »Judenbrief«, den Verfolgern schon von Anfang an bekannt gewesen sein muß, wie es in einem zentralistisch gelenkten und totalitär durchleuchteten Überwachungsstaat gar nicht anders denkbar ist. Armin T. Wegner wurde nominell für sein pazifistisches Engagement und für seine Beiträge in anarchistischen oder syndikalistischen Organen drangsaliert, dahinter aber stand das auch zeitlich viel näherliegende Motiv, den Ankläger der Ausschreitungen gegen die Juden zum Schweigen zu bringen, weil er den Nerv der Nazi-Ideologie traf und den Impuls zurückzuschlagen freisetzte. Das Anprangern des Systems, das er mit diesem Schreiben offenbarte, obwohl er den von ihm (natürlich wider besseres Wissen) als honorig hingestellten »Führer« und seine Politik ernst zu nehmen vorgab, mußte durch die damit konfrontierte NS-Führung erstickt, und die Weiterungen, die eine Verbreitung des Schreibens, etwa im Ausland hätte haben können, mußten verhindert werden. Dem Kritiker Hitlers und des neuen Staates, der *natürlich* sein erklärter Gegner war, mußte auf Dauer der Mund geschlossen werden. Die Frage, ob die ausführenden Inquisitoren und Schergen Wegners »Sendschreiben« kannten, läßt sich, meiner Ansicht nach, negativ beantworten. Darin wäre Müller-Waldeck zuzustimmen. Wohl aber müssen es diejenigen gekannt haben, die an den Schalthebeln saßen und ihn verhaften ließen.

49 Die »Verteidigungsschrift von Dr. Armin T. Wegner gegen den Verdacht der Gefährdung der öffentlichen Sicherheit« wird im Original wiedergegeben in: Johanna Wernicke-Rothmayer, Armin T. Wegner, Gesellschaftserfahrung und literarisches Werk. Frankfurt/M., Bern 1982. S. 335–54, hier: S. 347 und besonders: S. 348: »Zeugen und Beweisstücke (…): (…) mein an den Reichskanzler Adolf Hitler (…) gerichtetes (…) Schreiben und die darauf erfolgte schriftliche Bestätigung des brauen Hauses in München (…).«

Die von Wegner später redigierte Textversion verändert den von mir oben (vergleiche Seite 46) aus dem »Sendschreiben« zitierten Passus sehr stark, behält aber die etwa gleichlautende Eingangssequenz bei: »Jüdische Richter, Ärzte und Anwälte werden aus ihren durch die Verdienste langer Jahre erworbenen Ämtern gestoßen; man sperrt ihren Söhnen und Töchtern die Hochschulen, entläßt Künstler und Erzieher oder wirft sie in Haft, setzt die Familien des gebildeten jüdischen Bürgertums der Heimatlosigkeit und Verzweiflung aus und statt in seinem geschäftlichen Gebaren trifft man das Judentum dort, wo seine für die Gemeinschaft wahren, wo seine edelsten Werte ruhen, im Geist.«[50] Dies entsprach, was die Ärzte, die Hochschullehrer, die Schriftsteller und die Schüler angeht, der erlebten Situation der Familie, es gab Restriktionen in der Leitung der Privatklinik Marck, die inzwischen, nach dem Tod des Vaters 1932, Lolas Mutter unterstand; es gab das Lehrverbot für Lolas ersten Mann Fried Marck in Breslau; es gab Schreib- und Publikationsverbot für Lola Landau selbst und es gab die schulische Zurücksetzung der Tochter Sibylle. All das brauchte Armin T. Wegner weder den Zeitungen noch der Mundpropaganda zu entnehmen, es ereignete sich in seiner Familie selbst. Sein Schutzbegehren galt natürlich in allererster Linie seiner Frau und seiner Tochter. Wieso aber änderte Wegner den weiteren Wortlaut an verschiedenen Stellen?

Ihn trieb nach dem Krieg die Furcht um, unzeitgemäß zu werden. In der Nachkriegsfassung des Sendschreibens glaubte er offenbar, auf den veränderten Zeitgeist Rücksicht nehmen zu müssen, und so wurden die inzwischen, um 1953, im bundesdeutschen Literaturbetrieb außer Kurs gelangten Autorennamen Friedrich Gundolf, Emil Ludwig und selbst Stefan Zweig aus dem Schreiben

---

50 Armin T. Wegner, »Die Warnung« ist zugänglich in: Armin T. Wegner, Fällst Du, so umarme auch die Erde oder der Mann, der an das Wort glaubt. Wuppertal 1974, S. 186–195, hier: S. 187. Die neueste Edition beider Fassungen befindet sich in: derselbe, Rufe in die Welt. Manifeste und öffentliche Reden. Hrsg. von Miriam Esau und Michael Hofmann. Göttingen 2015. Dort finden sich auch »Für Deutschland!« S. 136–148 und »Die Warnung« S. 149–158

gestrichen, und so wurde unter den Gelehrten nunmehr Albert Einstein an die Spitze der deutsch-jüdischen Geistesgrößen gestellt. Zudem glaubte Wegner die Intensität seiner Warnung offenbar dadurch zu steigern, daß er nun betont prophetisch auftrat. Statt der Aufforderung zu Einsicht und Umkehr trat nun das Menetekel: »Zwar wenn einmal die Städte zertrümmert liegen, die Geschlechter verbluteten, werden die Berge unserer Heimat noch zum Himmel trotzen und über ihnen die ewigen Wälder rauschen, aber sie werden nicht mehr von der Luft der Freiheit und Gerechtigkeit« zeugen.[51] Die Anklage wird vom persönlichen Erlebnis ins Über-Persönliche gehoben, damit aber auch »enthoben«. Aber die Schärfe des Erlebten läßt sich durch visionäre Nachzeichnung nicht verstärken, sie bedarf dieser Überhöhung gar nicht. Das möglichst konkret erinnerte Geschehen selbst ist es, das immer die stärkste Aussagekraft behält. Das Trauma des Verstummenmüssens im NS-Regime und des Vergessenwerdens im Exil saß aber offenbar so tief, daß der Dichter seine geistige Isolation durch prognostische oder prophetische Aussagen noch zu steigern hoffte, die er nun dem Text einbeschrieb. Daß er damit dessen Authentizität verringerte, scheint ihm nicht bewußt gewesen zu sein, oder es bekümmerte ihn nicht, ganz im Sinne des an seinem Werk in allen Lebensaltern weiterschaffenden Künstlers. Dementsprechend überarbeitete Wegner auch fünf Jahrzehnte nach deren Erscheinen noch seine Aufrufe und Reden im Umfeld der Novemberrevolution, die 1921 unter dem Titel »Der Ankläger« erschienen waren, ein Vorgehen, das Publizisten wie Walter Jens oder Gert Schiff, die sein Werk wiederzubeleben bestrebt waren, abschrecken mußte.

Was wollte er mit seinem Sendschreiben erreichen? Ich vermute also, daß er vor allem dokumentieren wollte, was geschah und daß er dies tat, um nicht durch Schweigen selbst mitschuldig daran zu werden. Ob er glaubte, durch sein Taktieren und in geschickter Berufung auf Tradition und Geist, noch etwas mildern, wenn natürlich schon nicht ändern zu können, darüber ließe sich streiten.

---

51 Armin T. Wegner, »Die Warnung«, in: Fällst Du, so umarme auch die Erde oder der Mann, der an das Wort glaubt. Wuppertal 1974. S. 194/95

Hier wurde private Betroffenheit zum Auslöser eines Protests, wobei das persönlich geprägte Erlebnis eine literarisch-publizistische Dimension annimmt, die es zu einer der großen Reden und Rufe macht. Wegner handelte ausgerechnet in dieser Extremsituation nicht mit der Vorsicht des Mitglieds einer kommunistischen Zelle, das er zeitweise war: Der Kritiker gibt sich zu erkennen und setzt sich damit bewußt der Verfolgung aus. Daß er den Ernst der Lage, in die er sich damit brachte, ganz voraussah, glaube ich fest. Hierauf deutet allein schon die vorangehende Verhaftung Kurt Hahns und, stärker noch, seine eigene »Flucht in die Landschaft«, nach Sakrow hin. Auch, daß er selbst dem Kaffeehauswirt, von dem er sein Wasser holte, die genaue Lage seiner »Zeltstadt« nicht offenbarte, kann nur so verstanden werden. Dieser mußte ihm erst nachschleichen, um das Versteck zu entdecken.

Das Dokumentieren in Aufrufen und das In-Petitionen-Fassen erlebten Unrechts durchzieht die gesamte lebenslange literarische Entwicklung Armin T. Wegners. Er ruft 1918 das Schweizerische Rote Kreuz an, den perspektivlos dahinlebenden deutschen Intellektuellen zu helfen und appelliert zum selben Zeitpunkt an Karl Liebknecht, keine Gewalt anzuwenden; er schreibt an den Präsidenten der Vereinigten Staaten wegen der Vertreibung und Entrechtung der Armenier und an Romain Rolland über Vorurteile gegen die frühe Sowjetunion. Nach dem Zweiten Weltkrieg richtet er offene Briefe an Nasser und Heinrich Lübke wegen einer Verständigung mit Israel oder mit der DDR. Wegner glaubt an den guten Willen der Herrschenden, oder zumindest doch an deren Beeinflußbarkeit, er schreckt dabei vor keiner Art von Prominenz zurück. Immer tut er dies in dem ihm eigenen Glauben, sein Anliegen werde zumindest angehört werden, und immer tut er dies auch aus der Position dessen heraus, der sich zum Protestieren berufen glaubt. In diesem Fall ist Wegner sich seiner Rolle gewiß, und er verzichtet als Augenzeuge ebenso wenig auf sein literarisches Renommée, wie er andererseits als Literat auf die durch seine Augenzeugenschaft gewonnene Dokumentation verzichtet.

Daß Wegner einer der Ersten und zugleich Letzten wurde, die

gegen das Regime protestierten, zeigt, wie rasch die Diktatur jede Möglichkeit zur Veröffentlichung gleichgeschaltet hatte: Am 23. Januar 1933 hatte Ernst Barlach seine Rede »Künstler zur Zeit« im Deutschlandsender noch aufzeichnen können, in der er konstatierte, für ihn gäbe nur zwei Rassen: Die Geistigen und die Ungeistigen. Die Ansprache, von der ein Tondokument existiert, konnte angeblich nicht mehr gesendet werden. (Dies wird im Erstdruck der Rede durch die Ernst-Barlach-Gesellschaft von 1947 anders dargestellt und wäre nachzuprüfen.) Am 1. Februar 1933 war Dietrich Bonhoeffers Rundfunkvortrag »Der Führer und der Einzelne in der jungen Generation« in der »Berliner Funkstunde« immerhin noch teilweise übertragen worden, angeblich wegen zu großer Länge allerdings zensiert. Er versandte den ungekürzten Text privat als Rundbrief an seine Bekannten. Nun war Publikation nicht mehr möglich. Wegner selbst berichtet, daß er eigentlich vorgehabt hätte, sein Sendschreiben in der Presse zu veröffentlichen, dies aber bereits als aussichtslos ansah.

Während Wegner seinen Leidensweg durchläuft, lebt Lola Landau inzwischen in London. Im Oktober/November 1933 nimmt die junge Buchgestalterin und Malerin Dorothea Braby (1909–1987) sie als vorläufigen Gast auf, deren illustrierte Bücher bald in der renommierten Golden Cockerel Press erscheinen werden. Lola ist vorerst also wohlaufgehoben und hat sogar etwas von dem ihr so vertrauten künstlerischen Flair um sich. Das erste Zusammentreffen beider Eheleute nach der KZ-Haft ihres Mannes findet in England Mitte Mai 1934 statt, im Umfeld der Quäker, und es führt zu einem Begrüßungstreffen, zu dem auch Aldous Huxley eingeladen worden ist, um sich mit dem international wahrgenommenen Häftling als Dichter zu unterhalten.[52] Leider erweist sich bald, daß der in London nicht arbeiten kann, aus klimatischen, wohl aber auch und womöglich stärker noch aus mentalen Gründen. Denn das Buch über seine Haft, das die Öffentlichkeit von ihm erwartete, hat er auch andernorts nie geschrieben. London ist aber auch sonst als

---

52 Armin T. Wegner und wohl auch Lola Landau lebten im Mai 1934 »London N.W.3, Charingford Rd. 21«

Schaffensort indiskutabel. Erschien ihm das deutsche Sprachgebiet doch als der einzig mögliche Existenzraum seines Dichtertums. Dabei fehlte es nicht an Einfühlung und Hilfestellung: Es war kein Geringerer als Dietrich Bonhoeffer, Seelsorger der deutschen evangelischen Gemeinde in London, der sich des resignierten und seelisch gebrochenen Wegner annahm. Bonhoeffer schreibt um seinetwillen im Juli 1934 in die USA, bittet um Stipendien und Visa, wobei sein Adressat der bis heute hochaktuelle Theologe Reinhold Niebuhr (1892–1971) ist, der als »Obama's Favorite Theologian« wieder ins Schlaglicht treten wird. Niebuhr hat die Anmaßung der USA, sich als auserwählte Nation zu fühlen ebenso kritisiert wie den Utopismus des Kommunismus, der zum Despotismus führe. Am bekanntesten wurde sein Gelassenheitsgebet. Sowohl Liberale wie Barack Obama wie auch Neokonservative berufen sich heute auf ihn. Bonhoeffer erkennt das vollkommene Geschlagensein des Londoner Emigranten Wegner.[53] Auch Lola hat dies sofort erkannt. An mich gerichtet zitiert sie den das Althochdeutsche zu Hilfe nehmenden Satz Wegners: »Ausland (althochdeutsch *alilanti*) ist Elend.« So kehrten Wegners im Juni 1934 nach Deutschland zurück. Es ist die erste intensive Begegnung Lolas mit dem neuen nationalsozialistischen Deutschland. Armin T. Wegner hat den Schock, den sie erlebte, eindrucksvoll in einem Brief an Irene Kowaliska beschrieben: »Im Juni und Juli [1934] weilte Lola zwei Monate in Deutschland. Es war eine schwere und aufreibende Zeit für sie, die sie seelisch auf das Tiefste erschütterte, denn es war das erste Mal seit ihrem ahnungslosen Verlassen des Landes [am 14. August 1933], kurz vor meiner Verhaftung, daß sie Deutschland wiedersah. So kam es, daß viele Erlebnisse, die wir in der Heimat schon überwunden hatten, die Gewöhnung an die zahlreichen drückenden Bestim-

---

53 Dietrich Bonhoeffer an Reinhold Niebuhr am 13. Juli 1934, in: derselbe, Werke. Band 13: London 1933–1935. Herausgegeben von Martin Goedeking, Martin Heimbucher und Hans-Walter Schleicher. Gütersloh 1994. S.169–71. Die Verbindung Armin T. Wegners mit Dietrich Bonhoeffer ist, soweit ich sehe, von der Wegner-Forschung bisher noch nicht zur Kenntnis genommen worden.

mungen und Gesetze des Alltags, die die andern und namentlich die Juden schon als unabänderlich hinzunehmen begannen, von ihr erst durchlitten werden mußten und daß sich alles von neuem in ihr dagegen aufbäumte. Sie hatte ein freies Leben in der Heimat verlassen und fand sich plötzlich in einem Ghetto wieder. Aber es war nicht nur so, daß sie, die Verstoßene, sich einem Deutschland gegenübersah, das sie von allem ausschloß, sondern sie selber gestattete sich auch nicht, in ihrem gekränkten Stolz und ihrer so schmerzlich verwundeten Seele, das Land dort noch weiter zu lieben, wo es ihr in seiner Landschaft, seinen Bäumen und Wiesen, in seiner alten kindhaften Vertrautheit noch liebenswert schien. Und nun wirst Du selber auch schon verstehen, bis zu welcher Tragik sich dieses Erlebnis in ihr gestalten mußte. Denn wie sollte dieses sich selbst kasteiende Entsagen einem einstmals geliebten Land gegenüber Halt machen vor einem Manne, der selbst diesem Volke ihrer Todfeinde entstammt? Sie hat mir nachträglich gestanden, daß sie lange Zeit, während sie noch allein in England war, es als selbstverständlich angenommen hat, daß die Trennung zwischen uns vollzogen würde. (...) Erst im letzten Augenblick hat sich Lo dann entschlossen, wozu ich ihr selbst in starkem Maße riet, das Angebot bei der zionistischen Gesellschaft [Keren Hajessod] mit einem sehr achtenswerten Gehalt anzunehmen. Aber es scheint, als wenn die dadurch bedingte Rückkehr nach Deutschland die seelische Ruhe zwischen uns aufs Neue bedroht hat. Während der schönen Tage, die wir gemeinsam in Swanage an der südenglischen Küste verbrachten, war nichts davon zu spüren. Es war, als wären unsere beiden Seelen einen Waffenstillstand eingegangen. Aber, als ich am 3. Dezember [1934] nach Berlin zurückkehrte, schien alles Böse und Schmerzliche zwischen uns aufs Neue viel schlimmer zu erwachen.

Was ist denn das Wesentliche, was eine Ehe eint und bindet? Was trägt sie über alle Zeiten, den Verlust der Leidenschaft, den Mangel oder die Entfremdung der Kinder hinweg? Die geistige Kameradschaft. Gerade die geistige Kameradschaft zwischen uns, das, was mich nach mancherlei Irrtümern und Enttäuschungen mit Frauen zu Leonore geführt hat, ist im Tiefsten gestört, wenn nicht zerstört worden. Was sie heute bewegt, ist das furchtbare und tragische Schicksal ihres Volkes, in dessen Heimweg nach Palästina sie gleichzeitig ihre ganze Hoffnung und Kraft findet,–dieser Weg aber führt von Deutschland fort und somit auch von mir, führt er doch sogar von ihr selbst fort.«[54]

Wegner fährt, auf sich bezogen, an derselben Stelle fort: »Was mich dagegen erfüllt, ist mein Werk, und mein Herz hält immer stärker und tiefer an Deutschland fest, unbeschadet aller Wandlungen in seinem Antlitz, die mir schmerzlich sind, und unbeschadet meiner eigenen freiheitlichen Anschauung, die stets die gleiche geblieben ist.«

Im August findet ein letztes Zusammensein der (fast noch) gesamten Familie im Haus Siebenwälder statt, nur Sibylle, die in einem englischen Kinderheim lebt, ist nicht mehr mit dabei. Mit dieser seiner Tochter allein unternimmt der Vater danach eine Schottlandfahrt mit der Beiwagenmaschine, auch dies ein Abschied für lange. Sibylle berichtet in den nachfolgend abgedruckten Erinnerungen humorvoll von der dem begeisterten Motorradfahrer anfangs schwerfallenden Umstellung auf den Linksverkehr, dessen Mißachtung jedoch ohne Unfallfolgen blieb. Die höfliche Zurechtweisung eines Bobby wurde für sie zu einem Urerlebnis zivilisierter bürgerlicher Umgangsformen. Lola begibt sich im September 1934 auf ihre erste Werbe- und Sammelreise des »Keren Hajessod«, nach England, wo sie erneut mit Mann und Tochter zusammentrifft.– Der »Keren Hajessod« ist bis heute die einzige Organisation, die zum Sammeln von Spenden für den Staat Israel durch diesen selbst beauftragt worden ist, was seit 1956 auch per Gesetz durch die Knesset festgeschrieben worden ist. – Der Sohn Andreas wird noch auf einer Lehrfarm in Deutschland (»Gut Winkel« bei Spreenberg/Mark)[55] als künftiger Siedler (»Chaluz«) ausgebildet. Offiziell erklärtes Ziel dieser Landwirtschaftslehre war zunächst noch die soge-

---

54 Armin T. Wegner, Berlin, an Irene Kowaliska, vermutlich Vietri sul Mare, Brief vom 29. Dezember 1934 [bis 14. Januar 1935]. Kopie bei Dr. Johanna Wernicke-Rothmeyer, Berlin, der der Verfasser sehr herzlich dankt.
55 Ilana Michaeli/Irmgard Klönne (Hgg.), Gut Winkel. Die schützende Insel

nannte »Berufsumschichtung« der Juden in Deutschland, die aber bereits als Vorbereitung für die Ansiedlung in Palästina gedacht gewesen sein dürfte. Der Sohn Alf absolviert in Breslau als Gast der Großmutter Rosa Marck geborene Heimann eine Ausbildung als Photograph. Ende September kehren die Eheleute und ihre Tochter nach Berlin zurück. Nun auch wird die gemeinsame Wohnung am Kaiserdamm 16 aufgelöst, und die drei ziehen in zwei Zimmer einer jüdischen Pension an der Meinekestraße (nach Forschungen von Johanna Wernicke-Rothmayer im Haus Nr. 19).[56] Der Sitz der »Zionistischen Vereinigung« befand sich wenige Meter davon entfernt im Haus Meinekestraße 10.[57] Lola Landau hat das stagnierende, von Depression, ja Zerfall gezeichnete Klima dieser Wartestation in »Meine drei Leben« meisterhaft geschildert: die permanent Karten spielenden alten Damen, deren tatenloses Warten sie

1933 bis 41. Deutsch-israelische Bibliothek Band 3. Hamburg 2007, beschreibt die Symbiose zionistisch-chaluzzischer Gemeinschaftsideale, in die sich auch Lebensformen der bündischen Jugendbewegung mischten. Diese Melange aus Pioniergeist, Gemeinschaftssinn, Gesinnungssozialismus, Bildungsstreben und Lebensfreude wird zum Fundament für Andreas Marcks ferneres Leben.

56 Johanna Wernicke-Rothmayer, Armin T. Wegner, Biographische Daten nach 1934. Skript, Blatt 1. Der Verfasser dankt der Autorin sehr herzlich für die Überlassung des Skripts, das die Aufenthaltsorte Armin T. Wegners von 1936 bis 1941 exakt benennt. Am 8. November 1938 schreibt Wegner aus »der Ghettostraße am Kurfürstendamm«, womit noch einmal die Meinekestraße gemeint gewesen sein könnte.

57 Später war in diesem Haus das Referat VI des Reichssicherheitshauptamts untergebracht, das ab 1942 der SS-Brigadeführer und Generalmajor der Polizei Walter Schellenberg leitete, der ab 1944 Leiter aller Geheimdienste war. Das Referat VI nahm die nachrichtendienstlichen Aufgaben im Ausland wahr. Die Verbindung von SS und Polizei zu einem selbständig agierenden Instrument, wie es das Reichssicherheitshauptamt war, fand also in einem ursprünglich jüdischen Haus statt. Das Haus überstand den Krieg. 2005 wurde es in Luxuswohnungen aufgeteilt, mit dem deutlichen Hinweis auf deren historisches Flair! Schellenberg soll auch den allerdings nicht belegbaren »Salon Kitty« initiiert haben, in dem in der benachbarten Giesebrechtstraße 11, Callgirls Bonzen und Diplomaten ausfragten, während eine Abhörstelle im Keller dieses Hauses die Aussagen mitschrieb.

Abb. 7. Unbekannter Photograph (Armin T. Wegner?), Lola Landau und ihre Tochter Sybill an der südenglischen Küste in Swanage, 1934

dem Vernichtungslager nur immer näher entgegenbringt, die kleinlichen Zänkereien der Bewohner und die Enge. Inmitten dieser Vorhalle zum Abtransport gelingt es Armin T. Wegner noch einmal, so etwas wie Familienidylle hervorzuzaubern: Als Vorleser von »David Copperfield« versetzt er seine elfjährige Tochter in eine andere Welt. Da er in dieser Atmosphäre jedoch nicht arbeiten kann, zieht Wegner bald in die nahegelegene Wohnung eines Freundes. Seine Briefe beschreiben die Werbe- und Agitationstätigkeit Lolas, aber auch ihre Loslösung von Haus, Wohnung und allem Besitz als Vorbereitung auf das neue Leben: »Lo hat ihre ganze Hoffnung mit der verzweifelten Kraft einer Ertrinkenden an ihr Volk und das neue uralte Volk gehängt. (...) Das Leben dieser Frau ist völlig ausgefüllt mit ihrer neuen Tätigkeit, mit der Widmung für ihren Beruf, dem Versenken in Bücher, Vorträge und in die ihr fremde Sprache, bis in die Nacht hinein, wo ich sie noch in ihrem Bett laut lernen höre. Den kleinen schwarzen Hut tief in die Stirn gedrückt, stiefelt sie mit ihren hohen Überschuhen fast wie ein weiblicher Talmud[schüler] nachdenklich über die Straße.«[58]

Der Ausschluß aus dem NS-Schriftstellerverband wird für Armin T. Wegner einmal noch für kurze Zeit aufgehoben,[59] dann aber – auch dieser trügerischen Hoffnung ein Ende bereitend – wieder ausgesprochen.

Die Frage, ob Lola in dieser Zeit den *Begriff* Konzentrationslager bereits kannte, drängt sich auf. Schon 1923 hatte ihr Vetter Edmund Landau darüber mit dem ihm befreundeten Fritz Rathenau korrespondiert. Als ihm der Freund von »Konzentrationslagern« schrieb, die der Kasernierung von Ostjuden in Bayern und Preußen galten, soll Edmund geantwortet haben, in diesem Fall würde er sich ein Zimmer mit Balkon und Ausblick nach Süden sichern wollen.[60] Die Legende ist stimmig, nur war eben Edmund Landau kein Mensch, der damals schon zum Kreis der Betroffenen gehörte und die Weimarer Republik war, trotz aller Altlasten, ein Rechtsstaat. Dies Beides mag den sarkastisch-humoristischen Ton des Briefes erklären, uns zugleich aber dazu führen, daß innerhalb der Familie Landau der Begriff »Konzentrationslager« bereits als ein

---

58 Johanna Wernicke-Rothmayer, Armin T. Wegner. Gesellschaftserfahrung und literarisches Werk. Frankfurt/M., Bern 1982. S. 76/77. Brief an Irene Kowaliska vom 14. Januar 1935

59 Anfang (wohl im Februar) 1934 wurde Wegner, angeblich auf Fürsprache Hans Friedrich Bluncks hin, in den »Reichsverband deutscher Schriftsteller« aufgenommen, obwohl die Übernahmefrist bereits am 15. Dezember 1933, als Wegner noch in Torgau inhaftiert war, abgelaufen war. Allerdings hatte diese Wiederaufnahme keine nennenswerten Publikationen mehr zur Folge, wenn man von einigen Feuilletons, die unter dem Pseudonym »Klaus Uhlen« erschienen, einmal absieht. Nach Inkrafttreten des »Arierparagraphen« wurde Wegner, wie er Lola Landau am 8. November 1936 mitteilt, dann endgültig ausgeschlossen.

60 Sanford Segal, Mathematicians under the Nazis. Princeton 2003. S. 454. Diese Sammellager, die als Konzentrationslager bezeichnet wurden, befanden sich seit 1920 in Ingolstadt und seit 1921 in Cottbus-Sielow und Stargard. Aber natürlich waren diese Lager keine Vernichtungsstätten der in ihnen internierten Insassen. Dies bleibt zu bedenken, wenn man Edmund Landaus »launigen« Sarkasmus richtig einschätzen will.

Faktum aus den Grenzbereichen der Rechtsstaatlichkeit vorhanden war, bevor diese zu sein aufhörte.

Lola Landau, der Mathematiker Pessach Hevroni in Jerusalem und die Berufung zum Aufbau Israels

Im März 1935 ist die letzte Berliner Wartezeit Lola Landaus beendet: Sie ist als Abgesandte des »Keren Hajessod«, jenes »Basisfonds«, der seit 1920 überall in der Welt Spenden für Palästina sammelt, noch einmal nach Süddeutschland unterwegs. Landau, Darmstadt, Heidelberg und Frankfurt werden bereist, bevor sie im April nach England übersetzt. »Der Nationalfond ist die populärste zionistische Einrichtung,–besonders bei den ärmeren Schichten des jüdischen Volkes,«[61] wie Josef Heller 1935 in seiner noch in Deutschland erscheinenden »Geschichte des Zionismus« schreibt. Insofern dürften Lola viele Sympathien zugeflogen sein, besonders bei den Armen. Es ist ein trauriger Abschied, auch von den Stätten der Kindheit, so von der Großmutter-Stadt Darmstadt. Nach England begleitet sie ihr Sohn Alf, der inzwischen seine Ausbildung als Photograph an einem Polytechnikum in London fortsetzten soll, da er die Fachschule in Breslau als Jude hatte verlassen müssen. Lola bringt ihn zu Freunden nach London. (Später wird er Exportkaufmann werden, betätigt sich zeitweise aber auch als Hausdiener.) Im August 1935 unternimmt Lola Landau auf Anraten und mit finanzieller Unterstützung ihrer Mutter eine Orientierungsreise nach Palästina, die vor allem die Möglichkeiten künftigen Gelderwerbs dort sondieren soll. Schon auf der Überfahrt lernt sie einen russischen Emigranten, den Architekten Ziton kennen, mit dem sie sich ein Zusammenleben vorstellen könnte.[62] Armin T. Wegner ist über das mögliche Zerbrechen seiner Ehe zutiefst besorgt und bietet seiner Frau an, ihr nach Palästina zu folgen, wobei er nur an einen temporären Aufenthalt denkt, bis sich anderswo eine für beide mögliche ge-

---

61 Josef Heller, Geschichte des Zionismus. Kurzgefaßte Darstellung. Berlin 1935. S. 39
62 Sybil Stevens, Eight Schools and Four Languages, Skript, 66 pages, hier: p. 28

meinsame Zukunft herausgeschält haben würde. Lola erwidert aus Jerusalem: »Hier würdest Du ein unglücklicher Outsider sein.– Ich nehme keine Opfer an.«[63] Anfang März '36 begleitet Lola ihre Tochter in das Erziehungsdorf Ben Schemen. Mit diesem Jugenddorf hatte Lola Landau so etwas wie ein zweites »Salem« als Erziehungsstätte ihrer Tochter ausgewählt, nur in umkämpftem Gelände. Von dem Berliner Arzt Siegfried Lehman (1892–1958) gegründet, sollte hier eine »Jugendrepublik« im Vorfeld zu den arabischen Nachbarn entstehen, die zudem eine Brücke zwischen zionistischer Lebensgestaltung und moderner Pädagogik zu schlagen versuchte. 1929 wurde die von allen jüdischen Siedlungen und Dörfern weit entfernte Anlage durch Betonmauern gesichert und überstand, so völlig abgeschnitten, bis zum Jahr 1948. Erst in diesem Jahr der Aufgabe des britischen Mandats und der daraufhin erfolgenden Belagerung Jerusalems mußte die Schule evakuiert werden und blieb bis 1951 geschlossen. Es existiert ein Photo, auf dem die Lehrer- und Schülerschaft Ben Schemens im Jahr 1936 abgebildet ist und das auch die damals frisch hinzugekommene 13jährige Sibylle Wegner zeigen dürfte. In der vorderen Reihe mittig sitzt offenbar die Leiterin Dr. Rebecca Lehman, jene aus Litauen stammende Ärztin und Seele des Landerziehungsheims, die in den Erinnerungen der Ehemaligen als der menschliche Mittelpunkt Ben Schemens gilt. Sybille Wegner hat in ihren Erinnerungen »Eight Schools and Four Languages« Ben Schemen als den frühen Auftakt einer Annäherung an das neue Land und auch Ort ihrer ersten Selbstfindung beschrieben. Hebräisch zu lernen fiel auch ihr schwer; Freundschaften zu schließen war dort auch ohnedies und gerade mit deutschsprachigen Emigranten leicht möglich. Am eindrucksvollsten ist ihre nur privat niedergeschriebene Erinnerung an ein Bach-Konzert des Jugenddorfes, an dem Solisten und die Schulgemeinschaft zusammen mitgewirkt haben. Die Extremsituation, unter der ein solches Konzert stand, hat Lola Landau miter-

---

63 Brief von Lola Landau, Jerusalem, an Armin T. Wegner [Berlin] vom 20. September 1935, in: Birgitta Hamann, Lola Landau. Leben und Werk. Berlin 2000. S. 82

lebt: »A stage was set up in the central courtyard, trestle tables and chairs were prepared for hundreds of guests, who were served dinner before the performance began. The guests came from all over the country and my mother was invited as well. She was most impressed by the excellent performance, but even more by the discipline, when half way through this, we were attached by the neighbouring Arab village. There was fierce gunfire, but as the courtyard was completely surrounded by buildings, we were well protected. We crouched down, the lights were turned off and guests and children were asked to be silent. Ben Schemen had trained guards on horseback who returned the fire and drove the Arabs away. When the shooting had died down, we continued with the performance.« Lola Landau hat sich dieser Episode selbst offenbar nirgends erinnert, aber ihre Tochter hat sie so für uns aufgehoben und damit auch ein Stück jenes schwierigen Anfangs dokumentiert, der das beharrende Festhalten an der europäischen Kultur ebenso offenbart, wie er den Verteidigungswillen in der neuen Heimat belegt. Absolut prägend wurde dieses Erlebnis für Lola aber wohl, denn die weiterhin in ihr fortwirkende Musik Europas und das Festkrallen in der neuen Lebensumwelt werden die beiden Pole in ihrem bedeutendsten Emigrationsgedicht werden. Nun wissen wir, wie sie sie hautnah erlebt hatte.

Man lebte und lehrte auf vorgeschobenem Posten und sah in dieser besonderen Stellung auch eine Sendung. Von Anfang an versuchte Siegfried Lehman, den Kontakt zur arabischen Bevölkerung ringsum zu festigen, was ihm vor allem durch medizinische Hilfeleistungen auch gelang. Sibylle kam in eine völlig neue Welt, der aber die alten Grundlagen nicht fehlten: Trotz des ethischen und pädagogischen Idealismus tat sie sich schwer. Die Wahl einer solchen fördernden, aber auch fordernden Bildungseinrichtung, die Landau-Wegners schon mit dem Grunewald-Gymnasium für Andreas und Alf betrieben hatten, setzte Lola auch unter schwierigen Bedingungen fort, in denen sie selbst nur über das Existenzminimum verfügte. Sie mietete sich in einem Vorort von Jerusalem bei einer orthodoxen Familie ein, um sich so möglichst rasch zu assimilieren und hebräisch lernen zu müssen. »Hier ist hebräische Atmosphäre,« schreibt sie im März 1936 aus dem Jerusalemer Viertel Bet Hakerem, gibt aber zu, daß sie sich im Haus einer europäischen Familie Markus viel wohler fühle. Es heißt jetzt, ohne Mittel und auf sich allein gestellt die völlig neue Welt zu verkraften. Ein Zusammenbruch kann da kaum ausbleiben. Der Hilferuf an den immer noch geliebten Mann veranlaßt diesen, nach Jerusalem zu kommen. Sofort ändern sie ihre Lebensverhältnisse, indem beide sich in der von deutschen Emigranten betriebenen Pension Hagelberg an der Abessinierstraße einquartieren. Ein längeres Zusammenbleiben ist geplant. Noch (oder wieder) hält es Lola Landau für möglich, daß sie mit ihrer Tochter in Jerusalem »ihr Heim aufschlagen« können. »Es ist doch durchaus eine internationale Stadt.«[64] Dies ist mehr als nur der Rettungsversuch ihrer Ehe. Aber bereits einen Monat nach Wegners Ankunft stellt sie sich dem Auftrag, für den Keren Hajessod in »Niederländisch Indien« (dem heutigen Indonesien) und Java Gelder und Sympathien für den jüdischen Staat und die bedrohten Juden in Deutschland einzuwerben. Am 1. Juni schifft sie sich nach Ceylon ein. Sie bereist bis zum 18. September Singapur, Batavia, Bandung und Serabanga. Anschließende Ferientage auf Bali runden die Reise ab. Armin T. Wegner fährt nach Süditalien zurück. Seine Auspizien für einen dauerhaften Aufenthalt in Palästina sind gering, und er gesteht sich selbst, daß das einzige, was ihn dort halten könnte, eine Vermittlungsaktion zwischen Arabern und Juden wäre. »Es ist eine sehr schwere, beinahe hoffnungslose Aufgabe,«[65] wie er bilanziert. Und wer sollte ihn dazu berufen? Also geht er nach Positano, wo er eine leerstehende ehemals für Touristen erbaute Villa mietet und instand zu setzen beginnt. Noch von Indonesien aus protestiert seine Frau gegen diese Vorbereitungen zum familiären Neuanfang, einem solchen zumal, der im faschistischen Italien stattfinden soll, das zudem von deut-

---

64 Lola Landau, Jerusalem, Brief vom 9. März 1936 an Armin T. Wegner, in: Lola Landau, Positano oder der Weg ins dritte Leben. Berlin 1995. S.77
65 Armin T. Wegner, Positano, an Lola Landau, Jerusalem, am 31. August 1936, in: Lola Landau, Positano oder der Weg ins dritte Leben. Berlin 1995. S. 87

Abb. 8. Lehrerschaft und Schülergemeinschaft des Landerziehungsheims Ben Schemen im Jahr 1936: in der ersten Reihe in der Mitte Dr. Rebecca Lehman im hellen Kleid. Wahrscheinlich ist irgendwo auf dem Bild auch die im März neu hinzugekommene Sibylle Wegner zu sehen?

schen Spitzeln durchsetzt ist. Waren ihr anfangs als Auswanderungsländer England und die Schweiz noch akzeptabel erschienen, so hat sie sich nun endgültig für Palästina entschieden. Ende Dezember 1936 oder im Januar 1937 trifft Armin wiederum in Jerusalem ein, von wo aus er im folgenden Frühjahr mit Lola nach Positano geht,[66] das sie im Mai enttäuscht verläßt. Sie leidet unter der künstlichen Atmosphäre und der erzwungenen Untätigkeit ebenso wie unter den lethargisch auf ihre Vergangenheit fixierten oder in ihre Stagnation geradezu vernarrten Existenzen.

Der Ortsgenosse und Mit-Emigrant Stefan Andres, der übrigens

---

66 Birgitta Hamann, Lola Landau. Leben und Werk. Berlin 2000. S. 89. Johanna Wernicke-Rothmayer dokumentiert hingegen, nach Aussage von Michele Wegner, Armin T. Wegner habe seine Frau lediglich in Neapel abgeholt und sei dann mit ihr nach Positano gefahren. (So dargestellt in: Armin T. Wegner, Biographische Daten nach 1934, Skript, Blatt 2)

auch eine jüdische Frau, Dorothee geborene Freudiger (1911–2002) hatte, charakterisiert das Milieu eindeutig negativ und also damit ganz im Einklang mit Lola. Er schreibt von »Weinaposteln, Wachträumern, Systemspinnern (...) und einfach in ewigem Sonnenstich dahindösenden internationalen Müßiggängern«, zu denen sich Leute gesellt hatten, »die aus der zur Zentrifuge gewordenen Heimat herausgeschleudert waren«. Zu letzteren kann er seinen Nachbarn Armin T. Wegner rechnen. Andres weiter: »Wir deuteten Kafka und suchten nach dem Unterschied zwischen einem deutschen und einem italienischen KZ.« Hierzu dürfte Wegner aus eigener Erfahrung (er wurde ja kurzfristig auch in Italien in Haft genommen), als einer von wenigen, eigene vergleichende Kenntnisse beizusteuern gehabt haben. Stefan Andres erinnerte sich genau wie Lola auch an jenen deutschen Herrn mit seinem altmodischen Strohhut und einem Kopf darunter, der auch ihm als Träger der »wandelnden Ohren der braunen Polizei« erschien.[67]

Die später von Emigranten geprägte Künstlerkolonie von Positano hatte im Frühjahr 1937 ihren Zenit noch nicht erreicht, wenn auch dort 1940/41 dauerhaft ansässig werdende Maler, wie der Paul-Klee-Schüler Kurt Craemer (1912–1961) oder Karli Sohn-Rethel (1882–1966), den Ort bereits kreativ für sich entdeckt hatten. Positano blieb so geistfern nicht, wie Lola und auch Stefan Andres es darstellen oder wie es sich ihnen damals darstellte. Die in den fünfziger Jahren mit Wegners befreundete Tochter Carl Sternheims, Mopsa (1905–1954), wurde allerdings erst nach dem Krieg länger dort ansässig. Im nahegelegenen Vietri sul Mare wirkte damals längst der von Bernhard Pankok ausgebildete Richard Dölker (1896–1955), und der beschäftigte eine junge aufstrebende Keramikerin in seiner Manufaktur als bereits frei gestaltende Künstlerin, – Irene Kowaliska.[68] Vietri sollte eine Geburtsstätte der modernen Keramik werden, in der gleichzeitig mehrere zu Ruhm gelangende

---

67 Stefan Andres, Positano. Geschichten aus einer Stadt am Meer. Frankfurt/M. und Hamburg 1967. S. 124, »Terrassen im Licht«
68 In der ihr gewidmeten italienischen filmischen Dokumentar-Biographie »Harmonia. Ritratto di Irene Kowaliska« (aus den späten 1980er Jahren), mit

Keramikerinnen tätig waren, so Margarethe Thewalt-Hannasch, die Irene Kowaliska von Berlin hergelockt hatte, oder die in Worpswede zu Ansehen gelangende Malerin Lisel Oppel. Sie alle bildeten die *Periodo Tedesco*. Lola Landau hätte all das kaum zum Bleiben bewegen können, wenn sie es überhaupt zur Kenntnis genommen hat. Was sie damals nicht einmal ahnen konnte ist, daß sie jener Irene Kowaliska nach dem Krieg wiederbegegnen sollte, – als der zweiten Frau ihres Mannes.

So reist Lola Landau im Mai 1937 ab, zu Alf nach London, dessen Ausbildung als Photograph sich dort schwierig gestaltet. Auf der Hinreise unterbricht sie ihre Fahrt spontan in Dijon und besucht ihren ersten Mann Fried Marck, der an der Universität Philosophie lehrt und mit Frau und Kind in drangvoller Enge und ohne weitgreifende Französisch-Kenntnisse ein typisches Emigrantenschicksal führt. Etwas erstaunlich bleibt, daß Lola Landau nach ihrem Londonaufenthalt die Sommermonate 1937 noch einmal in Positano verbringt, wobei sogar mit ihrer Mutter ein familiäres Zusammentreffen dort stattfindet.

Diesmal hat ihr die *Servizia* zugetragen, daß sie von deutschen Spionen ausgefragt worden sei, ob die Hausherrin Jüdin ist. Sie kehrt etwa Anfang Oktober nach Palästina zurück. Im November 1937 beginnt ihre touristische Arbeit für die WIZO («Women's International Zionistic Organisation«) in Jerusalem, die ihr die Frau ihres Cousins Rudolph (1897–1964), Lola Hahn-Warburg, vermittelt haben soll. Hahn-Warburgs hatten enge Kontakte zu Chaim Waizmann. (Der enge Bezug Lolas zu den drei Cousins Kurt, Franz und Rudolph Hahn, in deren Wannsee-Villa sie einst unbeschwerte Berliner Jugendtage bei ihrer Tante Charlotte verlebt hatte, blieb lebenslang bestehen. Noch in den sechziger Jahren wird sie den

---

Interviews und gespielten Episoden aus ihrem Leben, beschreibt Irene Kowaliska den künstlerischen Umkreis, in den sie in Vietri eintrat, so: »Doelker era molto simpatico. Era in prima linea il piu bravo artigiano, che io ho conosciuto in vita mia, ma era molto socievole, aveva una casa sempre piena di hospiti che arrivavanno spesso, giovanni con sacco di pelo, che lui faceva dormire e mangiare, e loro per ringraziare aiutavanno un poco con il lavoro.«

Vetter Kurt Hahn in seiner Schöpfung, der Schule auf Schloß Salem, am Bodensee besuchen.) Eine Freundschaft ergab sich in dieser Zeit auch mit Nadja Stein, der publizistischen Organisatorin der WIZO. Erst im Mai 1938 gelingt es Lolas Mutter, aus Deutschland in die Schweiz zu emigrieren, und im Oktober desselben Jahres kann Sohn Alf England in Richtung Australien verlassen. Wie hatte Armin T. Wegner in immer noch und immer unverständlicher werdender Liebe zu seinem Heimatland Deutschland bereits am 18. Oktober 1935 geschrieben? »Ach, ich möchte fort von hier (...), sobald als möglich, wenn ich den Lauf dieses Verhängnisses [der Trennung von Lola Landau] doch nicht mehr aufhalten kann. Weshalb soll ich mich noch länger in diesem Lande quälen? Alles hat Deutschland mir genommen, mein Haus, meine Wohnung, mein Brot, meinen Ruhm, meine Freiheit, meine Freunde, die Heimat meines Kindes, alles, was ich mir errungen habe und was mir lieb oder teuer war, hat es mir geraubt und nun nimmt es mir zuletzt auch die Frau–und dieses Land soll ich, dieses Land muß ich immer noch lieben.«[69]

Im Jahr 1939 waren die engsten Angehörigen Lola Landaus über vier Kontinente verstreut: Ihre Mutter lebte in New York, wo sie hochbetagt 1964 sterben wird. Der Sohn Andreas betätigte sich als Siedler in einem Moshav nicht weit vom Berg Gilboa, der Sohn Alf kam über England nach Australien, die Tochter Sibylle wanderte in jenem Jahr über ein dänisches Jugendlager und über englische Quäkerfreunde nach Palästina ein. Lolas erster Mann Siegfried Marck bekleidete eine Philosophieprofessur in Dijon, übersiedelte aber ebenfalls in diesem Jahr von hieraus nach Chicago, und Armin T. Wegner hatte sich in Positano am Golf von Salerno niedergelassen. Gleich ihrer Mutter waren Lolas jüngere Schwester Ruth Becker und deren Sohn Klaus ebenfalls in die USA emigriert. Lola Landau hat sie in der Erzählung »Hörst Du mich, kleine Schwester?« nach deren Unfalltod literarisch beschworen, wehmütig, weil sie keine eigentlich dauerhaft emotionale Bindung zu der soviel

---

[69] Johanna Wernicke-Rothmayer, Armin T. Wegner, Gesellschaftserfahrung und literarisches Werk. Frankfurt/M., Bern 1982. S. 78

Jüngeren aufbauen konnte. Eine wahrhaft polyglotte Familientragödie und eine Familie in tragischen Verhältnissen, die nie wieder zusammenfinden sollte. Nimmt man hinzu, daß Sibylle Wegner ihren späteren Mann, einen britischen Offizier, als Mitarbeiterin der UNRRA («United Nations Relief and Rehabilitation Administration») 1946 in Ägypten kennenlernen wird, so wären alle fünf Erdteile als Schauplätze in der Geschichte der Zerstreuung der Familie Lola Landaus vertreten. (Es ist bezeichnend für ihre soziale Einstellung, daß Sibyl sich in dieser Nothilfe der United Nations für den Wiederaufbau engagiert. Bis 2016 werden beide Ehepartner gemeinsame siebzig Jahre vor sich haben.)

Inzwischen scheint sich aber Lolas Beziehung zum Mathematiker Pessach Hevroni (1888–1963) gefestigt zu haben, der für sie die Inkarnation des jüdischen Neubürgers ist: fest in der Tradition verwurzelt, aus einer von jung auf gelebten Orthodoxie, die er selbst später in sein Wirken als exakter Wissenschaftler hineingenommen hat, ein offenbar begnadeter Lehrer mit den Zügen des manchmal weltvergessenen Gelehrten. Sein Zimmer war großenteils ein Lager der Konservendosen, aus denen er sich ernährte. Einstein soll ihn geschätzt und ihm *post mortem* nachgesagt haben, daß er als Wissenschaftler unterschätzt worden sei. Hevroni lebte, ebenso wie Lola Landau, in der Pension Hagelberg. Er selbst war bereits in Jerusalem geboren worden, in einem orthodoxen Elternhaus, wurde Schüler einer Jeschiwa und wuchs hebräischen sprechend auf. Allerdings scheint er von früh an auch das Jiddische beherrscht zu haben, was den Schritt nach Mitteleuropa vereinfachte. Mit Lola Landau sprach er Deutsch, das er seit seiner Studienzeit in Zürich perfektioniert hatte und das bis weit in die dreißiger Jahre hinein Wissenschaftssprache der Mathematiker in Palästina war. Schon als junger Mensch hatte er, dem Elternhaus zum Trotz, heimlich subversive Kontakte aufgenommen, so zum Begründer des modernen Hebräisch, Elezier ben Jehuda (1858–1922), der heute als Vorkämpfer des Ivrit als Alltagssprache gilt. Das Hebräische war seit der Spätantike nur noch liturgisch und schriftlich verwendet worden. Diese abgestorbene Gelehrtensprache wieder in eine Umgangssprache zu verwandeln war Ben Jehuda berufen, denn ihm ist das erste moderne hebräische Wörterbuch zu verdanken, dessen früheste Bände übrigens im Langenscheidt-Verlag in Berlin erscheinen.[70] Innerhalb der eigenen Familie Ben Jehudas durfte allein Hebräisch gesprochen werden, denn seine Kinder sollten als erste Vertreter einer neuen Generation nur mit dieser, ihrer Nationalsprache aufwachsen.

Vor dem Hintergrund dieser frühen, offenbar prägenden Begegnung mit Ben Jehuda verwundert es nicht, daß Hevroni, nachdem er zunächst noch an Deutsch als Unterrichtssprache am Lehrerseminar in Jerusalem festgehalten hatte,–als erster Mathematiker Palästinas–seine Lehrveranstaltungen in hebräischer Sprache aufnahm. Lola Landau hat bereits Ende der dreißiger Jahre begonnen, an der Biographie Hevronis zu arbeiten, nicht nur wegen der bestehenden Nähe, sondern auch, weil ihr dieser Lebensweg exemplarisch erschien: Nach der Jeschiwa machte Hevroni eine handwerkliche Lehre und besuchte sodann die heute noch existierende staatliche Kunstschule Bezalel, die 1906 durch den litauischen Professor Boris Schatz gegründet worden war. Durch sein intensiv ausgeprägtes mathematisch-naturwissenschaftliches Interesse hatte er sich daneben zum Studenten und Doktoranden an der ETH Zürich qualifiziert, wo er 1912 bei dem gerade um diese Zeit als »Spieltheoretiker« (»Über die Anwendung der Mengenlehre auf die Theorie des Schachspiels«) bekanntwerdenden Professor Ernst Zemelo promovierte. Hevronis Thema waren die »Kerne von Integralgleichungen«. Er verkörperte also beide Seiten–das Judentum mit seinen Traditionen und seiner religiös gebundenen Lebensweise und die geistige Weite modernen Wissens. Gerade von dieser Synthese scheint Lola Landau fasziniert gewesen zu sein, auch wenn sie selbst lebenslang religiösen Fragen fernstand. Die internationale Atmosphäre der Stadt und ihr wissenschaftliches Fluidum hatten Hevroni viele Jahre lang in Zürich festgehalten, von wo er erst 1932 endgül-

---

70 Elizier ben Jehuda, Thesaurus totius Hebraitatis et veteris et recentioris. (Gesamtwörterbuch der alt- und neuhebräischen Sprache). Band 1. Berlin 1908. Band 2. Berlin ca. 1909 (S. 582–1160)

tig in die Heimat zurückkehrte. Sein Nationalgefühl ließ ihn dann aber einen Ruf in die Vereinigten Staaten ablehnen, als er sich endgültig für Palästina entschieden hatte. Für Lola Landau waren die Traditionen dort vor allem historisch und politisch bindend, den neuen Staat stabilisierend, diesen teilweise sogar konstituierend. Praktizierter jüdischer Religiosität unterwarf sie ihr Leben aber nicht, auch wenn sie bereits in Breslau einen Chanukkaleuchter unter dem Weihnachtsbaum entzündet hatte.

Ende der fünfziger Jahre erleidet Hevroni einen Schlaganfall und ist seitdem halbseitig gelähmt. Der Leidensprozeß ihres Gefährten und ihre wieder beginnende literarische Produktivität gehen zeitlich also nebeneinander her.

Sie wird Hevronis Biographie mehrere Male umschreiben, und diese wird ihr einziges ins Hebräische übertragenes Werk werden, das erst zehn Jahre nach dessen Tod 1972 in Tel Aviv erscheint.[71] Zu diesem Zeitpunkt wird in Jerusalem auch eine Straße nach ihm benannt. Nicht zu verwechseln ist Hevroni (der auch Hebroni transkribiert wird) mit dem gleichnamigen Künstler Joseph Hebroni (1888–1963), dessen Lebensjahre mit den seinen identisch sind und der gleichfalls in Jerusalem geboren worden war. Dieser lebte seit 1908 in Deutschland, emigrierte 1932 nach Paris und starb 1963 in Flensburg, nachdem er kurz zuvor zu seiner Ehefrau Magidila Christiansen-Hebroni zurückgekehrt war. Sein Werk wird im Jüdischen Museum in Rendsburg aufbewahrt. Ob eine Verwandtschaft des Mathematikers mit diesem Bildhauer besteht, wäre noch zu klären.

Lola Landaus Schreibimpuls zu Beginn der fünfziger Jahre wird durch zwei biographisch für sie entscheidende Erlebnisse erneut freigesetzt: durch die Gewißheit der endgültigen Unumkehrbarkeit ihrer Trennung von Armin T. Wegner und durch den Willen, ihrem Freund Pessach Hevroni ein biographisches Denkmal zu setzen. Der ersten sehr traurigen Erkenntnis entspringt ihre eigene

---

71 Lola Landau, Pessah Hevroni. Naftulei Hayim shel Tza'ir Jerusalmi. [Arbeitstitel: Baakifin = Auf Umwegen]. Jerusalem (auch Haifa) 1972. Verlag Kiriat Sefer

Romanautobiographie, dem Älter- und Gebrechlichwerden des Letzteren ihr Wille zur Dokumentation von dessen Biographie. Wahrscheinlich müssen wir beide Bücher zusammensehen und wenn wir das tun, gewinnen wir das faszinierendes Doppelbild eines Kulturbruchs, den die Autorin in zwei autobiographischen Confessionen abzuarbeiten sich bemüht. Vielleicht ist es diese Doppelsicht, die einer Doppelbelichtung nahekommt, die ihr einen ganz neuen Stellenwert in der deutschen Literatur geben könnte? Lola Landau schreibt sozusagen gleichzeitig die Biographien zweier Männer, die ihr Leben geprägt haben und die sie geliebt hat.

Doch kehren wir zu der gerade nach Palästina emigrierten Lola Landau zurück. Im Dezember 1938 reist Armin T. Wegner nach Jerusalem, um mit Lola Landau die Scheidung einzuleiten, die am 4. Mai 1939 ausgesprochen wird. Als Hauptgrund steht ihre Rechtlosigkeit, der Lola ohne einen Pass in Palästina und als Ehefrau eines deutschen Mannes, ausgesetzt ist, im Vordergrund, wenn auch eine äußerliche Entfremdung dazu beigetragen haben mag. Am 4. August 1939 erfolgt die Einbürgerung. Ende August treffen die Eheleute noch einmal in Genf zusammen, wo sie sich um einen Schulplatz für die Tochter Sybille bemühen. Aufgrund verschärfter Aufenthaltsbedingungen in der Schweiz wird sie diesen nicht erhalten. Via Rom reist Lola Ende September nach Palästina zurück. Sibylle bleibt zunächst noch beim geliebten Vater in Positano und entkommt mit dem letzten Auswandererschiff nach Palästina, wo sie aber sofort inhaftiert wird, da man sie, weil sie kein »J« in ihrem Paß ausweist, für eine Spionin hält.

Nach den bereits teilweise erwähnten Hilfstätigkeiten als Touristenführerin der WIZO, als Kindermädchen und als Köchin in einem vegetarischen Restaurant gelingt Lola Landau endlich 1941 als Englischlehrerin in einem Pottaschewerk am Toten Meer der berufliche Einstieg, eine der für sie prägenden Erfahrungen, die sie 1943 mit einer Lehrerinnentätigkeit im heute beliebten Touristenort Kiryat Anavim vertauscht. Hier wird sie bis 1946 unterrichten. Der zwölf Kilometer westlich von Jerusalem gelegene Ort im judäischen Bergland ist inzwischen ein beliebtes Ziel vieler Israelis, und

Abb.9. Unbekannter Photograph, Pessach Hevroni wähend 1940er Jahre in Jerusalem. Das Photo befand sich in Lola Landaus Besitz

so kann man vielleicht von einer ausgleichenden Gerechtigkeit sprechen, was die Wirkungsorte der Lola Landau angeht. In einer mir gesandten biographischen Skizze schreibt sie: »Aber nach zwei Jahren kündigte man mir mit der Bedeutung, daß nur *Mitglieder* in Kiryat Anavim unterrichten dürften. Was ich damals nicht wußte, daß nämlich Kiryat Anavim ein geheimes Zentrum für unsere illegale Verteidigung war in dem so genannten Krieg der Alija Bet, der Widerstandsbewegung gegen die englische Besetzung. (...) Wir waren zwar kein Kriegsschauplatz, verschont von Luftangriffen. Wir waren Hinterland, aber dennoch hatten wir unseren besonderen Krieg, den Kampf für unsere illegale Einwanderung, welche in Schiffen Geretteter aus den Konzentrationslagern bestand, die von Mitgliedern der Kibbuzim heimlich an Land gebracht wurden. Aber leider wurden viele dieser Schiffe von den Engländern abgefangen und nach Zypern gebracht.«[72] Was Lola also nicht wußte: Der Kibbuz diente als Basis der paramilitärischen Haganah (wörtlich »Verteidigung«), die Sabotageakte gegen die britische Mandatsregierung unternahm. Die Ha-

---

[72] Lola Landau, Jerusalem unter der Belagerung (1948). Diese Episode aus dem dritten Teil ihrer Autobiographie wird hier anhand des mir von ihr geschenkten Typoskripts der Autobiographie zitiert. Sie ist auch – etwas abweichend – in der von Margarita Pazi herausgegebenen kleinen Festschrift »Leben in Israel. Lola Landau zum 95 Geburtstag« von Internationes, Bonn 1987, veröffentlicht worden.

ganah stand während der sogenannten »Hunting Season« seit Februar 1944 unter dem Kommando von Menachem Begin, der seitdem die Revolte gegen die Briten anführte, um die Besatzungsmacht aus dem Land zu treiben. Daß er dabei auch vor Maßnahmen nicht zurückschreckte, die Unbeteiligte trafen, beweist das Sprengstoff-Attentat auf das spätere King-David-Hotel in Jerusalem, bei dem 91 Menschen umkamen. Auch sollte Kiryat Anavim bei der Brechung der Belagerung Jerusalems im ersten Arabisch-Israelischen Krieg im Jahr 1948 eine entscheidende Rolle spielen, da die durch den Kibbuz laufende Straße direkt nach Jerusalem führt. Diese Rolle bezeugt noch heute der Friedhof des Kibbuz, auf dem zahlreiche Mitglieder der Haganah, jener paramilitärischen Untergrundbewegung, die gegen das britische Mandat kämpfte, beigesetzt werden mußten, weil sie hier bei erbitterten Kämpfen gefallen waren. Die Haganah war damals, während der Mandatszeit, eine durchaus geheim gehaltene Organisation gegen die britische Verwaltung (1920–1948). Ihr populärer Exponent war der spätere General Uzi Narkiss (1925–1997). Der Gefallenen wird heute in einer Ehrenhalle in Kiryat Anavim gedacht. Lola Landau kann man wohl in gewisser Weise dazu beglückwünschen, daß sie aus diesem Zentrum des Widerstandes entlassen worden war, bevor es zu den Kämpfen kam. Zum Zeitpunkt der Blockade-Kämpfe lebte sie nämlich schon wieder im besetzten Jerusalem selbst, über dessen Belagerung sie einen von eigenen Erlebnissen erfüllten hautnahen Bericht verfasst hat. Nach ihrer Entlassung aus Kiryat Anavim war sie von der Jewish Agency zunächst als Vertreterin des Keren Hajessod im Februar 1940 sogleich nach Bulgarien entsandt worden, um auch dort Juden für die Einwanderung nach Israel zu gewinnen und ihnen mit Hilfe der Organisation »Keren Kajemet« finanzielle Hilfe zu leisten. Sie beschreibt die Schwierigkeiten dort und den so ganz anderen, eben kargen Erfolg, der dieser Mission innewohnte, ungeschönt in Briefen. Wieviel entgegenkommender und leichter war ihr das Werben, Bitten und auch das Entgegennehmen von Spenden in »Niederländisch Indien« gemacht worden, wo wohlhabende niederländische Juden ihren Glaubensgenossen zu helfen bestrebt waren. Außerdem fehlte ihr in Bulgarien die Bezauberung durch Kultur und Landschaft, die sie in Fernost hatte erleben dürfen.

Aus der Pension Hagelberg an der Abessinnen Street, die ihre Tochter als einen alten arabischen Palast mit seinen Bogengängen und Innenhöfen beschreibt, war Lola Landau nach neun Jahren im Sommer 1945 in den Vorort Romema in das Haus Berman gezogen. Sie wurde Untermieterin des bekannten Religionswissenschaftlers Schalom Ben-Chorin (1913–1999, geboren als Fritz Rosenthal in München). Er hat sie als »romantische Persönlichkeit« von großer, für ihn oft (allzu) leichter Begeisterungsfähigkeit charakterisiert. Das steht in gewissem Widerspruch zu der harten entbehrungsreichen Tätigkeit als Englischlehrerin in jenem Pottaschewerk am Toten Meer, in das sie täglich auf der Ladefläche der von Jerusalem dorthin abgehenden Lastwagen hin- und herfuhr. Schwierig scheint es anfangs gewesen zu sein, so wenn sie von ihren oft schon seit mehreren Generationen im Land ansässigen Schülern wegen ihrer mangelhaften Kenntnis des Hebräischen beargwöhnt und nicht immer nur belächelt wurde. Begeisterbar blieb Lola Landau bis zum Schluss: Sie schwelgte gern in Superlativen und konnte bis ins höchste Alter hinein gebotene Anerkennung sehr goutieren. Auch die von ihr sehr herbeigewünschte Verleihung des Bundesverdienstkreuzes beweist dies. Diese Freude am Gebotenen entsprach ganz ihrer Mitfreude am Glück oder Erfolg des Andern. So hat sie an meinen frühen Schritten in die Welt der Literatur, des Theaters oder der Publizistik unvoreingenommen und in echter, herzlicher Beteiligung Anteil genommen. Im Hause Ben-Chorin wurde ihr der offenbar unkomplizierte Umgang mit ihrem Freund Pessach Hevroni ein wenig übelgenommen, weil beide Partner wie ein Ehepaar miteinander verkehrten, auch dies ein Zeichen ihrer unverkrampften Art, das Leben aufzufassen, aber in den fünfziger Jahren offenbar auch im Experimentierfeld und Umbruchsland Israel keine allgemein akzeptierte Form der Lebensgestaltung. Der Pionier christlich-jüdischer und zudem deutsch-israelischer Beziehungen Ben-Chorin blieb über ein Jahrzehnt hinweg der Vermieter der Dichterin, der kaum Religiöses anhaftete, und so müssen sie sich wohl aneinander gewöhnt haben. Erst als die Familie Ben-Chorin mehr Platz benötigte, erwarb Lola Landau ein erstes eigenes Ein-Zimmer-Appartement, dem in den sechziger Jahren ihre letzte Wohnung an der renommierten Herzl Avenue folgte, die meine Schwägerin in ihrem Brief beschreibt. Direkt am Fuße des Herzl-Berges, auf dem sich das Grab des zionistischen Vordenkers des »Judenstaates« befindet, zu leben, war Lola Landau gemäß. Sie interessierte sich für den Neuanfang mehr als für das biblische Erbe, auch wenn sie mit Hevroni einst die alttestamentarischen Stätten Jerusalems systematisch erkundet hatte. 1980 wird Lola Landau mit ihrem Gedicht »Wann endlich baut ihr die Brücke des Friedens?« gewissermaßen ihr abschließendes *Credo* vorstellen. Darin thematisiert sie lyrisch ihr lebenslanges Hauptanliegen, die Friedfertigkeit zwischen den Völkern, den uneingeschränkten Pazifismus. Erst um diese Zeit tritt sie auch als Lyrikerin mit den ihr eigenen Themen wieder in den deutschen Sprachraum ein. Ein nennenswertes Echo finden derartige Gedichte, die doch in das friedensbewegte Klima gepasst hätten, im Deutschland der achtziger Jahre nicht mehr. Vergessen war der Ankläger Hitlers, vergessen war auch seine Frau, die–in ihrem Selbstverständnis als Dichterin nicht weniger radikal als Armin T. Wegner–mit solchen Strophen den Standpunkt formuliert hat, von dem ihr Dichten ausging. Ich konnte das Gedicht 1984 in meinem Lola-Landau-Essay in der Zeitschrift »Sprache im technischen Zeitalter« veröffentlichen.

> Brücken baut ihr, dem Kriege, den Heereskolonnen.
> Klirrend und rasselnd rollen die Panzerwagen:
> Kriegselefanten, die Rüssel drohend erhoben,
>
> Stampfen sie über die Brücke, eilig zur Schlacht zu gelangen,
> Brücken beladen, die zittern, beladen mit Menschenfracht, –
> Brücken, beladen mit dem Gewicht der Geschichte:–
> Zwischen den Völkern. Schwankende Brücken des Krieges.
> Manche gesprengt, in Eisen– und Menschensplitter.

Brücken baut ihr Kriegen, wieder und wieder!
Aber die Brücke des Friedens habt ihr noch nicht gebaut. (...)[73]

Wie fast alle in Jerusalem lebenden Poeten hat auch sie ihrer Stadt literarisch Tribut gezollt mit ihrem metaphorisch gemeinten Gedicht »Ich trage Jerusalem auf meinem Rücken«, und noch 1982 ist sie in einem Wettbewerb mit dem Thema »My Jerusalem« vom damaligen Bürgermeister Teddy Kollek ausgezeichnet worden. Ganz so vergessen war sie also nicht, da hatte Walter Kempowski schon recht, der sie aus diesem Grund nicht in seine Reihe von Autobiographien »Namenloser« aufnehmen wollte, als ich ihm das Skript von »Meine drei Leben« nahezubringen versuchte. Auch mag er das Thema der zwei lebenswendenden Ereignisse der Lola Landau als ein zu gewaltiges empfunden haben, um in eine Phalanx mit den Lebensberichten einer von lebenslanger Entbehrung gezeichneten Kleinbauernfamilie oder eines US-Kampffliegers eingereiht zu werden. Das Leben der Lola Landau scheint auch ihm sicherlich exemplarisch erschienen zu sein, als ein jüdisches Schicksal, aber es war bei allen exemplarischen Zügen, die es aufweist, doch ein zu bewußt, konsequent und auch selbstbestimmt geführtes Leben, allzu autark, um allein als Geschichte einer Verfolgung verstanden werden zu können.

Die beiden geistig-politischen Erweckungen erfolgten jeweils früh und unumkehrbar. Spätestens 1916 fand sie zum kompromißlosen Pazifismus, der bald darauf im Einvernehmen mit der Haltung ihres damaligen Ehemanns Fried Marck und sogar im Einverständnis mit der Haltung ihrer Eltern stand. In diesem Jahr manifestierte sich ihr Pazifismus in ihrer Friedensschrift. Die Ansätze dazu mögen noch weiter zurückreichen, wohl schon in das Jahr 1915. Zum Zionismus mußte sie hingegen allein und in dem Bewußtsein

---

73 Veröffentlicht in: Jörg Deuter, »Noch liebt mich die Erde.« Lola Landau – Lebensweg einer deutschen Dichterin von Berlin nach Jerusalem, in: Sprache im technischen Zeitalter. Heft 91 vom September 1984. S. 234/35. Das Gedicht ist 1980 entstanden und zuerst im Band »Die zärtliche Buche« veröffentlicht worden.

finden, daß sie mit der Auswanderung nach Palästina ihre Ehe mit Armin T. Wegner aufs Spiel setzte, ja eigentlich schon aufgab. Auch als es so war, blieb sie konsequent.

Spätestens im Jahr 1929 war sie sich ihrer jüdischen Wurzeln als der sie tragenden Grundlage ihrer Existenz bewußt geworden. Zwar war sie in der deutschen Kultur groß geworden, hatte Rilke, George und Werfel als ihre frühen literarischen Vorbilder erkannt, konnte aber in jenem Moment, als man ihr ein gleichberechtigtes Mitwirken und überdies ihre Existenzgrundlage entzog, sofort und offenbar ohne innere Zweifel von ihrem »Weg als Deutsche *und* Jüdin« (um Jakob Wassermann abwandelnd zu zitieren) Abschied nehmen. Daß sie weiterhin versuchte, ihre Familie, bestehend aus den Marck-Söhnen Andreas und Alf, ihrem Mann Armin T. Wegner und der gemeinsamen Tochter Sibylle, zusammenzuhalten, und daß ihr dieser Versuch nicht gelang, hat sie lebenslang beschäftigt. Daß sie zudem die deutsche Sprache als ihre Muttersprache betrachtete, das wird niemand bezweifeln, der sie je sprechen hörte. Die besondere Nähe zu Alf, ihrem zweiten Kriegs- und besonderen Sorgenkind des Jahres 1918, stand in einem krassen Mißverhältnis zum vollständigen Getrenntsein von Mutter und Sohn, den sie nach der Auswanderung erst 1948 in England wiedersieht und mit dem sich erst in den sechziger Jahren gemeinsame Reisen beider ins Nachkriegsdeutschland ergaben.

Lola Landau war von jedweder Um-Modellierung des Gewesenen weit entfernt. Unbeirrbar und konsequent blieb ihr Standpunkt: Ein Exil ist die Auswanderung im eigentlichen Sinne für sie nie gewesen, wohl aber eine Ankunft in der Heimat. Trotzdem schrieb sie bis zuletzt deutsch und sprach auch mit ihrem Sohn Andreas deutsch mit anklingendem Akzent. »Berlinere ich noch?« war ihre erste Frage an mich, als wir sie, gerade in Tel Aviv gelandet, anriefen. Daß sie der großbürgerlichen Berliner Herkunftssphäre nachtrauerte, war – zumindest für mich – nicht spürbar. In das geradezu patrizische Gefüge der schwiegerelterlichen Familie Marck, die ja seit dem frühen 19. Jahrhundert in Breslau Bankiers und Stadträte gestellt hatte, hat sich Lola Landau, wir können es in ihrer Autobiographie nachlesen, insofern nur schwer einzugewöhnen vermocht. Allerdings waren ihr literarische Kontakte weiterhin wesentlich. So versammelte sie in ihrer kleinen Wohnung immer wieder einmal Dichter, so zu Lesungen Armin T. Wegners, als dieser 1968 Jerusalem besuchte. Es erschienen Schalom Ben-Chorin, Meir Marcell Färber, der Begründer des Verbandes deutschsprachiger Schriftsteller in Israel, und der Dramatiker Max Zweig, ein Vetter Stefan Zweigs.

Anders dachte ihr Sohn Andreas, der, obwohl er gern und auch uns gegenüber betonte, Pionier und Bauer geworden zu sein, gelehrte Interessen und auch Ahnenstolz gleichwohl damit zu verbinden wußte, und dies bei einer bis zuletzt gelebten relativen Besitzlosigkeit mit ideal-sozialistischer Grundeinstellung. Die Anekdote, daß er, nur höchst spärlich oder gar nicht bekleidet (das blieb umstritten), aber mit dem Familienstammbaum unterm Arm, der in Brand geratenen Baracke des Ur-Moshav entkam, wurde uns lachend von seiner Tochter Shlomith in Moledet erzählt, und er hat ihr nicht widersprochen, sondern mitgelacht. Wobei das Wort »Familienstammbaum« von der ansonsten nur Englisch sprechenden Shlomith auf Deutsch gebraucht wurde. Selbst die Tochter empfand ihren Vater als sehr deutsch oder – ohne dies freilich so zu benennen, – als sehr preußisch. Wenn wir die geistige Linie in den Blick nehmen, von der er ausging, versteht man den Herkunftsstolz des in allen Lebensaltern Erfolgreichen: vom Anführer der Jugendalijah, über den Pionier im Moshav bis zu dessen Geschäftsführer, der auch im Alter noch die gesamte Buchhaltung für die Siedlung machte. Andreas hatte zu dessen Mitbegründern im Jahr 1937 gehört und hatte die Umwandlung vom Moshav in ein Moshav shitufi 1944 mit vorangetrieben, weil es ihm wesentlich erschien, daß die Konsumentscheidungen der einzelnen Haushalte nicht vom Kollektiv getroffen, wie in einem Kibbuz üblich, sondern, soweit dies private Belange betraf, in Verantwortung der jeweiligen Familie gefällt wurden. Allerdings wollte man an der durch das Kollektiv bestimmten Vermarktung, Lieferung und Finanzierung der von der dörflichen Gemeinschaft hergestellten Waren festhalten, womit sich das Moshav shitufi vom Moshav wesentlich unterscheidet. Damit wurde eine Mittelform zwischen den beiden Formen bäuerlicher Produktion, dem wirtschaftlich auch im Privatbereich reglementierten Kibbuz und dem relativ individuell wirtschaftenden Moshav geschaffen. Moledet war das zweite Moshav shitufi in ganz Israel und erhielt den Namen B'nei B'rit (Söhne des Bundes), wobei es sich selbstbewußt nach der ersten für Juden in den USA gegründeten Hilfsorganisation benannte. 1957 kehrte man wieder zum Namen Moledet zurück. Die Gründe für die Rückkehr zu diesem Namen, der »Heimat« bedeutet, kenne ich nicht. Offenbar war die Verbundenheit mit dem alten Namen bindender als mit den deutsch-amerikanischen Sponsoren, den »Söhnen des Bundes«, für ein jüdisches Palästina, zu deren Kreis einst auch Sigmund Freud gehört hatte. Andreas Marck war stolz darauf, daß von Seiten der Mutter seiner Mutter Wallensteins Bankier Jacob Bassevi von Treuenfels (1580–1624) oder auch Jakob Arjeh Löb Eltzbacher (1755-1825), der »Vorsteher für das Judentum« im Königreich Westfalen unter Jerôme Bonaparte, zu seinen Vorfahren gehörten. Seiner Mutter scheint dies nicht wesentlich gewesen zu sein, jedenfalls erwähnt sie diese Bezüge in ihrer Autobiographie mit keinem Wort.

Allerdings hatte sie bis zuletzt das Porträt eines anderen Ahnherrn, des großen Prager Rabbiners Ezechiel Landau (1713–1793) um sich, der als behutsamer Reformer, aber auch als erklärter Gegner der Berliner Aufklärung so etwas wie einen dritten Weg versucht zu haben scheint. »Die bürgerliche Gleichstellung der Juden«, wie das berühmte Programm von David Friedländer sie forderte, hat er befürwortet; die Öffnung hin zu einem religionsübergreifenden Dialog oder einer Annäherung, etwa im Sinne Moses Mendelssohns, aber abgelehnt. Gegen die Verwestlichung des Judentums, die die Religionsausübung als reine Privatsache mit sich gebracht hätte, hat er in seinen letzten Lebensjahren unter Kaiser Joseph II. heftig opponiert. Der Kaiser soll es denn auch gewesen sein, der den vierzig Jahre lang amtierenden Leiter der jüdischen Angelegenheiten als den »Prager Judenpapst« bezeichnet hat, was nicht unbedingt positiv gemeint war. Als Bekämpfer des allzu strikten Sabbatianismus war Ezechiel Landau zwar fortschrittlich gesinnt. Als überaus konservativ schildert ihn aber eine Legende, die Kafkas Freund Johannes Urzidil überliefert, indem er Landaus Suche nach den sterblichen Überresten des Golem auf dem Dachboden der Prager Alt-Neuschul schildert: »Erst gegen Ende des 18. [Jahrhunderts] wagte der sehr konservative Prager Rabbi Ezechiel ben Juda Landau sich dem mythischen Golem wieder zu nähern, nachdem er vorher gefastet und sein Sterbekleid angelegt hatte. Doch er bewahrte Schweigen über das, was er gesehen hatte, und erließ ein feierliches Verbot für jedermann, inskünftig den Dachraum der Synagoge zu betreten.«[74] Daß er von der »Hohen Schule der Rabbiner zu Jerusalem« zur Klärung subtiler rabbinischer Zweifelsfragen herangezogen wurde, belegt aufs Deutlichste die ihm zugebilligte absolute Autorität. Aber ein Neuerer auf Kosten der Traditionen war er nicht. Gleichstellung hat für ihn nicht Gleichmacherei bedeutet, in der er die Verwässerung des Eigentlichen gesehen zu haben scheint?

Lolas Vetter Edmund Landau (1877-1938), der berühmte Göttinger Mathematiker, hat in fortgeschrittenem Alter seinem eigenen Vornamen jenes des »Yezechiel« hinzugefügt, aus Verehrung und familiärer Tradition gleichermaßen, vor allem aber wohl aus religiöser Bindung. Der Erforscher der Theorie der Primzahlfunktion und der Riemannschen Zetafunktion zollte damit einer Familientradition Respekt, die zwar (zum Teil vielleicht notgedrungen?) staatskonform, aber keineswegs aufklärerisch gesonnen war.

Als Lola am 3. Februar 1990 starb, hielt ihr Hausarzt am Gebot der Sabbatruhe fest und erschien erst nach Einbruch der Dunkelheit am Bett der Verstorbenen, um den Totenschein auszustellen. Eine derartig strenge Einhaltung der rituellen Regeln hätte ihr großer Prager Ahnherr schon im 18. Jahrhundert für nicht mehr zeitgemäß gehalten. Ob er deshalb allerdings als Aufklärungs-Rabbiner bezeichnet werden kann, lässt sich bezweifeln, denn die religiösspirituelle Überlegenheit des Judentums hat er nie infrage gestellt,

---

74 Johannes Urzidil, Da geht Kafka. München 2004. S. 122/23

ja, er hat sogar gefordert sie herauszustellen. Die von ihm abstammende Dichterin glaubte anders. Eine religiös motivierte Jenseitshoffnung konnte Andreas Marck am Grab seiner Mutter nicht beschwören, wohl aber hat er ihr Gedicht »Wie schwer ist es, von dieser Welt zu scheiden« zitiert, in dem sie die *Freuden* der letzten Phase ihres Daseins noch einmal aufleben lässt, bevor sie schließt, wie sie aus ihrer Lebenseinstellung heraus schließen mußte: »Der Abschiedsschmerz ist nicht zu lindern.« Dem konnte sich der Sohn nur anschließen.

Lola Landaus spätes *Come Back* als Autorin in der Bundesrepublik hing mit der Verleger-Persönlichkeit des seit den sechziger Jahren als Kleinverleger am Bodensee tätigen Gerhard Schumann (1911–1995) zusammen. Ein Idealist war er nicht, und der scheinbar abgelegene Verlagsort macht ihn auch nicht zu einem Alternativ-Verleger der ersten Stunde. Er ist – so müssen wir heute leider sagen – vielmehr ein wirklicher Dunkelmann, ein Wendehals, ein Opportunist gewesen. Wie auch immer sie diesen hohen Funktionär und mit NS-Hölderlin- und anderen Preisen gekrönten Parteibarden kennenlernte, und wie sehr sie zum Verzeihen geneigt war, so kann ihr doch der ganze Umfang seiner Umtriebe und Funktionen keinesfalls bekannt gewesen sein, als sie ihm ausgerechnet 1968 und nochmals ausgerechnet ihre Liebesgedichte an Armin T. Wegner samt neuerer Lyrik zur Veröffentlichung anvertraute. Schumann hat dies als »Beispiel der Versöhnung und Bewältigung einer schrecklichen Vergangenheit«[75] hingestellt und werbewirksam in seinen Memoiren »Besinnung. Von Kunst und Leben« (1974) herausgehoben. Nur war er gar nicht zur Besinnung gekommen, sondern propagierte seine Vorstellungen weiterhin als Geschäftsführer des »Europäischen Buchclubs«, als Mitglied des »Deutschen Kulturwerks europäischen Geistes«, das bereits seit 1950 vom Verfassungsschutz beobachtet wurde, wie auch als Festredner und Preisträger abseitiger Literaturehrungen, für die Namenspatrone wie Ulrich von Hutten, Friedrich Schiller oder der Freiherr vom Stein mit ihrer Aura als Freiheitsverkünder und Nonkonformisten

---

75 Gerhard Schumann, Besinnung. Von Kunst und Leben. Bodman 1974. S. 198

herhalten mußten. Lola Landau befand sich also in allerbester Gesellschaft unter bewußt Mißdeuteten und damit Mißbrauchten. Der Verleger, der als Tübinger Studentenschaftsführer eine vorgezogene Bücherverbrennung plante, bei der nicht unwahrscheinlich auch Armin T. Wegners Bücher in Flammen aufgegangen wären, hat dreiunddreißig Jahre später also die von Lola Landau an denselben Armin T. Wegner gerichteten Liebesgedichte veröffentlicht, ohne sich um deren Adressaten überhaupt Gedanken zu machen. Interessanterweise sandte mir Verleger Schumann nur den Lola Landau betreffenden Teil seiner Memoiren als lose Blätter zu, weil er sich ausrechnen konnte, daß bei den sonst darin befindlichen Dichter-Elogen kaum auf meine Zustimmung zu hoffen sein würde. Ähnlich dürfte er es bei der Jerusalemer Emigrantin gemacht haben. Er wird ihr kaum offenbart haben, daß er bereits 1938, gerade einmal 27jährig, Leiter der Abteilung Dichtung der Reichsschrifttumskammer und 1943 Chefdramaturg des Württembergischen Staatstheaters war, zu Zeiten, als die von ihr verehrten Meister Werfel oder Wassermann im Exil bestenfalls von Verleger-Vorschüssen lebten und als Vollblutdramatiker wie Walter Hasenclever und ihr Freund Ernst Toller bitter und durch Verzweiflungstaten endeten. Als Autor und Verleger ist Gerhard Schumann heute zu Recht vergessen, allein als Romanfigur hat er die deutsche Literatur bereichert: Er ist der Schöllkopf in Hermann Lenz' Romanen »Verlassene Zimmer« und »Andere Tage«, ein von Jugend an überzeugter Rechter, der in allen Systemen den ihm genehmen Platz findet und der die Menschen geradezu genial zu täuschen verstand. Wie anders hätte Lolas Sohn Alf nach Erscheinen meines Essays über seine Mutter in »Sprache im technischen Zeitalter« zu der absurd anmutenden Äußerung kommen können, meine Darstellung sei insgesamt gelungen, nur habe ich leider »die tiefe geistige Verbundenheit«, die seine Mutter mit ihrem Verleger habe, nicht angemessen gewürdigt. Alf Marck schrieb über meinen Essay an Gerhard und Erika Schumann wörtlich: »Was natürlich fehlt, ist die ausdrückliche Betonung dessen, was die Liebe, Freundschaft und Verehrung bedeutet, die es zwischen meiner Mutter, mir und Euch beiden gibt, der

Abb. 10. Andreas Marck und seine Mutter Lola Landau wohl mit einem Brief des Sohnes und Bruders Alf Marck (später March), aufgenommen noch in England oder schon in Palästina, um 1936

Response von Euch, der ihr überhaupt erst wieder das Wort geschenkt hat.«[76] Hier war der Sorgen-Sohn Lolas einem offenbar immer noch wirkmächtigen Demagogen aufgesessen. Sein Bruder Andreas, der mir damals jenen Brief zusandte, meinte dazu, man müsse von dem Enthusiasmus des Bruders für die Schumanns eine ganze Menge abziehen, eine Aussage, die Alf nicht bloßstellen sollte, aber eben doch eine deutliche Absage an den seine Freundschaft aufdrängenden Verleger enthielt.

Sicherlich war die Nachkriegsehe Armin T. Wegners mit Irene Kowaliska *die* große Enttäuschung im Leben der Lola Landau. Sie hatte auf eine Wiederannäherung gehofft, und sicherlich nicht rein zufällig beginnt sie ziemlich genau nach der bitteren Erkenntnis, daß es diese nicht mehr geben wird, mit der Niederschrift ihrer Autobiographie, in der Armin T. Wegner die Hauptrolle spielt,

---

[76] Brief von Alf Mark, Oxford, an Gerhard Schumann, Bodman, vom 19. November 1984, Kopie beim Verfasser

wie sie ihm selbst auch schreibt. Wenn man das Werk der Lola Landau überblickt, und ohne die Lyrikerin damit herabsetzten zu wollen, wird man sagen können, mit der Abfassung des autobiographischen Romans »Meine drei Leben« (Zunächst bezeichnenderweise als »Das Leben geht weiter« betitelt.) in den Jahren 1949 bis 53 und seiner späteren Anhänge hat sie ihr Meisterwerk geleistet und zugleich den Kulturbruch oder besser wohl die Kulturbrüche, die von Deutschland über ihre für die Auswanderung werbende Tätigkeit in England, im späteren Indonesien, in Hongkong und in Bulgarien bis zu ihrer Niederlassung in Palästina/Israel führten, ein für alle Mal exemplarisch nachvollzogen. Daß sich dabei Vereinfachungen und auch Retuschen einstellten, ist verständlich. Allerdings hat sie weder gelegentliche Affären ihres Mannes ganz verschwiegen (wie Hamann[77] sagt), noch das Gefühl aufkommen lassen, sie habe nicht zu jeder Zeit – und vor allem während der Haft – loyal zu ihm gestanden. In den Briefen an mich bezeichnete sie das damals noch ungedruckte Werk stets als Romanautobiographie oder autobiographischen Roman, und so muß es auch gelesen werden. Dem entspricht auch die Tatsache, daß alle Personen im Skript unter verfremdeten Namen auftreten (Armin als Hermann, Fried als Alfred), ein Umstand, der erst durch das Lektorat aufgehoben wurde. Leider ist es der Lektorin Hedda Pänke offenbar nicht gelungen, auch die authentischen Namen der Nebenfiguren zu ermitteln, und so bleibt die erste Liebe ein gewisser Richard Blum (hier klingt zweifellos der 1848er-Revolutionär Robert Blum an), es war vielleicht jener frühe Liebhaber in Wannsee, dem das Gedicht »Dann wollen wir hinausgehen« vom Juni 1912 zugedacht ist; und die engagierte Frauenrechtlerin heißt Käthe Linden und könnte möglicherweise Gertrud Bäumer heißen, möglicherweise auch anders. Es gab auch eine Essayistin und Übersetzerin Ilse Linden. Jedes Leben unterliegt bis zu einem gewissen Gerade, auch wenn allergrößte Objektivität angestrebt wird, der Selbstdeutung. Diesen Widerspruch hat Walter Kempowski öffentlich wie auch privat immer wieder als ein Dilemma seiner Familienchronik benannt, weil

---

77 Birgitta Hamann, Lola Landau. Leben und Werk. Berlin 2000. S. 172

er – seine Protagonisten bei deren historischen Namen nennend – sich damit dem investigativen Nachspüren, »ob denn das alles wirklich genauso war«, ausgesetzt hat, das immerhin bis hin zu einem Plagiatsvorwurf im Magazin »Spiegel« führte. Lola Landau muß sich dieser Problematik nur allzu bewusst gewesen sein, als sie in ihrer sogenannten Romanautobiographie nur fiktive Namen wählte. Sie wollte nicht die verlorenen Orte der Großbürgerfamilie Landau in Berlin oder die Liebesaffären Wegners schildern, sie wollte ihre Befindlichkeit charakterisieren und ihren Weg durch jene Stationen, die ein Leben im 20. Jahrhundert haben konnte, sichtbar machen. Lolas Erzählgabe hat sie nicht zu der Annahme verleitet, sie habe in allen Punkten ihre eigene »Biographie« geschrieben, auch insofern blieb sie sich selbst gegenüber objektiv.

Zwischen ihr und Irene Kowaliska-Wegner stellte sich später ein herzliches Einvernehmen her, so daß die Warschauer Künstlerin die Berliner Schriftstellerin »meine Schwester in der Liebe« nannte (so sagte sie mir) und diese ihr ebenso geantwortet haben soll. Die beiden Frauen hatten sich anläßlich einer Neapel-Reise Lolas 1955 kennengelernt, wobei Armin T. Wegner seine erste Frau zunächst nur allein im Hotel aufsuchen wollte, Irene Kowaliska dann aber doch hinzugezogen werden mußte, und zwar wegen einer gebrochenen Korsettstange. Das etwas umständliche *Procedere* der anfangs sich keinesfalls begegnen-sollenden ersten und zweiten Frau hat Irene Kowalika mir gegenüber humorvoll beschrieben. Umgehen ließ es sich am Ende nicht. Die (kunst-)handwerklich versierte Keramikerin und Textilgestalterin mußte der intellektuellen, aber praktisch unbegabten Touristin aus Israel Hilfestellung leisten. Das gegenseitige Interesse blieb tief. Für mich wurde es spürbar, als ich im Sommer 1989 die Ehre und das Vergnügen hatte, Irene Wegner Lolas Autobiographie »Meine drei Leben« in Rom zu übergeben. Warf diese doch nur einen kurzen Blick hinein, legte–sehr zu meinem Erstaunen–das Buch aber dann beiseite, mit der überzeugenden Begründung; »Wenn ich jetzt darin zu lesen anfange, vergesse ich, daß ich Besuch habe und versäume morgen meinen Zug,« der sie früh nach Paris bringen sollte.

Ein Einwanderungshymnus, kein Auswandererelegie

Die Frage, wo Lola Landau ihren Ort als Dichterin gesehen haben könnte, ist mir öfter gestellt worden, und ich habe sie mir natürlich auch selbst gestellt. Sie hat sich zwar zu keinem Zeitpunkt ihres Lebens als bereits historisch oder als Persönlichkeit einer abgeschlossenen Zeitgeschichte begriffen, hätte sich aber in einer Eingliederung in die Reihe deutschsprechender jüdischer Dichterinnern im Exil, von Else Lasker-Schüler über Nelly Sachs bis hin zu Hilde Domin, gern gesehen. Allerdings ist es immer ihr Anspruch gewesen, »nur« aus dem direkten Erleben zu schöpfen, nicht in literarische Traditionen eingebunden zu werden. Nur so, durch ihre Unmittelbarkeit, hoffte sie sich vermitteln zu können, ja nur so glaubte sie überzeugend zu sein. Ihr Gedicht »Einwanderer«, das traditionell in die sechziger Jahre datiert wird, macht den unkonventionellen Standort dieser Emigrantin exemplarisch sichtbar. Um es vorwegzunehmen, Lola Landau steht mit diesem Gedicht im Widerspruch zur gesamten Lyrik zu diesem Themenkreis, und sie weiß es und will es auch so.

Einwanderer

Wir tragen von fremden Ländern die Spuren
Ins Antlitz geschnitten mit schmerzhaftem Schnitt.
Vertrieben von zärtlich geliebten Fluren,
Schleppen wir auf dem Rücken verlassene Länder mit.

Noch immer begleitet von hellen Wolken und Winden,
Das Rauschen nördlicher Wälder im südlichen Blut,   [finden,
Durchwandern wir seufzend die Wüste, um endlich die Heimat zu
Doch hinter geschlossenen Lidern der Glanz der Erinnerung ruht.

Es wandern mit uns kleine Gärten, Geruch der blühenden Bäume,
Auf hellgrünen Blättern das Lichter- und Schattenspiel,
Am Abendhimmel erscheint das Trugbild verlorener Räume
Und Schatten von großen Städten verdunkeln das flimmernde Ziel.

Und als schon von ferne die Küste Asiens erblaute,
Erdröhnte Europas Musik in unserm verwilderten Haupt.
Und als wir uns neigten und grüßten, entstürzten uns heimliche
Vom Mutterlande geliehen, das uns für immer geraubt.   [Laute,

So tragen wir über eignem Gesicht zuviel fremde Gesichter,
Und schmerzhaft festgewachsen ist unsere zweite Haut.
Unsere Seele entzündete lange für Fremde die festlichen Lichter.
Am Leid fremder Völker ist unsere Seele ergraut.

Genug dieser knechtischen Qual! Ein Stern wird uns führen,
Nicht immer von Neuem vertrieben wie fliehender Wüstensand.
Die müden Füße werden die eigene Erde berühren.
Und neu verjüngt entsteigen wir groß dem gelobten Land.

Diametral hierzu steht Berthold Viertels Gedicht »Auswanderer« (1933),[78] das gerade das Vergessenmüssen, die nicht nur seelische Verletzung und die Ziellosigkeit, in den Vers »dann gehen wir –wohin unbekannt« gipfeln läßt. Man möchte vermuten, daß Lola Landau das Gedicht kannte, als sie ihre »Einwanderer« schrieb. Auch sonst dominieren bei den Emigranten Desperation, Klage und Lamentation, so in Else Lasker-Schülers bekanntem frühen Exilgedicht »Die Verscheuchte« (1933) – oder gar Suizidabsichten, wie in Mascha Kalékos »Vagabundenspruch« (ohne Datum). Hier irren die Emigrantinnen ins Ausweglose bis hin zur letzten Instanz totaler Selbstaufgabe. Nicht immer geht es so absolut existenziell zu. Aber Entwurzelung und verwehrte Ankunft sind feste Topoi der Emigrationslyrik. Max Hermann-Neiße »Niemals werden wir dazu gehören« (1936) oder Franz von Unruh »Der Flüchtling« (1938) sprechen da eine deutliche Sprache, wobei von Unruh zudem das Problem der Ausweisung (in seinem Fall aus Frankreich) sehr kräftig akzentuiert. Das Mitgerissenwerden vom politischen

---

78 Die weniger bekannten der hier genannten Gedichte finden sich in der Anthologie von Oswald Mohr [das ist Bruno Kaiser], Das Wort der Verfolgten. Basel 1945. (= Erbe und Gegenwart der Bewegung Freies Deutschland in Schweiz, Band 5)

Kurswechsel des Gastlandes thematisiert Hans Sahl in seiner »Ballade vom Zusammenbruch« (1941), wobei der Immigrant wiederum zum Emigranten wird, der—nun zusammen mit den französischen Schicksalsgenossen—seinerseits auch im fremden Land wieder zum Flüchtenden wird, diesmal vor dem Vichy-Regime. Das Thema des permanenten »Wir müssen weiter« (Walter Mehring) klingt hier lyrisch an, aktualisiert die nie endende Wanderung, wie sie dem Volk Israel ja rund 2000 Jahre auferlegt war. Positiver bewertet Paul Zech sein Exil, indem er sich als Neuankömmling schon vorher geistig, auf dem Weg über kulturell-literarisches Vorwissen, assimiliert zu haben glaubt: »Vielleicht war schon zu schwer mein Blut« (1937). Die Wahlverwandtschaft mit der lateinamerikanischen Mentalität wird als vorhanden vorausgesetzt, aber es wird bei der Ankunft nun erst die Schwierigkeit erkannt, zu deren vollständiger Verwirklichung zu gelangen. (»Ich könnte hier zu Hause sein / und bleibe doch nur Gringo bloß.«) Satirisch bis surrealistisch haben nur wenige ihr Exil betrachtet. Ausgerechnet Johannes R. Becher, der spätere Kultusminister der DDR und SED-Dogmatiker, der seinen alten Mitstreiter aus expressionistischen Tagen, Armin T. Wegner, in Berlin nicht im Minister-Büro empfangen wird, sieht das entschwindende Deutschland nur noch als »Eine grüne Wiese« (1935), die zum Fleck schrumpft. Über allem steht auch hier Bert Brecht, wenn er über das Exil grundsätzlich im gleichnamigen Gedicht »Über die Bezeichnung Emigrant« (1937) nachdenkt. »Und kein Heim, ein Exil soll das Land sein, das uns aufnahm.« Der Exilierte hofft auf rasche Rückkehr, möglichst nahe der Grenze verweilend. »Immer fand ich den Namen falsch, den man uns gab. Emigranten. Das heißt doch Auswanderer, aber wir / wanderten doch nicht aus nach freiem Entschlusse (...).«

Vorausweisend auf ein Deutschland ohne die jüdischen Emigranten und dadurch von doppelt beklemmender Weitsicht, für die Betroffenen und die Betreffenden, ist Ernst T. Goldschmidts »Mein Land«, der bereits 1944 dichten konnte: »Du wirst in Schönheit und in Freiheit neu geboren. / Wir haben dich, du hast uns nicht verloren.« Dieser letzte Vers ist doppeldeutig. Ich würde ihn so auslegen, daß die Emigranten sehr wohl ihr Land verloren haben, das Land aber nicht sie, einfach, weil es sie gar nicht mehr benötigt. Der Vers ließe sich andererseits aber auch als ein trotziges Festhalten am zumindest geistig unverlierbaren Heimatland deuten, das auch da angestammt bleibt, wo man ihm notgedrungen entkommen mußte, weil der Dichter auch im Exil seiner Sprache verbunden bleibt und damit ein Stück seines Landes ins Ausland mitnimmt. Warum dem aber eine Erneuerung Deutschlands vorangehen muß, wie der Dichter sie beruft, bliebe bei einer solchen Sicht seiner Verse rätselhaft.

Lola Landau geht ganz andere Wege als all diese heute zumeist berühmten Dichter der Emigration. Ob sie nun der Heimat nachtrauern oder sie mehr oder weniger bewußt hinter sich lassen, oder auch beides, der Topos ist festgeschrieben: Es geht um das Verlassen (Becher, Kaléko, Lasker-Schüler, Goldschmidt), nicht so sehr um das Ankommen, eher schon manchmal um das Nicht-ganz-Angekommensein (Hermann-Neiße, Sahl, Viertel, Zech) oder Weitermüssen (Mehring, von Unruh). Es ist ein Aufbruch im Rückblick oder wenigstens ein Aufbruch ohne Perspektive zur Rückkehr. Brecht ist hier die große Ausnahme. Immer aber, auch bei Brecht (»Über die Bezeichnung Emigranten«, 1937, »Gedanken über die Dauer des Exils, 1937, »Zufluchtsstätte«, 1937, »1940«, »Sonett in der Emigration«, 1941), ist es der Aufbruch ins Fremde, Nicht-Vertraute. Aber für ihn sind Auswanderer keine Auswanderer, weil sie nicht freiwillig gingen und schon gar keine Einwanderer. Schon 1944 formt er sein Gedicht »Rückkehr«. Lola Landau sieht die erzwungene Auswanderung ganz offen als eine Heimkehr an. Ihr Gedicht ist kein Auswanderungsklagelied, sondern ein Einwanderungshymnus, den sie nicht nur sprachlich, sondern auch von der Ortung der Zentralbegriffe her, geometrisch genau durchkonzipiert hat: In der ersten Strophe werden die Spuren der *fremden* Exil-Länder als das Stigma benannt, das den Emigranten zeichnet, der nicht heimkehren kann. Ziemlich genau in der Gedichtmitte »erblaut« dann die noch fremde neue Heimat als exotische »Küste Asiens«, der in derselben Strophe antithetisch das »Mutterland« ge-

genübergestellt wird. Obwohl Lola sowohl von väterlicher- wie von mütterlicher Seite aus jüdischen Familien stammte, verweist sie damit auf die Tatsache, daß die mütterliche Familie nach jüdischem Verständnis für die Zugehörigkeit zur Glaubensgemeinschaft entscheidend ist. Als Schlußcoda, sogar als letzte Worte des Gedichtes überhaupt, ersteht vor dem lyrischen Ich, das wir mit Lola Landau gleichsetzen dürfen, das nunmehr »gelobte Land« der Heimkehr. Deutlicher läßt sich die Abwendung vom Mutterland, das ihr einst geliebtes Vaterland war, und das Bekenntnis zur neuen Heimat, die eigentlich die verheißene Urheimat ist, nicht ausdrücken. Lola Landau hat dieses Gedicht in Kenntnis zahlreicher auch ihr damals bereits bekannter Emigrationsgedichte geschrieben, und sie hat es wohl in dem Bewußtsein getan, daß ihr Weg nach Palästina anders war als der der anderen Dichter, gewissermaßen aus einer inneren Notwendigkeit hervorging, und daß er sie ans Ziel brachte. Ein Gedicht wie Brechts »Rückkehr« (1944) wäre bei ihr undenkbar, wenngleich sie ihrer Heimatstadt Berlin innerlich verbunden blieb.

Die Hoffnung auf eine Rückkehr nach »Erez Israel«, in das Heimatland der Juden, das auch in der Vorstellung gesucht werden kann, ist so alt wie das jüdische Exil selbst. Diese Hoffnung galt der Wiederherstellung eines jüdischen Staates »am Ende der Zeit«, und nie hatte das Volk Israel sie aufgegeben. Insofern holen hier historische Archetypen auch die so sachlich gestimmte Dichterin ein.

Sibyll Stevens-Wegner
Reflections on the Period 1933–1945 and on my Mother Lola Landau-Wegner,

written and dedicated to Jörg Deuter 1990

Up to 1933. The first ten years of my life, up to 1933, were most happy years for me, utter bliss and contentment, a feeling of complete security. At the back of my knowledge was the knowledge that I had very special, gifted parents, who loved each other deeply, as not many other adults do, and their love for me was like a warm blanket, making me feel secure wherever I was. Also years later, when I did not see my parents for years on end, this feeling of inner security never left me. This was the most productive period for my parents. Mother and father worked as partners, writing plays, articles, for the radio, and my mother would vet all my father's work. They travelled extensively to Spain, Russia, Palestine and other countries, whilst we three children were left with the nurses. They had a busy social life, theatre going, a coming and going of mainly writers and actors, Armenian and Russian friends. My mother was an excellent hostess and delegated all the menial works to the maids. She never was practical und she never had to do housework as a girl or young woman. Hated doing it. She could not cook neither sew. As a child her favorite pursuits were writing poetry and plays. My mother worked diligently at her desk each morning, we were never allowed to disturb her, but the afternoons she devoted to us children and on Sundays we cycled together to Teufelssee or went for walks to the Grunewald. My father stayed at home to work. No Sundays for him ever. But he took time off for his many trips abroad, his daily walks, sailing and camping in Neu Globsow. It was a happy, completely fulfilled life for my mother. The summers we spent in the country in Neu Globsow, an idyllic retreat where we children roamed in the woods and swan in the lake. Also here we had frequent visitors.

Spring 1933. Endless demonstration marches filed past our flat. I sensed an air of uneasiness. Father wrote his letter to Hitler. There were political discussions at the table, but I was to young to understand and comprehend the situation. We had no holiday in Globsow this summer. Father pitched a tent in Sakrow, near Berlin, to write in solitude. It is here that they arrested him in late summer. At this time mother was in holyday in Denmark [recte: Mölle, Southern Sweden], with Andreas, and they were warned not to return to Germany for fear of them being arrested. So mother and Andreas went straight to England from Denmark. I was sent to a summer camp in Denmark, and when I returned by train, my grandmother fetched me from the station. She told me the bombshell news that our flat had been closed, (my father's secretary [Erna Röhl] had put everything in the store) and I was to live with her in Berlin. I was told mother was in England with Andreas, that father was travelling too, and the news that he was in concentration camp was kept from me. I remember now letters from the various camps, there was a stamp at the bottom »GESEHEN", which my father [and mother ?] explained away, but I never became suspicious. I was used to my parents being away, so I was not unduly disturbed. My [half-]brother Alf was sent to his grandmother in Breslau, his grandmother on his father's side [Rosa Marck]. From now on our family unit did not exist any more, in one short month we were all scattered to different parts, and we were never to be together again. My mother was desperately unhappy about the breakup of the family that she had to leave me behind. She did not care of any of the material things, the furnishings, the sentimental mementos. She felt hurt. All her life she had been steeped to German culture. Now she was told that it was not her culture. Like a mother she worked desperately at uniting her family again, but she never succeeded. My mother became a Zionist and turned her back to Germany. Through the Jewish free place for me at this Agency [in a Berlin Jewish school] she found work as a lecturer, going round the industrial cities of England, talking to big groups of people, Jewish people, and collecting money for the Jewish Fund. She found it very hard work, but her work killed the pain of loneliness and she found some sort of fulfillment. She lived all alone in a bedsitter in a suburb of London, a pretty Spartan existence, she felt very lonely and isolated. Andreas lived in a hostel and studied for exam. I settled into life with my grandmother [Philippine Landau in Berlin], was sent to a Jewish school and adapted.

1934. In spring father was released from concentration camp. For the first time I am told the truth. I was shocked when I saw him again, he had aged and suffered terribly, but of course he did not talk about his experiences to me. In April I was sent to a boarding school in England and father followed soon afterwards [to England]. I travelled alone. My mother fetched me from the station in London, she had not seen me for seven months or so and she hardly recognized me. I had changed, grown up. We were overcome with joy to see each other again. I spent the night in her little room [in Hampstead], we laughed and joked. Mother had a great capacity for joy, for laughter, for optimism, and her primitive living conditions did not depress her. It was always people who was important to her, and she involved herself very much with the people around her, their fate, their way of life. After one night with my mother I was taken to my new school in the country [in Longford Grove]. I did not realize how hard it must have been to my mother to be separated from me again so soon. I was struggling to adapt to my new environment. I did not speak a word of English, but it was all a great adventure for me. Quaker friends of parents had arranged a free place for me at this school. I must add here that my parents had many friends in England, from the peace-movement days after the First World War. Quakers, and also from the Pen Club. They gave my mother and father moral support. My father was not happy in England. He could not stand the very vet climate and suffered from headaches. He had brought his Ardie motorbike to England, a magnificent machine with strapped on tents and folding boat to the side car, he had toured Palestine in it with my mother, and in this machine father and I went to a camping holiday to Scotland. Mother did not join us, she never liked camping. As we left London, going round one of the roundbouts, father found himself by mistake on the right hand side of the road. A bobby smilingly raised his fingers and said: »You are in England now!" My father never forgot the kind way of that remark, being used to the gruff language of German policemen. When we returned from Scotland, all three of us had a holiday in the South of England. My mother wanted to settle in England. She was happy at least having three of the family united together again, if only for the holiday. However my mother's capital in Germany was frozen, there was a chance to release it if she returned. So all three of us returned to Germany in December 1934.

1935. We settled down to live in a Pension in the Meinekestraße [no. 19] in Berlin and I was sent to a Jewish school. Again my mother worked for the Jewish agency, lecturing, and she became completely immersed in her work for Zionism. She made arrangements to emigrate to Palestine. For her purpose some of her capital was released. Also Andreas had returned, working on a farm near Berlin [Gut Winkel in Spremberg/Mark], trained in agriculture work, prior to his work in Palestine too. We had peaceful evenings together, father read to us from Dickens, but was very unhappy. He suffered from nightmares. He had lost his income as he was not allowed to publish anything. When he was released from concentration camp he was told: »Divorce your Jewish wife, or you may not publish your writings." This he denied.

1936. Mother and I emigrated to Palestine in March. I was immediately sent to a boarding school [Ben Schemen] and mother went to stay with friends in a suburb of Jerusalem. [Beth Hakerem] After a week or so she moved to a furnished room nearby. The primitive conditions were indescribable, the minimum of furniture and a »Primus Stove" [«Primuskocher"] for cocking. The practical chores were an absolute ordeal for my mother. She learnt Hebrew and was fascinated by the type of people she met. Again it was the people around her that mattered, material conditions were unimportant to her. She was happy to be in Palestine, to be out of Germany, but she could not find work. Not speaking Hebrew was the greatest difficulty and it was a slow process mastering this language. My father came to Palestine in May and persuaded my mother to move to a charming guest house in Jerusalem, it was an old Arab house, romantique and really quite cheap. They agreed to settle in Palestine. Then my mother received an offer she could not refuse. To travel to the Dutch East Indies, to lecture there for the Jewish Fund. As soon as my mother set off on her journey, my father returned to Germany to finalize things. He went there via Italy, to visit an old friend, Irene Kowaliska (whom he was later to marry). Irene had a pottery in Vietri, Salerno, and she showed him Positano. My father fell in love with Positano, a paradise of a place, and when he had an opportunity to rent a small villa for ten years for very little money, he took it. Father had been fortunately enough in having a patroness, an old Dutch lady, who admired his work and she financed him to enable him to carry on with his writings. [Ilse Leembruggen-von Lieben[79]] Here in Positano he could live on that money. Mother was shocked about this new developement, she did not want to live in Italy

1937. Father moved to Positano. He brought all the furniture with him, his books, silver, linen, the whole household. Father was attached to it all, but to mother they were only reminders of a life she wanted to forget. Mother agreed to join my father in Positano

---

79 Ilse von Lieben (1873–1938), verheiratet mit Wilhelm Leembruggen, war die Tochter der Anna von Lieben (1847–1900), die als Tochter des österreichischen Bankiers Eduard Todesco (1814–1887, seit 1869 im Freiherrnstand) zu einer der Dynastien der Finanzmagnaten Alt-Österreichs zählte. Das Palais Todesco an der Wiener Kärntner Straße 51 umfasste 500 Zimmer und war vom Star-Architekten Theophil von Hansen errichtet worden. Die Mutter Anna ist als der »Fall Cäcilie M.« aus Freuds Schriften in die Geschichte der Psychoanalyse eingegangen. Ilse von Lieben war wohl nicht zuletzt durch ihren Aufenthalt in den Niederlanden mit pazifistischen und auch anarchistischen Kreisen in Verbindung gekommen und förderte Armin T. Wegner besonders deshalb, weil er in Organisationen der Kriegsdienstgegner federführend tätig gewesen war. Warum Sibyl Stevens die nur dreizehn Jahre ältere Mäzenatin ihres Vaters als »old Dutch lady« bezeichnet, ist mir nicht klar. Vermutlich ist sie der nur 65 Jahre alt Werdenden nie begegnet.

to give it a try and she moved there in April 1937. I followed in the summer holidays. There were arguments, political arguments. My mother could not live in a fascist country. Father loved the Bohemian atmosphere; other artists, also German writers here, and he did not feel cut off entirely from Germany. It was a dilemma and there seemed no solution for their problem. My mother wanted a complete break with Germany, and she was also afraid of further arrests. So in September 1937 mother and I returned to Palestine.

1938. When I finished school in 1938 I moved into the same guest house as my mother and was sent to a private English school in Jerusalem, to prepare for the Cambridge examination. My mother as well settled into Palestine, happy to live here, and she had become friendly with a professor of mathematics, who lived in the boarding house [Pessach Hevroni]. She was writing his biography, as he had led a very interesting life, coming from Jewish orthodox background, being born in Jerusalem, but completely

Lola Landau bei einer Ruhepause im märkischen Wald, 1922

emancipating himself from orthodoxy. Though my mother completely identified with the Jews, she was never religious, and neither was my father, and we never went to church nor synagogue. Andreas meanwhile came to Palestine in 1936, got married and was settled in a settlement in the north of the country. Alf had to be sent to England in 1936 to work with an export firm, and in 1938 he emigrated to Australia. He did not want to go to Palestine. It was particularly bitter for my mother to have Alf so far away, as they were very closed to each other.

1939. My parents were divorced amicably, for technical reasons, so my mother acquired Palestinian citizenship more easily. They still considered themselves as just living apart, and hope had not been given up of getting together again. I joined my father in September 1939 and lived with him in Positano and then in Rome.

1940. I managed to get out of Italy on the last ship, before Italy declared war. Mother was overjoyed to see me. I spent one night in prison on arrival, as I was suspected as a spy. I did secretarial crash courses, as I had to earn a living as soon as possible. Mother gave English lessons.

1940–1945. Mother moved from the boarding house to a furnished room on the outskirts of Jerusalem [to the suburb Romema]. She continued to teach English, privately and at schools. At the end of the war we heard through the Red Cross that father had a son by Irene in 1942. They got married in 1948 and my mother knew that her marriage to my father was definitively finished. It was a great shock to her.

Abb. 12. Armin T. Wegner und Lola Landau vor einer Hütte, möglicherweise im Harz, während der Aufführung von Lolas Mysterienspiel »Die Wette mit dem Tod" in Wernigerode, 1930. Armin T. Wegner hatte während der Jahre 1914 und 1917 seinen Wohnsitz in Wernigerode, Schillerstraße 17 gehabt, in der Stadt, in der auch sein Vater verstorben ist.

Briefe 1983 bis 1991 und Glossen

Die im Folgenden abgedruckten Briefe Lola Landaus und ihres Umkreises wurden aus der an mich gerichteten Korrespondenz einzig nach ihrer Aussagekraft zur Zeit- und Werkgeschichte ausgewählt. Die von mir an sie gerichteten Briefe und Karten lassen sich heute im literarischen Nachlaß Lola Landaus im Deutschen Literaturarchiv in Marbach nicht nachweisen, da ihr Sohn Andreas Marck die von ihm fortgeführte Korrespondenz mit mir bei sich behalten zu haben scheint. Wohin sie nach dessen Tod gelangten und ob sie eventuell noch bei dessen Nachkommen aufbewahrt werden, vermochte ich nicht zu klären. Allerdings sind meine an sie gerichteten Briefe zum Verständnis der Korrespondenz Lola Landaus mit mir nicht erforderlich, da deren aussagekräftige Schriftstücke sich in aller Regel selbst erklären. Kartengrüße und Glückwünsche zu Festen und Feiertagen werden hier ebenso wenig veröffentlicht, wie kurze Beilagen zu Büchersendungen und Geschenken. Anrede und Grußfloskel wurden bei einigen charakteristischen Beispielen beibehalten, insgesamt aber als bloß redundant fortgelassen.

Lola Landau an Jörg Deuter am 16. Juni 1983[80]

Sehr geehrter Herr Deuter!

Ich erhielt vor einigen Tagen Ihren interessanten Brief mit der Mitteilung, daß Sie beabsichtigen, eine Arbeit über Armin T. Wegners Sendschreiben

---

[80] Dieser Brief Lola Landaus an mich wird zuletzt auszugsweise zitiert in: Armin T. Wegner, Rufe in die Welt. Manifeste und offene Briefe. Herausgegeben von Miriam Esau und Michael Hofmann. Göttingen 2015. S. 230/31, wobei er als Beleg dafür dient, daß Armin T. Wegner nicht so sehr aus politischer Überzeugung heraus, etwa der eines Pazifisten und linken Intellektuellen, der er war, den von ihm sogenannten »Judenbrief« schrieb, sondern, daß zuerst Schock und persönliches Betroffensein zum unmittelbaren Auslöser wurden, was andere damit einhergehende Motive natürlich nicht ausschließt.

an Hitler im Rahmen des Themas »Widerstand im III. Reich« zu verfassen. Diese Arbeit werden Sie dann für den Preis Carl von Ossietzky einreichen. Selbstverständlich bin ich gerne bereit, Ihnen bei der Klärung gewisser Fragen behilflich zu sein. Denn ich habe ja diese tragische Schicksalszeit mit Armin miterlebt. So beantworte ich die Hauptfrage: Ich kannte jedes Wort dieses Schreibens. Armin las mir den Brief an Hitler vor. Ich war sehr ergriffen. Nun aber möchte ich schildern, wie erst langsam es bei Armin zu der Steigerung und schließlich zum Ausbruch des Widerstandes kam. Es begann mit dem Schicksalstag, dem 1. April 1933, dem Tag des Boykotts der jüdischen Geschäfte. Vor den jüdischen Geschäften standen Wagen mit Uniformierten, die brüllten: »Juda verrecke, im eigenen Drecke.« Es flogen auch Steine gegen die Schaufenster. Ich war, trotz Warnung, auf die Straße gegangen und war aufgewühlt durch die Diffamierung meiner Schicksalsgenossen. In diesem Zustand ging ich nach Hause und schilderte Armin die Vorgänge. Es war die Mittagszeit und unsere beiden Söhne, 17- und 15jährig, und unsere Tochter Sibylle, zehnjährig, versammelten sich um den Esstisch. Armins verhalten war zunächst beherrscht: »Ignorieren!« sagte er. »Wenn Hunde die Straße beschmutzen, gehe ich auf die andere Seite.« Aber da brach die Tochter Sibylle in lautes Weinen aus. Sie erzählte, daß die Lehrerin sie in der Klasse auf die besondere Judenbank gesetzt hätte, »und meine Freundin Ilse wollte nicht mit mir nach Hause gehen,« schluchzte sie. Armins Gesicht verfinsterte sich. »Empörend,« rief er, »ich gehe morgen zur Direktorin der Schule und beschwere mich.« Als er am nächsten Tage von dem Besuch wiederkam, war er schwer bedrückt. »Die Direktorin sagte mir, daß alle diese Maßnahmen, die sie persönlich nicht billigt, von oben als Befehle kämen. Sie selber wäre ohnmächtig.« In den nächsten Wochen blieb Armin bedrückt und verschlossen. Er hatte die Arbeit an seinem Roman wieder aufgenommen, die seine ganze Konzentration erforderte, aber es gärte in ihm, und um der besonders vergifteten Atmosphäre in der Stadt eine Zeit lang zu entgehen, beschloß er mit der Familie in den nächsten Ferien zu unserem geliebten Globsow [ins] »Haus Sieben Wälder« zu gehen. Aber dort erwartete Armin ein neuer Schock. An vielen Bäumen des Waldes war das Hakenkreuz eingeritzt und über die Hauptstraße des Dorfes war in großen Buchstaben ein Transparent gespannt: »Juden unerwünscht«. Ich erinnere mich lebhaft an den Augenblick, als

Armin diese Schrift erblickte. Er wurde totenbleich und sagte immer: »Schande! Schande!« Er meinte damit die Schande des deutschen Volkes, seines Volkes. »Wir fahren sofort zurück,« befahl er.
Warum, Herr Deuter, schildere ich dies so ausführlich? Ich möchte erklären, wie diese Schockwirkungen Armin dazu brachten, an Hitler zu schreiben. Nachdem der Brief abgesandt war, versuchte Armin zu seiner Arbeit am Buch zurückzukehren und ging [Ende Mai] dafür in ein Ferienlager am Sakrowsee [bei Potsdam], wo er einsam in einem Zelt lebte. Es war Frühsommer geworden, ich selber konnte Armin nur am Wochenende besuchen, da ich durch meine Tätigkeit für den Keren Hajessod (Aufbaufond für das jüdische Palästina) völlig in Anspruch genommen war. Erschöpft durch diese Aufgabe ging ich alleine für eine Woche nach Mölle in Schweden. Dort erreichte mich das Telegramm mit der furchtbaren Botschaft: »Armin im Sanatorium«, ein Schlüsselwort für Konzentrationslager. Durch das Telegramm wurde ich gewarnt, nach Deutschland zurückzukehren. So fuhr ich nach England, wo Armin und ich gute Freunde hatten. Mein ältester Sohn Andreas, auch schwer bedroht, folgte mir dahin. Da ich völlig abgeschnitten war, ohne weitere Nachrichten, kann ich leider manche Fragen, die Genauigkeit verlangen, nicht beantworten. Ich sah Armin erst wieder im Juni 1934, als er mich nach seiner Entlassung in London aufsuchte. Welche Freude, daß er lebte! Überstanden hatte! Aber als ich Armin ansah, erschrak ich. Er hatte sich verändert. Es war aber nicht nur sein bleiches Gesicht, das die Spuren des Leidens trug, sondern sein Ausdruck. Er sah aus wie jemand, der durch eine Hölle gegangen ist, der Schrecken und Entsetzen ins Auge gesehen hat. Die Folgen dieser schrecklichen Eindrücke sollten sich ja noch jahrelang zeigen. Eine Zwangsvorstellung, nicht schreiben [zu können], zwang ihn keine Arbeit zu vollenden. Aber damals glaubten wir an schnelle Erholung. Auch wurde er von den Freunden auf das Herzlichste empfangen und von der nazifeindlichen Öffentlichkeit geehrt. Man schlug ihm vor, über seine Erlebnisse in den Konzentrationslagern zu schreiben. Ein solches Buch würde mit größtem Interesse empfangen werden. Aber Armin lehnte ab: »Ich schreibe nicht gegen Deutschland.« »Warum nicht? Deutschland ist nicht mehr Deutschland.« »Oh doch, Es gibt ein anderes Deutschland.« Hier zeigte sich bei Armin seine besondere bemerkenswerte Einstellung. Obwohl selber ein Opfer, betrachtete er viele Nazis und das

deutsche Volk auch als verführte Opfer. Viele, auch ich, verstanden ihn damals nicht. Aber hier beantworte ich Ihre Frage nach dem Sinn seiner Emigration: Armin wollte vor seiner Verhaftung überhaupt nicht auswandern, denn er sagte: »Alnad [alilanti?] ist Elend, außer Landes sein.« Und später, auch in seinem Exil, war er eigentlich nur technisch ausgewandert und niemals eingewandert in ein fremdes Land. Wie viele Juden und Nichtjuden suchten im Exilland eine neue Heimat. Wo Armin auch war, er blieb derselbe. Diese verschiedene Einstellung führte zu unserer tragischen Trennung.

Ich hoffe, ich kann Ihnen, lieber Herr Deuter, durch meine Schilderung behilflich sein, und schließe mit den besten Wünschen für das Gelingen Ihrer Arbeit. Mein Sohn Andreas wird einige Zeilen hinzufügen. Ich möchte Sie auf mein letztes Buch »Die zärtliche Buche« aufmerksam machen, das die erste Zeit unserer Ehe in Neuglobsow schildert.

Das Schreiben an Hitler ist in den hier folgenden Briefen und Erinnerungen Lola Landaus und ihrer Umgebung immer als das »Sendschreiben« oder einfach »Der Brief an Hitler« betitelt worden. Die von Wegner selbst zunächst gewählten Titel »Judenbrief« (so im Konzept), später »Für Deutschland« und – nach dem Krieg – »Die Warnung« verwendete Lola Landau, jedenfalls mir gegenüber, nicht. Warum Wegner selbst gern den Begriff eines Sendschreibens wählte, ist schwer erklärlich, da dieser ja ein an die Öffentlichkeit oder zumindest doch an einen größeren Personenkreis adressiertes Rundschreiben, etwa in Form des Hirtenbriefs oder eines kaiserlichen Erlasses bezeichnet.[81] Auch Luthers verschiedene Sendschreiben richten sich immer an einen größeren Personenkreis. Immerhin trägt der Begriff auch das Sendungsbewußtsein in sich, das

---

81 Zum Begriff und zur Funktion auch des Begriffs »Sendschreiben« vgl. Rolf Bernhard Essig, Der offene Brief. Geschichte und Funktion einer publizistischen Form von Isokrates bis Günter Grass. Würzburg 2000. Allerdings handelt es sich bei Wegners Sendschreiben um keinen »offenen Brief« mehr, der in einer Gesellschaft, die bereits ohne Öffentlichkeit auskommen mußte, auch unmöglich gewesen wäre, ein Umstand, den Wegner bei seiner Abfassung sehr wohl mit einbezog, indem er sein Schreiben bewußt als Privatmann, ja geradezu persönlich auf Hitler ausgerichtet abfaßte.

Wegners Tat zweifellos zugrunde lag. Was diesen Antrieb zur Tat freisetzte, hat Lola Landau mir gegenüber so charakterisiert: Es waren die Sorge um seine Frau und sein Kind gleichermaßen.

Der Begriff des »Sendschreibens« ist vorrangig theologisch besetzt – wenn es auch kaiserliche oder landesherrliche Sendschreiben gibt – und hat dementsprechend den Beigeschmack einer aus der kaiserlichen Kanzlei oder *ex Cathedra* kommenden Verlautbarung. Wegner hat im Lauf seines Lebens gut vierzig solcher offenen Briefe verfaßt, herausragend war bereits derjenige an Woodrow Wilson, in dem er 1919 gegen den Völkermord an den Armeniern protestiert hatte.

Noch ein zweites Sendschreiben hat er um der Juden willen geschrieben: Um seine spätere zweite Frau zu schützen, schrieb er an Mussolini selbst und bat diesen 1938 um Fortlassung des »J« in ihrem Pass, weil Irene Kowaliska kulturtragend an der Erneuerung des Kunstgewerbes in der deutsch-italienisch geprägten Künstlerkolonie Positano mitwirke. Es passierte das Unglaubliche: Irene Kowaliska mußte weder den Judenstern tragen noch das J im Pass führen. Zumindest mit diesem Protestschreiben an einen Diktator hat Wegner also einen nicht zu erwartenden Erfolg gehabt.[82] Diesen Erfolg bei Mussolini hat er jedoch nie öffentlich thematisiert, obwohl er doch der von ihm postulierten Auffassung, daß am Ende immer der Geist siege, entsprach, ja eigentlich doch als dessen Bestätigung hätte dienen können. War es die Wirkungslosigkeit seines Sendschreibens an Hitler, die ihn diesen großen Erfolg, ein Leben vor dem Stigma und der Verfolgung freigeschrieben zu haben, vergessen oder verdrängen ließ?

Was heute gern aus dem Schreiben herausgekürzt wird, weil es als anmaßend mißverstanden werden könnte, ist die von Wegner geradezu schicksalhaft empfundene Verbindung von Deutschen und Juden, die von ihm so gesehene Gemeinsamkeit in der geschichtlichen Situation beider Völker, die er nicht nur um argumentativer Strategie für die Adressaten willen betont hat. Auch,

---

82 Johanna Wernicke-Rothmayer, Armin T. Wegner. Gesellschaftserfahrung und literarisches Werk. Frankfurt/M., Bern 1982. S. 205

daß das Judentum im Osten Europas und selbst in Ägypten oder auf dem Sinai ein Träger deutscher Sprache und damit ein kultureller Vermittler war, hat Wegner als wesentlich empfunden. Hier wird eine Symbiose beschrieben, die inzwischen zu ihrem Ende gekommen ist. Die Generation Lola Landaus war die letzte, die sie noch gelebt hat, hier allerdings bereits großbürgerlich assimiliert und geistig wie wirtschaftlich arriviert. So wird schon die 4- oder 5jährige Lola von dem Berliner Gesellschafts-Porträtisten Lesser Ury gezeichnet, wobei jener eine erhaltene Photographie zu Hilfe nimmt, wohl nicht nur, da das kleine Mädchen solange nicht stillsitzen kann. Das Photo zeigt sie reifer, sich ihrer Rolle bereits bewußt. Erhalten geblieben ist vom Porträt der »kleinen Diva« nur das dem Kunstwerk zugrundeliegende Photo mit den weitaufgerissenen Augen, die ihre Umwelt noch 90 Jahre später mit demselben wachen und fragenden Blick betrachten werden. Es wirkte auf mich wie ein Nachruf auf den Wilhelminismus, das untergegangene, viel gescholtene und dennoch in diesen Kreisen liberale Preußen, als mir Lolas Sohn das Photo dieses Salonbildes in seinem bescheidenen Siedlerhaus im Moshav Moledet zeigte. Deutlicher ließen sich Vergangenheit und Gegenwart einer preußisch-jüdischen Familie der ehemaligen Berliner Oberschicht zwischen 1890 und 1990 kaum illustrieren. Gemeinsam war den beiden so weit auseinanderliegenden Lebenswelten aber, daß verschiedene Generationen der Familie Marck sie mit derselben Präzision und dem gleichen Verantwortungsbewußtsein in Breslau als Bankiers und Ratsherren, wie in Moledet als Siedler und Buchhalter ausfüllten.

Der Hinweis auf jenes Telegramm, mit dem Lola Landau von der Verhaftung ihres Mannes benachrichtigt wurde, erfolgt hier, soweit ich sehe, zum ersten Mal in der Literatur. Wer dieses Telegramm an sie absandte, läßt sich für mich nicht mehr klären, vermutlich war es Lola Landaus Mutter Philippine geborene Fulda (1869–1964). Auch ist von der Absprache eines *Code Word* bisher nichts bekannt gewesen.

Bei der Geschichte der Übermittlung des Sendschreibens an Hitler hat Wegner selbst sein Vorgehen so dargestellt, daß er dieses durch die Dichterin Ina Seidel über Rudolf Hess[83] an Adolf Hitler gelangen lassen wollte, da Hess der Idee einer höheren Weisung oder eines schicksalhaften Gebots, eben eines »Winks des Schicksals«, zugänglich war. »Wegner war zu jener Zeit mit der deutschen Dichterin Ina Seidel befreundet (...). Ihr Schwiegersohn war Mitarbeiter von Rudolf Hess,« schreibt er selbst. Jener Mitarbeiter soll, Wegner zufolge, Ernst Schulte Strathaus gewesen sein. Wegner wollte Hitler, eigener Aussage nach, sein Sendschreiben zunächst sogar über Ina Seidel selbst zukommen lassen. Der von mir Anfang der achtziger Jahre befragte Sohn Ina Seidels, Georg Seidel (alias Christian Ferber, 1919–1992), konnte aber ein solches Vorgehen nicht bestätigen.

Georg Seidel, München, an Jörg Deuter am 29. März 1983

Leider kann ich Ihnen nicht viel helfen bei der Geschichte von Wegners SENDSCHREIBEN. *In den Korrespondenzmappen meiner Mutter [Ina Seidel], das weiß ich mit Sicherheit, findet sich über den Vorgang nichts. Wenig wird Ihnen auch der Hinweis nützen, daß Herr Schulte Strathaus im Jahr 1933 noch nicht Mitarbeiter von Hess war, wenn er ihn vermutlich auch kannte. Es ist wenig wahrscheinlich, aber nicht ganz ausgeschlossen, daß meine Schwester, Frau Heilwig Schulte Strathaus, irgendetwas weiß. Mit freundlichen Grüßen, Ihr Georg Seidel*

Soviel ist richtig: Ernst Schulte Strathaus (1881-1968) war erst im April/Mai 1934 durch Rudolf Hess als »Sachbearbeiter für Schrifttum und Wissenschaft« am »Braunen Haus« in München angestellt worden. Seine Witwe Heilwig Schulte Strathaus (geb. 1908) konnte sich 1983 eines möglichen Kontaktes ihres Mannes mit Armin T. Wegner im Jahr 1933 mir gegenüber nicht erinnern. Durch die Aussage Georg Seidels scheidet Ina Seidel selbst als direkte Kontaktperson zur Übermittlung des »Sendschreibens« endgültig aus. Bedenkenswert ist aber, daß Irene Kowaliska, die spätere zweite

---

83 Armin T. Wegner, Das Verhängnis, in: derselbe, Fällst du, so umarme auch die Erde oder, der Mann, der an das Wort glaubt. Wuppertal 1974. S. 146–151, hier: S. 146

Frau Armin T. Wegners, bereits vor 1933 zum Freundeskreis der Heilwig Seidel gehörte, die sie über ihre gemeinsame Freundin Erika Mitterer (1906 -2001) kennengelernt hatte. »Über Erika Mitterers Freundschaft zu Ina Seidel fand sie in Berlin zu dem Kreis, freundete sich mit Inas Tochter Heilwig an und begegnete dort überzeugten NS-Funktionären,« heißt es von Irene Kowaliska in ihrem Wikipedia-Eintrag. So konnte sie das kommende System schon früh richtig einschätzen. Die Verbindung Irene Kowaliskas mit der Familie Seidel/Schulte Strathaus gibt Vermutungen darüber ein gewisses Gewicht, ob vielleicht Irene es war, die Wegner den Weg wies, auf dem er sein Sendschreiben dann auch noch direkt zu übermitteln versucht hat. Armin T. Wegner und Irene Kowaliska kannten sich nämlich bereits seit Pfingsten 1929.[84] Nachdem »der Fall Ina« eingetreten war, Ina Seidel nämlich ins Lager der NS-Sympathisanten eintrat, war es mit der Gemeinsamkeit der Freundinnen Erika Mitterer und Ina Seidel vorbei. Mitterer schrieb an Irene Kowaliska: »Der ›Fall Ina‹ geht mir näher als Du begreifen kannst.«[85] Nach dem Krieg hat Ina Seidel ihre Ergebenheitsadressen an Hitler und den Glauben an das NS-Regime mit dem Einfluss ihres Schwiegersohns Ernst Schulte Strathaus auf die Gesamtfamilie Seidel zu begründen versucht, der doch bei Leibe »kein Schwärmer« gewesen sei. Überzeugend war das nicht. Sollte Wegner Schulte Strathaus als Vermittler seines Mahnrufes für die Juden vorgesehen haben, dann hätte er damit den Bock zum Gärtner oder, angemessener ausgedrückt, den Täter zum Fürsprecher der Opfer machen wollen. War dieser als Mitarbeiter am »Braunen Haus« in München unter anderem doch auch mit dem »Vorkaufsrecht beschlagnahmten jüdischen Kunstbesitzes« befaßt!

84 In dem in Vietri sul Mare und Positano gedrehten Dokumentarfilm »Harmonia. Ritratto di Irene Kowaliska« datiert Irene jene ihre Ankunft dort in den März 1931 und erwähnt die Bekanntschaft mit ATW seit 1935/36. Beide hatten sich aber bereits am Pfingstsonntag 1929 am Stechlinsee kennengelernt. Dies kann sich also nur auf die Wiederbegegnung beider nach dessen Übersiedlung nach Positano beziehen.
85 Erika Mitterer an Irene Kowaliska am 18. November 1933, Nachlaß Irene Kowaliska. Deutsches Literaturarchiv Marbach 90.82.47–90.82.57

Ob Ina Seidel oder deren Tochter Heilweg sich nach 1933 noch Gedanken über den weiteren Lebensweg der seit 1931 in Italien lebenden Irene Kowaliska machten, ist mehr als fraglich. Sie werden kaum gewußt haben, daß die ehemalige Freundin dort eine lang andauernde Auseinandersetzung mit Polizei und Behörden um ihr Aufenthaltsrecht und ihre Anerkennung als »Vierteljüdin« auszufechten hatte, (Weil sie nicht den Restriktionen, die sie als »Halbjüdin« betroffen hätten, ausgesetzt werden wollte.) wobei sie immer wieder auch mit dem Hinweis auf die Verdienste derjenigen ihrer Vorfahren, die nicht jüdischen Glaubens gewesen waren, um ihre Aufenthalts- und Existenzberechtigung kämpfen mußte. Ina Seidel hat es sich einfach gemacht. In einem Brief an Erika Mitterer von 1962 hat sie die ganze Schuld an ihrem Hitler-Kult auf den Schwiegersohn Schulte Strathaus abgewälzt, »(...) nachdem wir schon von 1932 an durch Heilwigs Mann [Ernst Schulte Strathaus], den wir im Sommer dieses Jahres kennenlernten, zum ersten Mal über Hitlers Ziele, wie sie sich in einem idealistisch begeisterten Anhänger spiegelten, unterrichtet wurden. Da wir ihn zunächst ernstnahmen – er war ja kein jugendlicher Schwärmer, sondern stand im Alter zwischen meinem Mann u. mir, machten seine Ansichten Eindruck auf uns, und so waren wir allmählich bereit, von Hitler die Herbeiführung einer besseren Zukunft für Deutschland zu erwarten und sahen während der ersten Jahre in allem, was uns nicht gefiel, und das war nicht wenig, Begleiterscheinungen, wie sie jede Revolution mit sich bringt, mit denen H[itler] allmählich ein Ende machen würde.«[86] Daß Ina Seidel durch ihre Gefolgschaft

---

86 Ina Seidel an Erika Mitterer am 2. August 1962. zitiert nach: Esther Dürr, »Der Fall Ina.« Die Freundschaft zwischen Erika Mitterer und Ina Seidel, in: Der literarische Zaunkönig 2, 2005. S. 11 (= Organ der Erika-Mitterer-Gesellschaft) Ähnlich beschönigend wie Ina Seidel selbst argumentierte auch Inas Sohn Georg in seinem unter dem Pseudonym Christian Ferber verfaßten Buch, Die Seidels. Geschichte einer bürgerlichen Familie. Stuttgart 1979. S. 305: »Der Schriftstellerin Ina S. ist vorgeworfen worden, sie habe sich in den Jahren des Dritten Reiches mit den Nationalsozialisten eingelassen und sich zustimmend über Hitler geäußert. Der erste Teil dieses Vorwurfs ist falsch. Der zweite ist richtig.« Sie hat immerhin noch 1938/39 zwei huldigende Texte zu

als treue Anhängerin oder als ›Glückwunschkind‹ Hitlers, wie Bergengruen sie – unter Verbalhornung ihres bekanntesten Romantitels – nannte, zu einer Stütze des Systems geworden war, scheint sie sich auch später nicht vorgeworfen haben. Ihre Glückwunschadressen an Hitler waren nach 1945 vergessen, ihre Romane, allen voran »Das Wunschkind«, wurden lange noch weiterverlegt und viel gelesen. Rilkes Korrespondenzpartnerin Mitterer und Armin T. Wegners Gattin Irene Kowaliska haben auf die Wahrnehmung ihres Werkes länger warten müssen.

Ob Armin T. Wegner wirklich auf andere als postalische Weise versuchte, das Sendscheiben an Hitler bzw. an Rudolf Hess zu übermitteln, muß, wie wir anhand des Briefes von Georg Seidel sehen, offenbleiben. Datiert hat er es am 11. April. Danach wurde es als Brief nach Berlin gesandt und von dort an die Privatkanzlei Hitlers in München weitergeleitet, wo Albert Bormann (1902–1989), der damals Reichsleiter der NSDAP und »rechte Hand« von Rudolf Hess war und Bruder von Martin Bormann), den Empfang am 8. Mai 1933 schriftlich bestätigte. Albert Bormann war seit Oktober 1931 in der Privatkanzlei tätig und wurde nach deren Umstrukturierung 1933 deren Leiter. Damit war er für die Bevölkerungspost, aber auch für demoskopische Analysen zuständig, da Hitler an der Erkundung der Stimmung in der Bevölkerung gelegen war. Eingehen sollte das Schreiben in der Kanzlei eigentlich schon am 20. April, Hitlers 44. Geburtstag. Wegner hat diesen Ter-

---

Hitlers Geburtstagen geschrieben. Ein pathetisches Gedicht »Der Lichtdom« war gleichfalls 1939 für die Presse bestimmt worden, erschien aber erst 1942 und wird abgedruckt bei Georg Ferber auf S. 306/07. Von Irene Kowaliskas Schicksal hat Ina Seidel keine weitere Notiz genommen, auch wenn ihr Sohn beteuert: »Sie hat nie und nirgends gezögert, sich zu jüdischen Freunden zu bekennen und sich ohne Heimlichkeit mit ihnen zu treffen. Wieviel sie in Starnberg von den Vorgängen des Pogroms im November 1938 erfahren hat, ist nicht bekannt, wahrscheinlich nur das, was in den ›Münchener Neuesten Nachrichten‹ stand. Wer der Meinung ist, das hätte genügen müssen, dem kann nicht widersprochen werden.« (soweit Georg Ferber, S. 310) Sie hätte anhand solcher Lebensläufe, wie desjenigen der Irene Kowaliska, der Freundin ihrer Tochter, so erlauben wir uns hinzuzusetzen, mehr erfahren können.

min bewußt gewählt, scheint er doch gehofft zu haben, daß »der Führer« (oder Rudolf Hess?) darin eine höhere Weisung sehen würde. Zwei Tage nach der Empfangsbestätigung, am 10. Mai, fanden in Berlin und andernorts die als »wider den undeutschen Geist« gerichtet bezeichneten Bücherverbrennungen statt, die auch die Schriften Armin T. Wegners betrafen. Er soll – genauso wie Erich Kästner – unter den Zuschauern der Vernichtung der eigenen Bücher auf dem Berliner Opernplatz zugegen gewesen sein, was aber bisher nicht belegt werden kann.

Wenn man bedenkt, daß Hitler zum Beispiel in dem – allerdings besonders brieffreudigen – Jahr 1934 insgesamt 12.000 Schreiben von Privatpersonen und Korporationen erhielt, dann ist von seiner persönlichen Kenntnisnahme des Wegnerschen Sendschreibens nicht auszugehen. Wegners Sendschreiben steht in seiner Radikalität und Unmißverständlichkeit, wie auch in seiner stilistischen Größe und seinem Altruismus – soweit wir sehen – fast allein da. Aber es sollte nicht übersehen werden, daß es 1933/34 noch eine Reihe von Protestschreiben an Hitler gab, die oft aber nur Einzelschicksalen galten. So protestierte der preußische Schriftsteller Harald von Königswald (1906–1971) am 21. April 1933 bei Hitler gegen die Entlassung der mütterlicherseits aus jüdischer Familie stammenden Rechts-Referendarin Dr. Goeppert. Organisierter Protest kam von den Zeugen Jehovas, die Hitler am 7. Oktober 1934 mit einem Rundschreiben vieler ihrer Gemeinden geradezu die Gefolgschaft aufkündigten. Mit einer konzertierten Aktion von über eintausend Briefen aus dem In- und Ausland stellen sie das wohl größte und mutigste Geflecht einer Protestaktion dar, das sich gegen den ihnen verbotenen Führerkult und die staatlich verordnete Religionsverachtung wendet.

Andere Gründe hatte General Ludendorff gegen Hitlers Verachtung der eigenen, quasi-religiösen Ziele zu protestieren. Der durch seine Popularität und sein dem NS-Regime nahestehendes rechtskonservatives Weltbild persönlich abgesicherte Feldherr aus dem Ersten Weltkrieg fand starke Worte gegen die Diskriminierung der eigenen ultra-rechten und antisemitischen Bestrebungen. Paradoxerweise klingen in Ludendorffs an Hindenburg gerichtetem Schreiben vom 18. November 1933 auch solche Topoi an, die Wegner in seinem Sendschreiben beschwört: Der Verlust der Rechtsstaatlichkeit, die Einschränkung freien Denkens, der Vergleich mit dem Rückfall in Zustände der Inquisition werden auch hier – wenn auch zur Durchsetzung exakt entgegengerichteter Ziele – bemüht. Ludendorff hatte Ende 1933 das Verbot des Tannenbergbundes und der ihm angeschlossenen Organisationen und der von ihm herausgegebenen Zeitschrift »Volkswarte« hinnehmen müssen und reagierte, mit den folgenden Worten darauf:

»In unerhörter Weise ist die körperliche Freiheit der Deutschen bedroht. Jetzt, wo die ›Kulturkammern‹, das heißt ›Bleikammern‹ für deutsches Geistesleben, errichtet werden, wird auch der letzte Rest der Geistesfrei-

Abb. 13. Sibylle Wegner und ihre Mutter Lola Landau-Wegner in einem der Zelte des von Armin T. Wegner sogenannten »Zeltschlosses Krähenvogel", wohl am Stechlinsee, späte zwanziger Jahre. In einem der Zelte wurde Armin T. Wegner 1933 an der Havel bei Potsdam verhaftet.

heit begraben, wie es noch nicht einmal in dem Jesuitenstaat Paraguay und bei uns im finstersten Mittelalter der Fall war. Wenn dereinst die Geschichte des deutschen Volkes geschrieben wird, dann wird das Ende Ihrer Reichspräsidentschaft als die schwärzeste Zeit deutscher Geschichte beschrieben werden.«[87]

Wenn man das hört, sollte man allerdings nicht an Ludendorffs Eintreten für Gedankenfreiheit glauben, sondern wissen, daß er in seiner »Volkswarte« Hitler vorgeworfen hatte, zu wenig gegen »die Bedrohung des Weltjudentums« zu unternehmen. *Dafür* den Gebrauch des Freiheitsbegriffs und *dagegen* denjenigen der geistigen Bleikammern für sich in Anspruch zu nehmen, mutet wie eine Pervertierung der Werte an. Aber: Sprache ist korrumpierbar und Werte sind es auch. Hier werden sie korrumpiert. Daß es dieselben Wendungen und zum Teil auch dieselben Argumente sind, die Armin T. Wegner zur Rettung der Juden vorbringt, macht die Ambivalenz von Sprache bis zur Schmerzgrenze und über diese hinaus spürbar. Ein Judenhasser und alter Krieger wie Ludendorff es war, versuchte Hindenburg, über den Verweis auf menschliche Werte und Menschenrechte, eine Rehabilitierung seiner Publizistik abzuringen. Es scheint ihm gelungen zu sein, denn zumindest »Ludendorffs Verlag« und seine Zeitschrift »Am heiligen Quell der Zeit« blieben von Hindenburg/Hitler unangetastet. Die Bleikammern, in die der Feldmarschall die Freiheit des Denkens 1933 verbannt sieht, müssen – wenn sie auch als Metapher zeitgeistig stimmig sind – für ihn ganz anderswo gelegen haben, als für uns. Meinungsfreiheit war hier nicht die Freiheit des Andersdenkenden, sondern diejenige des im Grunde Gleichgesinnten, dem die Ausgrenzung der Juden und die Anerkennung seiner deutsch-religiösen Proselyten im neuen Staat nicht weit genug gingen.

87 Erich Ludendorff an Paul von Hindenburg am 18. November 1933, RGWA Fond 1235, Opis 2, Delo 6, 13–24, Mappe 1–24 mit Ludendorff-Briefen an Hitlers Privatkanzlei, zitiert nach: Henrik Eberle (Hrsg.), Briefe an Hitler. Ein Volk schreibt an seinen Führer. Unbekannte Dokumente aus Moskauer Archiven. Bergisch Gladbach 2009. S. 189/90, hier: S. 190

In seinem Rückzugsort bei Potsdam wurde Wegner von einem nationalsozialistischen Schriftsteller von Oertzen[88] besucht, wie er selbst in seiner Verteidigungsschrift berichtet. Er nennt ihn »Axel« von Oertzen. Auch von dem NS-treuen Journalisten Armin Schönberg, der als Kriegsberichterstatter tätig war und später zum Mitarbeiterstab des »Stern« unter Henry Nannen gehören sollte, wurde er dort im Wald aufgesucht, aber auch von dem »jungen Maler« Helmut Westphal (1885–1954) aus Berlin-Steglitz, dem Wegner Modell saß. Westphal soll aus einem nahegelegenen »proletarischen Zeltlager« gekommen sein, von dem Wegner sich sonst ferngehalten haben will, wie er es anders ja auch in seiner Verteidigungsschrift gar nicht schreiben konnte. Lola Landau beschreibt das anders. Allein wegen einer dreisten Kunstfälschung ist Westphal in Fachkreisen heute noch bekannt: Am 8. August 1925 hat er dem Berliner Pergamon-Museum acht Fragmente einer angeblich antiken Gußform verkauft, die sich dem Thron der berühmten »Thronenden Göttin von Tarent« einpassen, die Westphal von einer Italienreise mitgebracht zu haben vorgab. Was diese Form eigentlich sofort hätte disqualifizieren müssen, ist, daß sich mit ihr ein Teil der Skulptur nur als Fragment gießen läßt, in exakt jenem lädierten Zustand, in dem es uns überliefert ist, nicht aber in der ursprünglichen intakten Gestalt! Der legendäre Antiken-Kenner Theodor Wiegand ließ sich beim Ankauf täuschen oder, besser gesagt, er wollte sich nur allzu gerne täuschen lassen.[89] Daß der

---

88 Höchstwahrscheinlich ist Friedrich Wilhelm von Oertzen (1898 – 1944) gemeint, der aber kein Nationalsozialist war, sondern bis zu deren Verbot durch die Nazis an der »Täglichen Rundschau« in Berlin mitgearbeitet hatte. Seine Bücher »Das ist Polen« (1932), »Die Freicorps« (1936) und »Die Junker« (1939) erweisen ihn als deutschnational.
89 Die Geschichte der Erwerbung, nicht aber der Ergänzung der Skulptur wird dargestellt bei: Olaf Matthes, Theodor Wiegand und der Erwerb der »Thronenden Göttin« für das Berliner Antikenmuseum, in: Thomas W. Gaehtgens/Martin Schieder (Hgg.), Mäzenatisches Handeln. Festschrift für Peter Braun. Berlin 1998. S. 82 – 104. Vgl. auch: Carl Watzinger, Theodor Wiegand 1864 - 1936. Ein deutscher Archäologe. München 1944. S. 275ff. Helga Herdejürgen, Untersuchungen zur Thronenden Göttin in Tarent in Berlin und

Schriftsteller von Oertzen wie auch der Maler Westphal von Wegners Aufenthaltsort wußten, läßt sein Untertauchen als ein »halboffenes Geheimnis« erscheinen. Daß er wegen des Besitzes pazifistischer Schriften und wegen seines friedenspolitischen Engagements verhaftet, angeklagt und ins KZ gebracht wurde und – zumindest offiziell – nicht wegen seines »Sendschreibens an Adolf Hitler« bleibt erstaunlich. Natürlich konnte seine Neuglobsower Denunziantin nichts von seinem Schreiben an den Reichskanzler wissen. Wohl aber war es der NS-Bürokratie bekannt. Trotz einer gewissen Anbindung an Frau, Freunde und neue Bekannte, ereignete sich hier etwas, was ich »die Flucht in die Landschaft« nennen würde, – ein Phänomen, das ein fester Bestandteil der Kunst nach 1933 wurde, bei Malern wie Otto Dix (der nun Bodenseelandschaften schuf), Georg Tappert (der fortan die fränkische Schweiz malte) oder Otto Pankok (der im Emsland auf einem Bauernhof lebte und zeichnete). Die zeitgleiche Naturlyrik (Wilhelm Lehmann, Bert Brecht) könnte als das literarische Äquivalent dieser Malerei erscheinen, wobei auch hier ein Rückzug der Dichter selbst in die Landschaft stattfand. Allerdings wird kaum jemand diesen so konsequent gelebt haben, wie Armin T. Wegner. Er empfängt im Wald Besuche, schreibt und kocht, hat seine Bibliothek im größten Zelt aufgebaut. Lola Landau kommt ihn an den Wochenenden besuchen und übernachtet auch in der Waldeinsamkeit. Das nimmt sich idyllischer aus, als es gewesen sein muß. Ein Autor war auf der Flucht vor seinen Häschern, eine Ehe mußte zerbrechen, eine Karriere war beendet. Der Weg in den Wald trug den Kern mehrerer Auswegslosigkeiten in sich.

---

zur archaischen Schrägmanteltracht. Waldsassen 1968. Einzig Ernst Langlotz, Über den Fund der Thronenden Göttin in Tarent, in Archäologischer Anzeiger 72, 1957, widmet auch der Restaurierung ein knappes Interesse. Hiergegen polemisiert der Chronologiekritiker Uwe Topper, vgl. Uwe Topper, Die falsche Persephone von Tarent, in: Efodon-Synesis 26/1998. (Online)

Andreas Marck, Jerusalem, an Jörg Deuter am 16. Juni 1983

Sehr geehrter Herr Deuter,

im Anschluß an den Brief meiner Mutter will ich versuchen, einige Ihrer Fragen zu beantworten, da ich zur Zeit der Verhaftung von Armin – kurz nach den großen Ferien – in Berlin war und dort durch unsere Haushalts [ge]hilfin in der Wohnung am Kaiserdamm 16 die Nachricht bekam. Ich konnte ihn bald danach im KZ Oranienburg besuchen, ihm etwas Wäsche und etwas Lebensmittel bringen, ihn dort während der Besuchszeit auf der anderen Seite eines Holztisches sprechen, und trotz der Bewachung durch die S.A.-Leute konnte er mir erzählen, daß man ihn in dem Gestapo-Haus geschlagen hätte. Er schrieb mir viel später über den Ausdruck meines Gesichts bei dieser Gelegenheit. Wieder unsere Hausangestellte, die mit einem S.A.-Mann bekannt oder befreundet war, ließ mir die Warnung zukommen, daß ich Deutschland besser schnell verließe, und so traf ich mich mit meiner Mutter bei Freunden in Kopenhagen, von wo wir dann nach England fuhren. Sibylle blieb noch bis zum kommenden Frühjahr in Berlin, und mein Bruder lernte in Breslau Photographie bei meiner Großmutter, so daß unsere Wohnung am Kaiserdamm dann in unserer Abwesenheit aufgelöst wurde.
Die Frage, ob wir das Exil als nur vorläufig ansahen: Was meine Mutter betrifft (und mich) nein. Als Zionisten waren wir zur endgültigen Auswanderung bereits vor Armins Verhaftung entschlossen. Über Armins Einstellung zur Auswanderung schrieb Ihnen meine Mutter. Nachrichten von oder über Armin gelangten zu uns nach England nur indirekt, – durch Anwalt und englische Freude, Quäker, die sich um seine Freilassung bemühten. Armin besuchte uns in Palästina einmal 1936, wo ihm klar [geworden] war, daß er hier nicht leben konnte, kam noch 1938 zu einem kurzen Besuch hierher. Auch darüber schrieb er mir später. Dann war er in Italien. Über dortige Arbeit bis zum Ausbruch des Krieges, während der Kriegsjahre kann Ihnen natürlich Irene besser Auskunft geben.
Die Abiturientenrede [„Widersetzt euch viel und gehorcht wenig.«] war in Breslau [recte: Striegau] und darüber, sowie über den Anschlag an den Litfaß-Säulen »Wer leugnet, daß Armin T. Wegner der glücklichste Mensch

unter der Sonne ist?« (was als Vortragsthema angekündigt werden mußte) erzählte er gerne.

Die Tatsache, daß Andreas Marck seinen Pflegevater im Konzentrationslager aufsuchen konnte, ist spektakulär. War dies doch selbst nächsten Angehörigen meistens untersagt, gelang aber diesem 16jährigen! Daß Armin T. Wegner ihm dabei von seiner Drangsalierung berichtet hat, beweist Wegners Fähigkeit, sich auch unter schwierigsten Bedingungen, offen zu äußern und ist wohl nur aus dem Wachsein für den günstigen Moment heraus erklärbar. Saß bei jedem Gespräch doch immer zumindest ein Wachmann dabei. Allerdings hatte Armin T. Wegner Bedenken, Andreas weiterhin alleine als Besucher ins Lager kommen zu lassen, vor allem wegen der psychischen Belastbarkeit seines Ziehsohnes, und so schrieb er am 4. September 1933 aus Oranienburg an Lola in Dänemark: »(...) wird es wohl gut sein, wenn Deine Mutter zusammen mit Andreas herkommt. Es fällt mir ja schwer, sie darum zu bitten, aber der Junge ist doch noch nicht allem gewachsen, so verständig er sich zeigt.«[90]

Die Briefe und Dokumente, die das KZ verlassen konnten, waren einer strengen Zensur unterworfen. Dies macht sie für uns schwer dechiffrierbar, da wir den Code nicht kennen, der diesen Mitteilungen zugrunde lag. Wolfgang Langhoff, der seinen späteren Lagerkameraden Wegner auch in seinem KZ-Bericht »Die Moorsoldaten« (1934) erwähnt hat, beschreibt die von ihm selbst verwendete, offenbar aber allgemeiner bekannte Verschlüsselung so: »Schreibst Du, die Behandlung ist gut, dann ist sie schlecht. Sehr gut, dann geht's gerade so. Wenn geschlagen wird, schreibst Du: Wir können mit der Behandlung zufrieden sein.«[91] Nun, Lola Landau wusste offensichtlich durch ihren Sohn Andreas sehr direkt, daß geschlagen wurde. Sie bedurfte des Schlüssels nicht. Und so wird sie auch die ferneren Nachrichten verstanden haben. Aus der

---

90 Armin T. Wegner/Lola Landau, »Welt vorbei«. Die KZ Briefe 1933/34. Berlin 1999. S. 12
91 Wolfgang Langhoff, Die Moorsoldaten. Zürich 1935. (14. Auflage) S. 277

Lichtenburg bei Torgau schrieb Wegner an Lola: »Hier ist das Leben in vielem leichter und heiterer [als vorherigen Lager Börgermoor] und wir empfinden wohltuend die größere Ruhe und Sicherheit.«[92] Wie sie *diese* Nachricht decodierte wissen wir freilich nicht.

Verleumdung – Verhaftung – Geißelung

Armin T. Wegners Leidensweg hat sich als eine *Via Dolorosa* gestaltet, wobei die Wirkmacht der Stationen einen mehr als deutlichen Bezug zum Passionszyklus aufweist. Von der Verleumdung im Garten (in Neuglobsow) beim Verbrennen pazifistischer Schriften geht es zur Verhaftung im Zelt (in Sakrow). Es folgt die Kreuztragung als Überführung in die Stadt (im Auto), die Verhöhnung wegen des Mitführens von Kants Schrift »Zum ewigen Frieden« im Gefangenentransport, die Abnahme und das geordnete Ablegen des Anzugs, die Knebelung und Auspeitschung im Kellergewölbe (beides im Columbiahaus am Columbiadamm in Tempelhof), die Verspottung durch die Schergen mit den Worten »Einmal wirst Du doch auch von Deinem Vater Schläge bekommen haben«. Hier ergibt sich ein Nachvollzug des Leidensweges Christi, dessen sich Wegner bewußt war, auch wenn er diese Nachfolge nirgends ausdrücklich benennt. Ob ihn dieser Bezug auf die Passion innerlich betraf, läßt sich nicht mehr aufklären. Als Faktum hat er ihn jedoch registriert. Immerhin scheint es – mit zunehmendem Alter – eine Auseinandersetzung mit der Möglichkeit einer auch religiösen Motivierung seines Leidens bei ihm gegeben zu haben, wie sie Andreas Marck erst im Nachhinein in einem noch kommenden Brief erstaunt konstatiert.

Wegners Striegauer Abiturrede des Jahres 1908 wurde von dem Leitsatz getragen: »Widersetzt Euch viel und gehorcht wenig.« Damit wollte er zu kritischem Denken auffordern und läßt zugleich bereits ein Leitmotiv seines ganzen Lebens anklingen. Erstaunlich

---

92 Armin T. Wegner / Lola Landau. »Welt vorbei.« Die KZ-Briefe 1933/34. Berlin 1999. S. 40. Brief Armin T. Wegners vom 19. Oktober 1933

bleibt, daß eine solche Rede mitten im Kaiserreich an einem deutschen Kleinstadt-Gymnasium gehalten werden konnte. Leider ist es mir nicht gelungen, die als Zitat Walt Whitmans deklarierte Zeile im Werk dieses Dichters zu finden. Möglicherweise entstammt die Aufforderung der Übersetzung der »Grashalme« durch Johannes Schlaf, die im Jahr zuvor bei Reclam erschienen war. Es gab allerdings bis zum Jahr 1908 bereits vier Übersetzungen von Whitmans Hymnen ins Deutsche, denen die Übertragung einiger Gedichte schon durch Ferdinand Freiligrath vorangegangen war. Als zorniger alter Mann hat Stéphane Hessel (1917–2013) noch in der jüngsten Vergangenheit als Botschaft an die Jugend sein »Setzt euch zur Wehr«[93] formuliert, ein Motto, das Wegners Abitur-Botschaft nahesteht, deren konkrete Forderungen wir leider nicht kennen.

Seine erste große Liebe wollte der Abiturient Wegner öffentlich verkünden und griff deshalb zu dem ungewöhnlichen Mittel eines Plakatanschlags in seiner zweiten Heimatstadt Breslau, der ihm aber nur unter der Bedingung genehmigt wurde, daß er seinen Gefühlsausbruch unter dem Deckmantel eines Vortragsthemas ankündige, da persönliche Bekanntmachungen und Aufrufe an Litfaßsäulen und Plakatwänden, offenbar als Folge der 1848er Revolution, in Preußen damals verboten waren. Hingegen hatte Theodor Littfaß selbst im 1870/71er Krieg sämtliche Kriegsdepeschen unentgeltlich an den Berliner Plakatsäulen anschlagen lassen, was ihm sogar einen Ehrentitel einbrachte. Armin T. Wegner hat seiner privaten Plakataktion unter dem Titel: »Wer leugnet, daß Armin T. Wegner der glücklichste Mensch auf Erden ist?« noch als 40jähriger einen Erinnerungsaufsatz im »Vorwärts« gewidmet.[94] Sie war sein erster öffentlicher »Anschlag« und sein erstes Opponieren gegen eine verordnete Zensur.

---

93 So in dem Dokumentarfilm von Gilles Perret, »Walter, retour en Résistance«, aufgegriffen wird dieses Motto von Gilles Vanderpooten in seinem Interview mit Hessel, in: Stéphane Hessel, Engagiert Euch! Berlin 2011. S. 7
94 Armin T. Wegner, Der glücklichste Tag meines Lebens, in: Vorwärts vom 26. April 1926

Abb. 14, 1 und 14, 2. General Karl Litzmann, Nachbar und wahrscheinlich auch Denunziant Armin T. Wegners in Neuglobsow, auf den die sofort nach der Machtergreifung im Ort angebrachten Schilder mit der Aufschrift »Juden sind hier unerwünscht" zurückgingen. Der General dürfte es auch gewesen sein, der die Haussuchung und die ihr folgende Verhaftung Wegners veranlasst hat. Ihm zu Ehren wurde das polnische Lodz 1940 in Litzmannstadt umbenannt. Hitler ehrte ihn 1936 zudem mit einem Staatsbegräbnis – in Neuglobsow.

Lola Landau, Jerusalem, an Jörg Deuter am 7. Juli 1983

Es hat mich sehr gefreut, daß wir, mein Sohn Andreas und ich, Ihnen durch die Beantwortung Ihrer Fragen behilflich für Ihre Arbeit sein konnten. Ich bemühe mich also, sofern es möglich ist, Ihre anderen Fragen zu beantworten. Tatsächlich war der Roman, an dem Armin T. Wegner damals arbeitete, sein Armenier-Roman. Meine Arbeit für den Keren Hajessod (Aufbaufond für Israel) bestand darin, bei den Juden Berlins Propaganda für Palästina zu machen: die dringende Aufforderung, möglichst sofort nach Palästina auszuwandern und Sammlung von Geldspenden für den Aufbaufond. Ihre Frage über die Art der Übergabe des Sendschreibens kann ich nicht beantworten. In der Nachschrift meines Sohnes bekommen Sie Hinweise. Ich weiß auch leider nicht, wie der englische Anwalt hieß und wer es eigentlich war, der sich für die Befreiung Armins aus dem KZ Lichtenburg [Torgau] einsetzte. Was die Hausangestellte betrifft, die mit einem S.A.-Mann bekannt war, so war es nicht die Schreibhilfe Erna Röhl, sondern die Köchin Henriette im langen Dienst meiner Eltern und sehr treu, warnte meine Mutter [Philippine Landau], daß ihr Schwager, ein Nazi, gesagt hatte, man würde Andreas schon bald abholen. Gewarnt, sandte meine Mutter Andreas am selben Abend ins Ausland [zu Lolas Schulkameradin Käthe Simonsen nach Kopenhagen]. Über die Tätigkeit von Armin in den verschiedenen Lagern verweise ich auf die Biographie, die mein Sohn im Anhang des Briefes aufführen wird. Die Jugend meiner Tochter Sibylle und ihre Erziehung wurde durch die Ereignisse stark beeinflußt. Sie vereinigte sich mit mir und Armin in England und besuchte dort ein englisches sehr gutes Internat. Dann aber, als wir [im Juni 1934] nach Deutschland zurückkehren mußten, weil mein Vermögen als Auswanderin beschlagnahmt wurde und ich wegen »Greuelpropaganda« zur Polizei gerufen wurde und mit knapper Not der Verhaftung entging, besuchte Sibylle eine jüdische Schule. Im Jahre 1936, nach meiner Einwanderung in Palästina, kam Sibylle in das moderne Landerziehungsheim Ben Schemen. Dort blieb sie zwei Jahre und kam dann nach Jerusalem. Sie hat also keine vollständige Schulausbildung jemals gehabt. Sie wohnte dann bei mir in einer Pension und nahm einen mißglückten Kurs in Englisch zur Vorbereitung auf das Abiturium. Armin hatte sich inzwischen entschlossen, in Italien zu leben und Sibylle kam zu ihm für einige Zeit. Mit Ausbruch des Weltkrieges schickte sie Armin nach Palästina zurück, [sie] kam mit dem letzten italienischen Schiff in Haifa an und wurde unter dem Verdacht der Spionage verhaftet, da sie kein »J« (Jude) in ihrem Paß hatte, und verbrachte einige Zeit im Gefängnis in Jerusalem. Wieder bei mir, da sie wenig Berufswahl hatte, nahm sie einen Kurs für Stenographie und Schreibmaschine und nahm bezahlte Stellungen an. Später, engagiert durch UNRA, kam sie nach Ägypten und lernte dort ihren zukünftigen Mann, englischer Offizier, kennen. Heiratete in England, wo sie bis heute lebt.

Hier bestätigt Lola Landau, daß es der Roman über das Schicksal der Armenier war, an dem Wegner während seines Aufenthaltes im Zelt in Sakrow arbeitete, den er als einen Roman über die jungtürkische Bewegung, wie er es selbst wohl als Schutzbehauptung in seiner Verteidigungsschrift angegeben hatte, deklarierte.

Daß Lola Landaus Präsenz in Deutschland zur Wahrung ihrer Rechtsansprüche auf ihr väterliches Vermögen erforderlich war, ist einer der Gründe der Rückkehr im Juni 1934 gewesen. Daß sie während dieser Rückkehr nur knapp der Verhaftung entging, erwähnt Lola Landau nur im Nebensatz. Leider wissen wir darüber sehr wenig. Hamann sagt nichts darüber. Der wenig später folgende Satz Hamanns erschüttert mich: »Lola Landau konnte in ihm [Armin T. Wegner] nur noch einen Repräsentanten des deutschen Volkes sehen, das inzwischen ihr Todfeind geworden war.«[95] Es gibt für mich keinen Hinweis darauf, daß Lola in dem von ihr lebenslang geliebten Mann zu irgendeinem Zeitpunkt »nur noch einen Repräsentanten des deutschen Volkes« gesehen hat. Die Nürnberger Gesetze (»Gesetz zum Schutze des deutschen Blutes und der deutschen Ehre«) traten im September 1935 in Kraft und dürften wesentlich dazu beigetragen haben, daß Lola Landau in diesem Monat ihren Ausreiseantrag stellte. Außerdem war der Nürnberger Reichsparteitag, der zur selben Zeit stattfand, ein neuerlicher Höhepunkt des Antisemitismus.

Andreas Marck, Mobile Post Gilboa, an Jörg Deuter am 7. Juli 1983

Im Peter-Lang-Verlag, Frankfurt/Bern, erschien von Johanna Wernicke-Rothmayer, Gesellschaftserfahrung und literarisches Werk (recht teuer). Viele Quellenangaben und Belege, da die Verfasserin von 1963 bis 65 Sekretärin Armins war, konnte sie Vieles aus erster Hand erfahren, manche Ungenauigkeiten berichtigen. Auf Seite 63 finden Sie, daß der Brief [das Sendschreiben] am 20.4.1933 in der Münchner Kanzlei eingegangen war und im Auftrag von Rudolf Hess durch Albert Bormann (dem Bruder des Leiters der Privatkanzlei Hitlers)[96] bestätigt wurde. Faksimile eines Ent-

---

95 Birgitta Hamann, Lola Landau. Leben und Werk. Berlin 2000. S.79. Mein Bild von Lola läßt eine solche Deutung keinesfalls zu.
96 Hier irrt Andreas Marck: Albert Bormann war Leiter der Privatkanzlei Hitlers, sein Bruder Martin Leiter der Parteikanzlei der NSDAP.

wurfes und den vollen Text auf Seite 321. Auf Seite 189 finden Sie eine Zusammenfassung der Recherchen, die die Verfasserin über Konzeption, Adressierung des Sendschreibens gemacht hat. S. 67–72 über die Verhaftung und Zeit in den verschiedenen KZ. S. 237–62: »Das Trauma und seine Bewältigung«. Zwei Ungenauigkeiten fand ich in dem Buch: Sakrow ist an der Havel nahe bei Berlin, nicht am Stechlin. Meine Mutter wurde von Armins Inhaftierung in Mölle, Schweden, benachrichtigt, traf sich mit mir bei Freunden in Kopenhagen, von wo wir nach England fuhren. Ich machte mein London Matriculation (war aus der Oberprima des Grunewald -Gymnasiums [im August 1934] abgegangen), meine Mutter arbeitete im Rahmen der zionistischen Frauenorganisation für Palästina. Mein Bruder Alf war schon vor Armins Verhaftung in Breslau bei unserer väterlichen Großmutter, lernte dort Photographie. Meine zehnjährige [Halb-]Schwester Sibylle kam nach der Auflösung der Wohnung zu der Mutter meiner Mutter, besuchte eine jüdische Schule, kam später nach England. Darüber ausführlicher meine Mutter. Mein persönliches Schicksal, die Entscheidung, als Landarbeiter nach Palästina zu gehen, lagen vor der Verhaftung von Armin, und als Folge davon kann (...) mein vorzeitiger Abgang aus der Schule und der Aufenthalt in England betrachtet werden.

Birgitta Hamann[97] zufolge war es Armin T. Wegners Sekretärin Erna Röhl, die Lola Landau davor warnte, nach Deutschland zurückzukehren und die von einem Schwager, der bei der SS war, die Nachricht erhalten hatte, daß ihr und Andreas die Verhaftung drohe. Nach der im oben wiedergegebenen Schreiben gemachten Korrektur von Lola Landau müssen wir nunmehr aber davon ausgehen, daß es die bisher namenlose Köchin Henriette war, die diesen offenbar lebensrettenden Hinweis gab.

Das Grunewald-Gymnasium, heute Walther-Rathenau-Gymnasium, in Berlin-Wilmersdorf und in dessen schönstem Ortsteil Grunewald kann eine erstaunliche Zahl von Widerstandskämpfern zu

---

[97] Birgitta Hamann, Lola Landau. Leben und Werk. Berlin 2000. S. 72. Sie bezieht sich hierbei auf ein Interview mit Alf March, der sich der Ereignisse, die er nicht selbst miterlebt hat, erinnert, und daher offensichtlich falsch informiert war.

seinen Schülern zählen, darunter Klaus und Dietrich Bonhoeffer, Justus Delbrück, Christine und Hans von Dohnanyi und Bernhard Klamroth. In den zwanziger Jahren war etwa ein Drittel seiner Schüler jüdischen Glaubens. Andreas Marck besuchte das Gymnasium etwa gleichzeitig mit dem etwas älteren Peter Weiss und dem etwas jüngeren Horst-Eberhard Richter. Inwieweit schulische Prägung, Lehrer und Mitschüler, sein weiteres Leben formten, habe ich kaum mit ihm erörtert. In Israel fand Andreas Marck sofort zur »Jugend Alija«, in der er rasch zu einem der führenden Köpfe aufstieg. »Alija« meint ursprünglich die Rückkehr der Juden in das gelobte Land. Seit dem Erstarken des Zionismus bezeichnete sie konkret die jüdische Einwanderung nach Palästina. Andreas Marck war lebenslang dankbar dafür, daß er der Verfolgung in Deutschland entgehen konnte und setzte sich auch aus dieser Dankbarkeit heraus besonders für die Rekonvaleszenz und Sozialisierung durch Lageraufenthalte geschädigter Jugendlicher ein.

Walter Höllerer, Berlin, an Jörg Deuter am 28. August 1983

Lieber Jörg Deuter, vielen Dank für Ihren Brief, der mich auf Umwegen hier erreicht. Die Entscheidung der FU: Ich finde es nicht gerade liberal. Aber sie entspricht dem, was »eben so entschieden« wird! – Unglaublich interessant die Briefe der geschiedenen Frau von Armin T. Wegner. Sie wissen ja, daß ich die Arbeit von Johanna Wernicke-Rothmayer betreut habe, sie bei mir promoviert hat. Sie wohnt zur Zeit in Berlin in der Nähe des Mexiko-Platzes. Die Adresse können Sie über das TU-Sekretariat bekommen. Sie war die letztvergangenen Jahre in Nepal, in Katmandu an der Univ. tätig, ist auf dem Sprung, eine Tätigkeit in Indien anzunehmen. Sie würde sich bestimmt dafür interessieren, wie ihre Arbeit von Lola Landau geschätzt, auch ergänzt und berichtigt wird (für eine zweite Auflage wichtig!). Ihre Arbeit über Wegner ist in keiner Weise hinfällig. Natürlich würde ich sofort einen Bericht von Ihnen in meiner Zeitschrift »Sprache im technischen Zeitalter« drucken, der die Kontakte schildert, und der die Briefdokumente so, wie sie sind, veröffentlicht. Das würde auch der Verbreitung der Werke von Frau Landau nützen. Es wäre gut, beim Alter der Frau, wenn dies sofort zustande käme. (Auf das Buch von Johanna W. -R. kann man ja hinweisen, bei der Gelegenheit.) Die zweite Idee ist ebenfalls sehr gut: Schicksal und Werk dieser jüdischen Schriftstellerin und ihrer Familie möglichst in vielen Einzelheiten, nicht summarisch, darzustellen. Auch das würde ich gleich machen. Der Aufsatz könnte als »Vorreiter« auf das Buch aufmerksam machen! Dort könnte sie den Aufsatz selber in extenso verwenden. Wie auch immer ich Ihnen behilflich sein kann, werde ich das gern tun! – Hoffentlich kommen Sie gut mit Ihrer kunsthistorischen Arbeit zurecht! Herzliche Grüße und Dank, Ihr Walter Höllerer

Bei der »Entscheidung der Freien Universität«, die Walter Höllerer (1924–2003) hier »nicht gerade liberal« fand, ging es darum, daß er, als Hochschullehrer an der Technischen Universität Berlin, mich, als Student der Freien Universität, im Fach Germanistik bei meinem Magisterabschluß nicht prüfen durfte, obwohl ich bei ihm studiert und auch Seminarscheine in seinen Lehrveranstaltungen erworben hatte. Ein solches die West-Berliner Universitäten übergreifendes Lehrangebot war sonst damals *usus* und eigentlich durch die Prüfungsordnung auch geregelt. Ich habe dann bei dem als Romantik-Spezialisten, Initiationsforscher und auch als Kriminalroman-Autor ausgewiesenen Professor Hans Schumacher (1932–2017) meine Prüfung abgelegt, und Höllerer hat mir dazu gratuliert. Höllerer und Hans Bender waren, soweit ich sehe, die einzigen Herausgeber einer renommierten literarischen Zeitschrift gewesen, die dem späten Armin T. Wegner ein Entrée in der bundesdeutschen Nachkriegsliteratur verschafft hatten, indem sie dessen »Lied von der blutigen Stadt Berlin« 1962, im Jahr des Mauerbaus, in ihrer Zeitschrift »Akzente« veröffentlichten. Später setzte sich auch Kurt Morawietz in seinen »horen« für Wegner ein.

Lola Landau, Jerusalem, an Jörg Deuter am 15. September 1983

Es hat mich freudig bewegt, daß Sie über mein Leben und Werk für die angesehene Zeitschrift »Sprache im technischen Zeitalter« schreiben wollen. Ich werde mich bemühen, Ihnen in jeder Weise dazu behilflich zu sein.

Tatsächlich habe ich noch nicht veröffentlicht meine Autobiographie, ich nenne sie einen autobiographischen Roman mit dem Titel »Meine drei Leben«. Sie schildert die stürmische Entwicklung eines Lebens zu dieser Zeit. Als mein »erstes Leben« zum Abschluß kam, meine Ehe mit Fried Marck, begann für mich eine Neugeburt, mein »zweites Leben« mit Armin T. Wegner, und dann, nach dem Zusammenbruch meiner persönlichen und literarischen Existenz in Deutschland durch Hitler mit der Einwanderung nach Palästina, später Israel, mein »drittes Leben«. Ich erlaube mir, eine Synopsis der Biographie und außerdem von jedem Leben Auszüge zu senden. So von meinem ersten Leben »Der Heiratsantrag«, vom zweiten »Schicksalhafte Begegnung«, und vom dritten Leben »Belagertes Jerusalem«, außerdem meinen Artikel über den Besuch von Ernst Toller. Ich bemühe mich nun, Ihre direkten Fragen zu beantworten: Ich hatte starken Kontakt mit anderen Emigranten, allerdings hauptsächlich zu deutschen Juden, die, wie ich, emigriert waren, auch eine Begegnung mit Else Lasker-Schüler, die damals tragisch deprimiert und unglücklich in Jerusalem war. Darüber könnte ich später auch einmal einen Artikel schreiben.
Zur anderen Frage: Ich halte das Erlebnis des Ersten Weltkriegs und später meine Entwicklung zum Pazifismus für richtungweisende Erlebnisse. Eines der stärksten waren die Schwangerschaft und die Geburt meines ersten Sohnes Andreas. Ferner mein Leben mit Armin T. Wegner und die schicksalhafte tragische Trennung. Ferner, in Palästina, die ersten schweren Jahre, in denen ich mich nicht literarisch betätigen konnte. Dann hatte ich ein beeindruckendes Erlebnis, meine erste Arbeit als englische Sprachlehrerin in einer Schule am Toten Meer. Beglückend bis heute sind meine Besuche in der von meinem Sohn mitbegründeten Siedlung »Moledet« (Heimat) und – trotz aller Schwierigkeiten – der Aufbau in Israel.
Ich bin sehr begierig, Ihren Aufsatz über das »Sendschreiben« [und] über Armin zu erhalten und später, nach Vollendung, Ihre Arbeit über mich. Sie fragen mich, ob ich Vorbilder der Dichtung hatte. Bevor ich die »Schimmernden Gelände« schrieb, verehrte ich damals natürlich Franz Werfel, Rilke und auch Stefan George. Aber, natürlich alles, was ich bis heute geschrieben habe, kommt aus meinem ureigenen starken Erleben, das zur Niederschrift drängte. Ich möchte Sie noch auf ein Gedicht in dem Band »Schimmernde Gelände« aufmerksam machen – das Friedensgedicht

»*Wir Unvollendeten*« – *das ich schrieb, durch den Ersten Weltkrieg beeinflusst. Ich verbleibe mit herzlichen Grüßen und viel Erfolg für Ihr literarisches Wirken,*
Ihre Lola Landau-Wegner.

Lied der Gefallenen
[oder:]
Wir Unvollendeten

Wir Unvollendeten
Zu Grabe getragen,
Mit Sehnsüchten,
Die aus dem Grabe ragen!
Bevor wir entzündet,
Sind wir verglommen.
Bevor wir verkündet
Im Rauch verschwommen.
Unser junger Gedanke,
Nie ausgedacht,
Unser heißtolles Lachen,
Nie ausgelacht,
Das tiefste Weinen des Lebens versäumt
Und seine Träume nie ausgeträumt!
Wir Unvollendeten
Finden nicht Frieden,
Weder zu Bösen
Noch Guten geschieden!
Zwischen Himmel und Hölle,
Zerschleudert, zerrissen,
Nur Steingerölle
Zum Ruhekissen,
Und Leidenschaften, die schwarzen Pferde,
Galoppieren uns rasend über die Erde.

Das Lied »Wir Unvollendeten« hat Lola Landau als einziges ihrer frühen Gedichte noch in ihre Autobiographie aufgenommen. Über ihre Begegnung mit Else Lasker-Schüler schrieb sie leider nicht mehr, denn auch in ihrem Nachlaß im Deutschen Literaturarchiv in Marbach scheint sich kein Text über die große Wuppertaler Compatriotin Armin T. Wegners zu befinden. Ich bedaure dies. Hätte ich Lola als junger Literatur- und Kunstwissenschaftler damals doch zu diesem Aufsatz, der dann besonders die späte Else Lasker-Schüler aus ihrer Sicht charakterisiert hätte, öfter drängen können und sollen. Leider habe ich es nicht getan. Immerhin erinnere ich mich an Begriffe wie »alt und umgetrieben« und »Schwester im Geist«, so sagte sie von ihr.

Lola Landau, Jerusalem, an Jörg Deuter am 11. Oktober 1983

Welche große Freude haben Sie mir mit dem Aufsatz über mein Leben und Schaffen gemacht! Ich danke Ihnen herzlich für diese Anerkennung, spreche meine Bewunderung aus, für Ihr Verständnis, Ihre Einfühlung, ja Intuition in ein anderes Leben. Auch haben sie plastisch die Beziehungen zu meinen nahen Menschen, besonders zu Armin, gestaltet. Ich hoffe, daß ich dank Ihrer Anregung meine Autobiographie »Meine drei Leben« in einem guten Verlag veröffentlichen kann. Wann, glauben Sie, wird der Aufsatz in der Zeitschrift erscheinen? Mir steht es nicht an, irgendwelche Korrektur, wie Sie mich baten, vorzuschlagen. Vielleicht ist die Einleitung über den Hitlerbrief etwas breit, bis Sie zur Schilderung der Personen gelangen, aber das ist ganz Ihrer Gestaltung überlassen. Kleine formale Korrekturen wären: Der Keren Hajessod ist keine Frauenorganisation, sondern die allgemeine zionistische Organisation für den Aufbau Israels. Nach Holländisch-Indien, heute Indonesien, wurde ich sehr bald nach meiner Einwanderung als Delegierte des jüdischen Palästina geschickt. Der Eindruck des Fernen Ostens, besonders der Besuch in Bali mit seinen wunderbaren Tempeln und religiösen Tänzen, wirkte bezaubernd auf mich. Ich habe auch in meiner Biographie darüber geschrieben. Nun lege ich zwei Arbeiten von mir an. Das eine ist Armins Antlitz als Neunzigjähriger, das andere ein Erlebnis in der Schule am Toten Meer. Zum Schluß möchte ich Sie herzlichst einla-

den, Israel zu besuchen. Ich würde mich sehr freuen, Sie in meinem Heim zu begrüßen. Auch mein Sohn Andreas lädt Sie herzlich ein, ihn in der Siedlung »Moledet« zu besuchen.

Lola Landau, Antlitz eines Neunzigjährigen (1976)

Ich betrachte das Bild eines Neunzigjährigen, eines bedeutenden Mannes. Dies ist die Altersstufe, in der das wesentliche des Menschen sich enthüllt, entschält von den Eitelkeiten und dem Ehrgeiz der früheren Jahre: Ein Antlitz wie edler Ton gebrannt durch das Feuer des Lebens und gemeißelt durch Leiden.
Dieses Altersantlitz ist furcht- und ehrfurchtgebietend: Furcht, weil es den Beschauer an die Vergänglichkeit mahnt, Ehrfurcht, weil es eine schon erhabene jenseitige Schönheit offenbart. Es ist der Blick, wissend, jenseits von Freude und Trauer, mit der Weisheit unzähliger gelebter Erfahrungen. Es sind diese Augen, in denen die Tränen zu klarem Eis erstarrt sind. Es ist der Menschenblick, immer noch fragend und fordernd und zugleich geheimnisvoll in eine ferne, eine unsichtbare Welt schauend.
Über den Augen sind die scharfen Linien in der Stirn wie eine Geheimschrift eingegraben, und die beiden schrägen Linien, eingekerbt zu den Mundwinkeln, sind Wegweiser, die zum Verzicht führen. Der Mund schweigt und spricht durch sein Schweigen eine besondere, geheimnisvolle Sprache. Ja, es ist das Geheimnis der Todesnähe und zugleich mit dem Abschied die Darbietung des überreichen Lebens an die Überlebenden: das Werk, das fortlebt. Antlitz, das uns anspricht, uns anruft: Lebt sinnvoll, lebt und überwindet!
Wolfgang Trautwein, Literarisches Colloquium Berlin, an Jörg Deuter am 11. November 1983

In der Redaktion liegen drei Ihrer Texte vor: über Lola Landau, »[Zur selbstmörderischen Rhetorik des Stillschweigens. Sprache und Schweigen bei] Armin T. Wegner« und »Die romantische Ikonographie bei E.T.A. Hoffmann« [Wandeln und sich Verwandeln im frühen Realismus]. Den Beitrag über Lola Landau wollen wir im ersten, spätestens zweiten Heft des Jahres ›84 drucken. Die beiden anderen Aufsätze gefallen uns ebenfalls,

Armin T. Wegner 1968, Photo wohl Zaven Khatchaturian

doch können wir keine verbindliche Zusage geben. *Wir würden uns gern die Option für beide Beiträge offenhalten, wollen Sie aber nicht daran hindern, die Aufsätze anderweitig zu publizieren. Nur bitten wir in diesem Fall um eine kurze Nachricht, wenn einer der Aufsätze gedruckt wird.*

Die beiden genannten Essays über das Verstummen Wegners und frührealistischen Tendenzen bei E.T.A. Hoffmann wurden damals nicht veröffentlicht, wohl aber folgten kleinere Beiträge von mir in »Sprache im technischen Zeitalter« über Lola Landau.

Andreas Marck, Moledet, an Jörg Deuter am 25. Dezember 1983

Mit großem Interesse las ich Ihre Arbeit über Armin, die Sie meiner Mutter zuschickten.[98] *Wie in dem Buch von J. Wernicke-Rothmayer beschäftigt Sie die Frage des Verstummens während der zweiten Lebenshälfte Armins. Dadurch wird der Blick mehr und mehr auf das Schicksal, auf den Lebensweg gelenkt, und vielleicht interessiert hier nicht zum ersten Male bei einem Künstler, der einer uns fremd gewordenen Epochen angehört, daß die Persönlichkeit, das Antlitz, die Formung des eigenen Lebens uns gegenwärtiger, eindrucksvoller ist, nachhaltigere Vorstellungen hinterläßt, als die Werke, die ja in jedem Falle weniger und weniger gelesen werden, in Vergessenheit geraten. Selbst bei einer so mächtigen Gestalt wie Goethe wurde*

---

98 Diese Arbeit, die ich zum Carl-von-Ossietzky-Preis einreichte, wurde nicht veröffentlicht und auch später nicht von mir publiziert.

schon in den zwanziger Jahren von keinem Geringeren als Gundolf[99] behauptet, daß das Kunstwerk seines Lebens der innerste Kreis sei, wo er am meisten zu uns spricht. Das mag in diesem Falle ein übermäßiges Herausstreichen dieses Elements sein, aber es ließen sich genug eindeutigere Beispiele anführen. Auch bei Armin, gerade weil es kein vollständiges Verstummen war, weil Selbstbefragung, Klage, Verzweiflung und Staunen sehr wohl artikuliert wurden, reizt die Gestalt mehr als die Gestaltung. Die buntschillernden Schöpfungen der Stationen aus der ersten Lebenshälfte, Bücher der Bekenntnisse, der Reisen, treten zurück gegenüber den Fragmenten, Gedichten der letzten Jahre, deren künstlerischer Wert zum Beispiel Professor Nickisch[100] zweifelhaft erscheint, die aber im Gedenken an Tat und Leiden, die dahinterstehen, erschüttern und sich einprägen. Merkwürdig erscheint mir bei Armin das Motiv der Schuld, an dem Täter und Opfer gleichermaßen teilhaben, untrennbar von verhängter Strafe und Schicksal, das man auf sich zu nehmen hat. (So in seinem Essay »Das jüdische und das preußische Ghetto«) Die Wurzeln dieser Wendung sind mir nicht völlig klar. Es ist dies ein Weg ins Religiöse, der dem Armin der früheren Jahre, wie ich ihn in Erinnerung habe und wie er bei seinen Besu-

---

99 Bei Friedrich Gundolf, Goethe. Fünfte Auflage. Berlin 1918. S. 5
    Hiergegen mag man Gundolfs Brief an Leonie Gräfin Keyserling vom 10. Juni 1911 ins Feld führen: »Diese Heroen [Christus und Goethe] waren in ihrem Leben vollständig ausgedrückt und ihre weltliche Existenz ist das völlige Symbol (...).« [Friedrich] Gundolf, Briefe, Neue Folge. Herausgegeben von Lothar Helbing und Claus Victor Bock. Amsterdam 1965. S. 85
100 Reinhard M.G. Nickisch, Ein Dichter gegen die Macht. Grundlinien einer Biographie des Expressionisten und Weltreporters Armin T. Wegner. Wuppertal 1982. S. 126/28. Er nimmt hierzu Adornos »Thesen über Tradition« zu Hilfe: »(...) das Liegengebliebene, Vernachlässigte, Besiegte. Dort suchte das Lebendige, die Tradition Zuflucht, nicht im Bestand von Werken,« so Nickisch S. 179/80. Nickisch hat allerdings Wegners Motivation, die ihn sein Sendschreiben an Hitler zu verfassen antrieb, zu monokausal gedeutet, wenn er vor allem von Wegners politischer Einstellung ausgeht, Kriegsdienstgegner mit zeitweise anarchistischer, später kommunistischer Einstellung (gewesen) zu sein. Es war vor allem – wie es Lola Landau mir gegenüber öfter betont und in ihrem Schreiben an mich auch schriftlich fixiert hat – der Schock, erwachsen aus dem persönlichen Betroffensein seiner Nächsten der ihn zur Niederschrift drängte, ja zwang.

Abb. 15. Armin T. Wegner und Lola Landau in der Bibliothek ihres „Hauses sieben Wälder" am Stechlinsee, 1920er Jahre

chen in Israel bis zum letzten, niemals in Gesprächen dieses Neue hervorgekehrt hat, fremd ist. – Ja bei aller Suche dieser »Sinngebung des Sinnlosen« (Theodor Lessing) wurde das Agnostische, manchmal Militant-Anti-Religiöse unterdrückt. Und nun diese Interpretation des eigenen Tuns und Leidens, des Schicksals des deutschen wie des jüdischen Volkes in ihrer unvermeidlichen Verstrickung! Manchmal scheint es mir, als ob sein erzwungenes Lavieren unter Druck, der er im Machtbereich des Hitlerregimes blieb, dieses Schuldgefühl verstärkt hat, ihn bewog, dieses hervorzuheben, jenes beiseite zu schieben. Es ist kein Zweifel, daß das Erlebnis von Haft, Peinigung, Zerstörung der Existenz und Zerstreuung der Familie ihn gebrochen hat, daß er sich dem, was er getan hatte und was ihm geschah, nicht gewachsen fühlte. Und auch dies führte wieder zurück zu dem, daß der Mensch mehr fesselt als der Dichter, das Antlitz des Neunzigjährigen die früheren Bilder bei all ihrem Zauber überdeckt.

Bei Friedrich Gundolf, »Goethe« (1919), finde ich diese Dominanz des Biographischen über die Dichtung Goethes, die Andreas Marck wahrzunehmen glaubte, nicht ausgedrückt, vielmehr sieht Gundolf die Verschränkung von Leben und Schaffen, Erlebtem und Geschaffenem, die Sprachwerdung, wie er es nennt: »Wenn wir nun einen Wesensunterschied zwischen Goethes Erlebnis und Goethes Produktion nicht anerkennen mögen und bei ihm nicht nur den Zusammenhang zwischen Leben und Dichten betonen, sondern die Einheit beider, die wir ja nur hinterher begrifflich trennen, so werden wir freilich zugeben, daß sein Erleben und sein Dichten in den mannigfaltigsten Stufen und Graden waltet, und daß zwar in allem, was von ihm ausgegangen ist, die nämliche geprägte Form, die lebend sich entwickelt, wahrzunehmen ist, aber keineswegs überall in der gleichen Stärke, keineswegs überall mit der gleichen Dichte und Deutlichkeit, oder der gleichen sinnlich faßbaren, sinnbildlichen Gewalt.«

Den »Weg ins Religiöse«, den Andreas Marck bei seinem Ziehvater nie bemerkt hat, hatte dieser schon sehr früh, nämlich – wenn auch nur zeitweise – bereits 1915 vollzogen. Er fand, wie er selbst in seinen Aufzeichnungen »Im Hause der Glückseligkeit«[101] schreibt, zu seinem Glauben zurück, als sich, anläßlich eines Heimaturlaubs, die endgültige Abweisung durch den Vater und »eine bewußt mit seiner Mutter verknüpfte Mariaologie« anbahnte. Beim Besuch einer chaldäischen Messe in Bagdad erblickte der um sein Leben fürchtende Soldat Wegner nämlich im Antlitz der Gottesmutter, die ihren Sohn im Arm trug, die Züge seiner Mutter, die in unendlicher Liebe auf ihn herabschaute. Der Theologieprofessor Martin Tamcke (geb. 1954) ist besonders diesem Aspekt von Wegners Persönlichkeit nachgegangen und führt zahlreiche Beispiele für das religiöse Hin- und Hergerissensein des Dichter-Soldaten an, so wenn jener einem katholischen Feldgeistlichen vorwirft: »Meine Irrtümer sind mir lieber als Ihre Wahrheiten.«[102] Ob

---

101 Armin T. Wegner, Im Hause der Glückseligkeit. Aufzeichnungen aus der Türkei. Dresden 1920. S. 8
102 Die religiöse Entwicklung Wegners 1915/16 untersucht Martin Tamcke, Armin T. Wegner. Anspruch und Wirklichkeit eines Augenzeugen. Hamburg 1996. S. 227–37

der Ruf in eine Jüngerschaft, den Wegner erhalten zu haben glaubte, mehr als eine bloß kurzfristige Erweckung war, können wir heute nicht mehr beurteilen. Spätestens 1918 weicht diese Lebensphase religiöser Ergriffenheit der nach-revolutionären Aufbauarbeit, zu deren Fundamentierung das »Programm des politischen Rates geistiger Arbeiter« formuliert wird, das am 8. November entsteht und dessen »Punkt VI« lautet: »Trennung von Kirche und Staat. Beseitigung des konfessionellen Unterrichts an den Schulen. Dafür Morallehre, philosophische Propädeutik.«[103] Wegner hat es in den Berliner Pharus-Sälen im Wedding verlesen, und dies ist die wenig-religiöse Verfassung, in der Andreas Marck sich an seinen Erzieher und Stiefvater erinnert. Vom 1. Februar bis zum 31. August 1919 war Wegner Mitglied der KPD, wohl vor allem deshalb, um seinen Protest gegen die Ermordung Rosa Luxemburgs und Karl Liebknechts zu dokumentieren. Von 1927 bis 1933 wurde er wieder in der Partei aktiv, wobei er einer Zelle angehörte, deren Kopf der beim Reichstagsbrand angeklagte Ernst Torgler (1893–1963) war. Vor diesem Hintergrund ist das Armin-T. Wegner-Bild des Pflegesohnes Andreas erklärlich, der Wegner in einer Phase religiöser Abstinenz, eben in den zwanziger und dreißiger Jahren, erlebte.

Die Frage, ob er sich als einen »religiösen Sozialisten« bezeichnen lässt, hat Walter Jens (und dies erst 1974) aufgeworfen. Im Sinne der Formulierung »religiös« als der Zugehörigkeit zu einer Glaubensgemeinschaft erlägen wir, wie wir sahen, einer Fehlinterpretation, insbesondere auf die spätere, also weiteste Strecke in seinem Leben bezogen. Mopsa Sternheim, die im Urteil über Menschen hellsichtige und damit diesem ebenbürtige Tochter ihres Vaters, hat Wegner viel treffender »einen Gläubigen« genannt, gläubig dann aber in seiner Welt- und Menschengläubigkeit, als Anhänger – je nach Lebensalter – eines Whitman, eines Tolstoi, eines Lenin, auch eines Jesus Christus. Dem Gläubigen Armin T. Wegner ist aber wenig Klerikales abzugewinnen und selbst die Theologen, die er

---

103 Zitiert nach: Reinhard M.G. Nickisch, Ein Dichter gegen die Macht. Grundlinien einer Biographie des Expressionisten und Weltreporters Armin T. Wegner. Wuppertal 1982. S. 87

Abb. 16. Armin T. Wegner vor der Engelsburg in Rom als Doppelseite aus der Zeitschrift »Stern« 1976, die Wegner durch den Bericht Jürgen Serkes erstmals wieder einem breiten Publikum bekannt machte. Serke hatte – als Zeitzeugin, nicht so sehr als Dichterin – auch Lola Landau befragt.

Abb. 17. Bernd Wagenfeld, Alter Dichter – Armin T. Wegner, Radierung von 1981, entstanden nach dem Erscheinen des Stern-Artikels von Jürgen Serke. @ Bernd Wagenfeld, Oldenburg

im gemeinsamen Armenier-Interesse um sich scharrte (oder sie ihn), ließen sich auf die »religiöse« Seite seiner Mission nicht ein. Ein Gottsucher war Wegner, zumindest auf die spätere Strecke seines Lebens bezogen, nicht mehr. »Wo die ihm befreundeten Theologen auf ihn als Redner zurückgriffen, da sahen sie zumeist von seinen Äußerungen zu Religion und Kirche ab. Selbst der um ihn redlich bemühte Ewald Stier verwies auf ihn lediglich als einen einwandfreien Augenzeugen.«[104] Ob sein ideeller Sozialismus erst an der Nagelprobe des nationalsozialistischen Terrors zerbrach, wie Tamcke meint,[105] oder ob er nicht schon vorher am Erlebnis der Stalinisierung der Sowjetunion zum Einsturz gebracht wurde, wage ich nicht zu entscheiden. Schon in einem Brief vom 12. Oktober 1926 an den Arbeiterführer Max Hoelz hatte er seinen Standpunkt irritierend fixiert und zugleich klar benannt, auch dies echt Wegnersche Dialektik: »Sie sind Kommunist, ich stehe links (sic) von Ihnen. Man sagt mir, daß es das nicht gibt, daß man nur vor oder hinter der Barrikade stehen kann... – wie aber, wenn es mein Schicksal ist, auf jenem schmalen Streifen auszuharren, der sich zwischen den feindlichen Barrikaden erstreckt?«[106] Ob Wegner diesen Streifen zwischen den Parteien richtig ortet, bleibe dahingestellt. Jedenfalls begibt er sich (auch) hier ins Niemandsland *allseitiger* Angreifbarkeit.

Andreas Marcks Erstaunen darüber, daß sein Ziehvater eine quasi-religiöse Deutung für die von ihm so gesehene »Gemeinschaft« von Juden und Deutschen, von Opfern und Tätern, konstruierte, verwundert ebenso, wie sein Erstaunen über dessen Religiosität im Ersten Weltkrieg verwundert. Hatte Armin T. Wegner die von ihm so gesehene Gemeinschaft beider doch bereits im »Sendschreiben an Hitler« beschworen, was sich damals noch als Vor-

---

104 Martin Tamcke, Armin T. Wegner und die Armenier. Anspruch und Wirklichkeit eines Augenzeugen. Hamburg 1996. S. 233
105 Martin Tamcke, Armin T. Wegner und die Armenier. Anspruch und Wirklichkeit eines Augenzeugen. Hamburg 1996. S. 236
106 Zitiert nach: Ruth Greuner, Nachbemerkungen, in: Armin T. Wegner, Am Kreuzweg der Welten. Lyrik – Prosa – Briefe – Autobiographisches. Berlin 1982. S. 407–460, hier: S. 449, ohne Quellenangabe

wand seiner Argumentationsstrategie lesen ließe. Er hielt aber auch späterhin an diesem Konstrukt fest. Mochte seine persönliche Lebenseinstellung später auch a-religiös geworden sein oder eben gar antireligiös, mochte er gegen Konfessionen Partei ergreifen oder gegen Autoritäten: Sein von Andreas Marck erwähnter Essay in der Zeitschrift »Eckart« des Jahres 1955 – »Das jüdische und das preußische Ghetto« – entstand ohne jeden äußeren Druck und allein aus dem Bedürfnis heraus, Zeugnis abzulegen von den klar geteilten, aber doch miteinander verbundenen Lebenswelten. Wegner hatte nach seiner Israel-Reise 1950 notiert: »Vielleicht gehe ich damit [mit seiner Sympathie für die Juden, d. Vf.] einer Auseinandersetzung mit meinem eigenen Volk aus dem Wege, die ich früher oder später doch einmal vornehmen muß (...)«[107] Der Essay ist also das Produkt eines fortgeschrittenen Weges der Selbstvergewisserung, der sich natürlich nicht an konfessionelle Grenzen hält, sehr wohl aber versucht, Täter und Opfer zusammenzusehen. Wegners Non-Konformismus macht auch hier seinen anhaltenden Widerspruchsgeist deutlich. Ich schrieb Andreas Marck daraufhin, daß die ständige kritische Selbstbefragung Wegners, sei sie religiös, sei sie agnostisch und je nach Lebensalter und Lebenserfahrung wandelbar, seinen abseits aller Dogmen stehenden Pflegevater mir und meiner Generation nur noch näherbringe, weil eben diese Selbstkritik von einer Persönlichkeit ausgehe, die allen Grund gehabt hätte, sich beruhigt und selbst mehr als gerechtfertigt zurückzulehnen. Was Andreas Marck darauf erwiderte, weiß ich heute nicht mehr. Allerdings sind auch mir manche Positionen, die Wegner bezieht, nicht immer leicht oder auch gar nicht nachvollziehbar.

Da erklärt einer in einer evangelischen Zeitschrift zehn Jahre nach Ende des NS-Regimes, die Juden hätten jetzt ähnliche Probleme zu bewältigen wie einst die deutsche, damals preußisch bestimmte Nation. Die Entfernung Preußens von seinem geistlichen Ursprung, den er im Deutschen Orden sieht, vergleicht Wegner

---

107 Johanna Wernicke-Rothmayer, Armin T. Wegner, Gesellschaftserfahrung und literarisches Werk. Frankfurt/M., Bern 1982. S. 103. Armin T. Wegner in einem Brief an Heinz Riedt vom 1. Juli 1950

mit der Institutionalisierung des Judentums als nunmehr staatsbildender Kraft für eine neue Nation. In beiden Fällen hätten sich, ihm zufolge, die Gemeinwesen von ihren idealistischen Anfängen weit entfernt und seien der Gefahr nicht entgangen, ihre bindenden Traditionen nur noch als Formalismus weiterzupflegen, beziehungsweise zu einer Pflichtübung für ihre Bürger zu machen. Der Weg vom Ordensschloß zur preußischen Kaserne (den er etwas assoziativ auch an der Ähnlichkeit von deren Architekturen festmacht) scheint ihm stringent gegeben zu sein: »Ein seltsamer Orden zum Streitführen gegen die Ungläubigen, darum weltlich und mit einem weltlichen Schwert in den Händen – und soll das zugleich göttlich sein?« Eine solche Gefahr aber drohte, so Wegner, auch dem neu gegründeten Staat Israel, »der alle Schwächen und Selbstüberschätzungen der Gründerjahre wie Deutschland nach dem deutsch-französischen Kriege aufweist.«[108] Daß diese Sicht selbst bei seinen engsten Angehörigen Irritationen auslöste, ist verständlich, zeigt aber zugleich, wie weit Wegner sich von Konventionen gelöst hatte und wie schwer es dieser Non- oder besser Anti-Konformist eigentlich unter *verschiedensten* gesellschaftlichen Systemen haben mußte.

Daß bereits angedeutete Faktum, daß der Herausgeber dieses Aufsatzes und Gründer des evangelischen, regimefeindlichen »Eckart-Kreises« von 1933, Kurt Ihlenfeld (1901–1972), aufgrund dieses Wegner-Essays von der Chefredaktion zurücktrat (oder treten mußte) und diese dem Mitherausgeber Heinz Flügel (1907–1993) überließ, ist von Wegner selbst kolportiert worden. Ob es tatsächlich Wegners Beitrag war, der zum Auslöser für diesen Rücktritt wurde oder, ob andere Gründe vorlagen, vermag ich nicht zu verifizieren. Wegner wurde im redaktionellen Kommentar zu seinem Aufsatz in eine Phalanx *jüdischer* Preußen-Verehrer eingereiht. Die Herausgeber charakterisieren diese »Querdenker« als historisch in die Irre gehend, wodurch ihrerseits eine Distanzierung von Wegners »Das jüdische und das preußische Ghetto« stattfindet.

108 Armin T. Wegner, Das jüdische und das preußische Ghetto, in: Eckart 25, 1955, Heft Oktober–Dezember. S. 1–13, hier beide Zitate: S. 2

Allerdings wird hier eine Standortbestimmung vorgenommen, die Wegner im falschen Lager fixiert: Allen voran wird der spätere Erlanger Professor Hans-Joachim Schoeps (1909–1980) genannt, der noch 1935 mit seiner Zeitschrift »Der deutsche Vortrupp. Gefolgschaft deutscher Juden« eine Verbindung preußischer und jüdischer Jugendlicher in Deutschland herzustellen hoffte. Mit Wegners Argumentation vergleichbar sei angeblich auch der Herausgeber der »Süddeutschen Monatshefte«, der Jude Paul Nikolaus Cossmann (1869–1942), der zu den unbedingten Verehrern des Preußentums, auch und wohl besonders in seinen heute als negativ empfundenen Zügen, gehörte. Cossmann war ein heftiger Gegner der deutschen Kriegsschuldfrage, gegen die er seit 1922 zu Felde zog, und er gehörte zu den Propagandisten der »Dolchstoßlegende«, die er seit 1925 immer wieder in seiner Zeitschrift aufgriff. Schoeps konnte noch Heiligabend 1938 emigrieren. Der Hitler den Weg ebnende Cossmann kam 1942 in Theresienstadt um. Er hatte geglaubt, daß er als getaufter Jude vor dem Äußersten bewahrt bleiben werde und war in Deutschland geblieben, und das, obwohl er bereits 1933 seiner Herausgeberschaft und jeder öffentlichen Wirksamkeit enthoben worden war. Daß Wegners Versuch einer Synthese von Preußen und Juden im »Eckart« mit Arbeiten dieser rechtsstehenden Autoren verglichen wurde, wird seinem Ansatz nicht gerecht. Ihm ging es um wesensverwandte Züge beider Völker, die er zu sehen glaubte, nicht um eine Einbindung der Juden in preußisch-militärische oder gar völkische Traditionen und Organisationen.

Die von ihm als schicksalhaft empfundene Verbindung des preußischen und des jüdischen Schicksals blieb Wegner auch später weiterhin wichtig. So wiederholt er in seinem Aufsatz »Die dreifache Wiederkehr« (1956), inhaltlich gleichlautend mit dem »Eckart«-Aufsatz, das Szenario der ersten, für ihn lebensbestimmenden Begegnung mit einem Juden, nämlich mit jenem – gleich ihm – aus der Gemeinschaft ausgeschlossenen Mitschüler in Glogau, als Schlüsselerlebnis für sein lebenslanges Interesse am Judentum.

Liest man Wegners Aufsatz auf sein eigentliches Kernproblem hin, auf seine tiefere Ebene, so will er wohl den Versuch machen, zwei einander konträre Lebenswelten, die er in der preußischen Ordensburg und im jüdischen Ghetto symbolisiert sieht, als gar nicht so weit voneinander entfernt anzusehen. Das diese Konstruktion von vornherein verunglückt ist, scheint er nicht erkannt zu haben: Aber er wollte vermutlich die eigene Herkunftssphäre mit der Familientradition Lola Landaus versöhnen. So können wir ihn verstehen.

Wegner hat sich davon distanziert, Expressionist im landläufigen Sinn gewesen zu sein.[109] Es ging ihm um die aufklärerische Aufgabe des Dichters. »Der Dichter greift in die Politik!« hatte Wegners Zeitgenosse Ludwig Rubiner als Forderung an seine Generationsgenossen postuliert. In diesem Sinne ist Wegners Dichtertum unabhängig von der jeweils vorhandenen oder nicht vorhandenen religiösen Befindlichkeit. Sein Hoffen, wo es nichts mehr zu hoffen gab, also bei Abfassung des Sendschreibens, als »sperare contra spem« (Hoffen gegen die Hoffnung), entspricht der christlichen Tradition. Der Spannungsbogen zwischen »Gesetz« und »Prophetentum«, der sein Leben kennzeichnet, entstammt der jüdischen Tradition. Im »Gesetz« ist er an Traditionen gebunden, seien es familiäre, oder sei es seine nicht zu brechende Liebe zu Deutschland. Für seine Wirksamkeit als »Prophet« legen die vielen warnenden und mahnenden Aufrufe, Sendschreiben, offenen Briefe, Zeugnis ab. Im Grunde sind dies die zwei mächtigen Strömungen des Judentums, genauer gesagt der zwei Stämme, der Gesetzestreuen und der Richter, es sind dies Judäa, und Galiläa, dem der Prophet Jesus von Nazareth entstammte.

---

109 Charakteristisch für die Stellung zumindest des späten Armin T. Wegner zum Expressionismus ist folgende Stellungnahme: »Sie waren sehr darauf aus, sei es die Else Lasker-Schüler, sei es Georg Heym und andere, ihren eigenen Stil zu haben, ja wenn möglich, darüber hinauszugehen (…) und zwar in einer solchen Weise, daß sie mehr oder weniger die Sprache dabei zerstörten. Und das wollte ich nicht,« in: Gespräch zwischen Armin T. Wegner und Martin Rooney, Rom im Dezember 1972, in: Martin Rooney, Der Weg ohne Heimkehr. Armin T. Wegner zum 100. Geburtstag. Bremen 1986. S. 10–40, hier: S. 20

Lola Landau, Jerusalem, an Jörg Deuter am 2. Januar 1984

Sehr herzlichen Dank für die Übersendung Ihrer so interessanten Arbeit über die Persönlichkeit von Armin T. Wegner. Sie haben vieles in seinem Wesen neu gedeutet und so neue Einblicke in seinen Charakter gebracht. So zum Beispiel, daß der Ursprung seines Schreibens an Hitler zunächst einem Gefühl der Empörung entsprang und erst dann zur bewusst politischen Tat seines Sendschreibens an Hitler reifte. Der Widerspruch seines Wesens [war] überhaupt, daß er kein politischer Mensch war, sondern Künstler, Dichter. Er war besessen von der zeitlosen Gestaltung seines Werks, und dann erst brach er auf, geweckt durch die übermäßigen Probleme seiner Zeit, und erhob dann seine Stimme. Er gehörte, wie Sie bemerkten, nie einer einzelnen Gruppe an, er wirkte abseits, und so möchte ich als Beispiel erwähnen den Spruch, den er über dem Eingang unseres Hauses in Neuglobsow anbrachte:
Seid immer Freund und Gast in meinem Haus, / Daß ich mein Wort mit Eurem Wort vermische, / Spielt mit mir Spiele, tanzt mit mir den Reigen, / Doch meine Seele ist Euch nicht zueigen / Und nur ein Fremdling sitzt bei Euch am Tische.
Eine andere neuartige Beobachtung von Ihnen ist die Erkenntnis von der Wandelbarkeit, ja steten Veränderung seiner Persönlichkeit. Er war Landwirt, Student, Dichter, Reisender, Einsiedler und Revolutionär in verschiedenen Lebensphasen, ein Rastloser, ja eigentlich ewig Suchender. Besonders hat mich interessiert die Deutung seines tragischen Schweigens nach dem furchtbaren Erlebnis der Nazi-Folterung. Sie sehen darin nicht nur das Unvermögen, beeinflusst von einer Psychose, sondern Armins Erkenntnis, daß er nicht fähig ist, die gewaltige Aufgabe eines visionären Dichters [zu bewältigen], einen neuen Glauben zu verkünden. Lieber Herr Deuter, Sie haben in wertvoller Weise das Bild von Armin erhellt, beleuchtet. Ich danke Ihnen nochmals und wünsche Ihnen ein starkes Echo mit vollem Erfolg. Ich danke Ihnen auch für Ihre Arbeit über meine Dichtung und ich hoffe, sie wird bald erscheinen. Ich lege ein neues Gedicht von mir bei.

Noch einmal jung sein,
Immer im Schwung sein,

Immer auf dem Sprung sein!
Im Wettlauf rennen
Vor Ehrgeiz brennen,
Im Tanze schwingen!
Durchs Feuer springen!
Oh, noch einmal jung sein!
Aber Du, mit Deinem jungen Gesicht,
Weißt nicht, wie glücklich Du bist.
Plötzlich im Trubel bist Du allein,
Möchtest gern woanders sein.
Übermut morgens und Grübeln bei Nacht,
Mit strebsamer Mühe den Alltag verbracht,
Immer im Aufbruch, bisweilen gehetzt,
Von Liebe berauscht, von Liebe verletzt.
Doch jeder Tag ist ein Abenteuer,
Stark brennt das Leben, das Lebensfeuer.
Oh noch einmal jung sein!

Lola Landau, Jerusalem, an Jörg Deuter am 6. März 1984

Sehr herzlichen Dank für Ihren letzten Brief vom 10. Januar. Die Antwort kommt so spät, weil ich krank war, doch geht es mir wieder besser. In Ihrem Brief hat mich besonders interessiert, daß Sie bedauerten, daß Armin keine Autobiographie mit Selbstanalyse geschrieben hat. Da kam mir der Einfall, daß ich selber versuchen werde, ein lebendiges Bild von der Persönlichkeit Armins zu geben, als [ich] mit ihm in Neuglobsow lebte. Ich lege Ihnen ein meine erste »Schicksalhafte Begegnung im Autobus«. Er war in der türkischen Offiziersuniform und war aus der Türkei, wo er als Krankenpfleger gepflegt hatte, nach schwerem Flecktyphus nach Deutschland, Breslau, zurückgekehrt. Und ich traf ihn an demselben Abend, seinem Vortragsabend, in einem Privathause. (...) Ich kam dorthin mit Fried Marck, meinem ersten Mann, der auch aus dem Krieg zurückgekehrt war, wo er als Gefreiter am Telefon im Schützengraben in Frankreich, eine schwere Zeit verlebt hatte. Ich sah Armin erst wieder nach einem Jahr, als ich [im Juni 1919] allein zu Besuch bei meinen Eltern in Berlin war. Er sprach damals im »Rat geistiger Arbeiter«, dem er angehörte. An demselben Abend begleitete er mich nach Hause durch den Tiergarten, ein schicksalhafter Gang. Am nächsten Tag besuchte ich ihn in der Pension, wo er wohnte, und er zeigte mir Sachen aus der Türkei, die er mitgebracht hatte. Wir schieden beide mit dem festen Vorsatz, daß er meine Ehe nicht stören wollte. Aber es kam anders. Nach schweren Kämpfen mit den Eltern beschlossen Fried Marck und ich, uns scheiden zu lassen und unsere sogenannten »Wahlverwandtschaften« (er liebte eine Studentin [Cläre Rosenstock, 1897 – etwa 1958] zu heiraten. Armin war ein rastloser Mensch, immer getrieben von der grenzenlosen Wißbegier und Neugier, neue Länder zu erleben, neue Menschen zu erforschen. Dabei hatte er eine wunderbare Beobachtungsgabe für Einzelheiten. Kurz vor unserer Hochzeit sagte er zu mir: »Hast Du keine Angst? Meine Koffer müssen immer gepackt unter dem Bett stehen.« Aber alle seine Koffer wurden ausgepackt, als wir an einem kalten Novembertage in Neuglobsow, nach unserer Heirat in Rheinsberg, in unserem Hause ankamen. Das Haus war eiskalt, unsere Hilfe geflüchtet, der Kachelofen halbfertig gebaut, das Wasser in unserer Pumpe draußen gefroren. Es gab keine Wasserleitung, keine Elektrizität, außer Pferdewagen keine Verbindung mit der Außenwelt. Da entdeckte ich die besondere Eigenschaft von Armin, seine praktische Tüchtigkeit, alle die schwierigen Dinge zu meistern. Er lief zu der vereisten Pumpe und bat mich, Feuer in einem kleinen Eisenofen zu machen. »Das kann ich nicht,« sagte ich. Darauf Armin: »Sträfliche Unkenntnis!« und er selber machte Feuer an, geschickt und schnell. Als wir uns etwas einrichteten, bemerkte ich was für ein glänzender Innenarchitekt er war. Mit großem Geschmack richtete er unser Heim ein und hing selber die Wolkengardinen auf. Er sagte mir, dem praktisch-untüchtigen Wesen: »Ja, Lo, Du hast nicht gewußt, daß Wolken an Strippen hängen.« Dann machten wir Ausflüge, trotz kalten Wetters, entdeckten wunderbare Punkte am Stechlin-See, den »Mutterblick«, von einer Anhöhe gesehen, die »Najadenbucht«, den »Libellensee«, – alles Namen, die wir diesen Plätzen gaben. Als das Haus nun seine Seele bekommen hatte, als wir gemeinsam alle Bücher in seinem Arbeitszimmer eingeordnet hatten, begann Armins eigentliche Arbeit am Schreibtisch. Er begann abends und er schrieb bis tief in die Nacht hinein.

Er wog langsam jedes Wort, jeden Satz, ob er das vollkommen ausdrückte, was er dachte. So arbeitete er mit wunderbarer Gewissenhaftigkeit an seinem Werk. Er schrieb damals an seinem Roman »Das Geständnis«. Er schlief lange bis in den Morgen. Aber auch am Tage war er besessen von seinem Werk. Oft ging er schweigend, in tiefen Gedanken versunken, neben mir. Ich schrieb dann auf der Maschine für ihn, als seine Sekretärin. Es war eine gute Zusammenarbeit. Damals war auch schwere Inflation und bisweilen schrieben wir Artikel nach Amerika, um einige Dollar zu verdienen. Als dann die ersten Dollars ankamen, tanzten wir vor Freude. »Jetzt kaufe ich mir ein Segelboot!« Nach einigen Wochen kamen meine Kinder, meine Söhne von fünf und drei Jahren. Er war ein liebevoller Stiefvater, fast wie ein großer Bruder, doch überließ die Erziehung vollkommen mir. Im Jahre 1923 wurde unsere Tochter geboren. Wir nannten Sie Sibylle, weil Armin einen Vertrag mit dem Sibylle[n]-Verlag hatte. Von Anfang an bestand eine besonders zärtliche Beziehung zu dieser Tochter, und ihre ersten Lebensjahre regten ihn dazu an, ein Buch zu schreiben, genannt »Moni oder die Welt von unten«, eine sehr interessante psychologische Studie über das Wesen eines Kindes in dieser Zeit und außerdem eine Schilderung unseres Lebens in Globsow. Wir verließen Globsow erst, als die Kinder in eine höhere Schule gehen mußten und zogen nach Berlin, wo ein völlig verändertes Leben begann. Aber in allen Ferien fuhren wir in unser »Haus sieben Wälder« zurück. Inzwischen hatten wir wirklich ein Segelboot, und nun machten wir weite Wasserfahrten bis tief in Mecklenburg hinein, übernachteten im Zelt. Meist kam einer der Jungen mit. [Dramatisch wurde es] einmal am Müggelsee, als es sehr stürmisch war und er gewarnt wurde, nicht herauszufahren. Dennoch wagte es Armin. Er liebte die Gefahr als ein Abenteuer. Es wäre uns beinahe sehr schlecht bekommen. Das Boot war voll von Wasser, und wir kamen mit Mühe zurück an Land. Diese Ausflüge ersetzten zum Teil die späteren Reisen nach Spanien, England/Schottland und später nach Russland und Palästina. Seine Eindrücke sind ja in zwei interessanten Reisebüchern wiedergegeben: »Fünf Finger über Dir« und »Jagd durch das tausendjährige Reich« (sic). Wir fuhren damals mit dem Motorrad, unser Paddelboot angeschnallt, und erlebten wirkliche Abenteuer, wie wir über den Genezareth-See paddelten und bei Fischern auf den Booten übernachteten.

Ich hoffe sehr, daß Ihr Artikel über mich, wie Sie mir mitteilten, im Sommer in der Zeitschrift in Berlin erscheinen wird. Mein Sohn Andreas sendet Ihnen herzliche Grüße, und ich wünsche Ihnen den allerbesten Erfolg für Ihre so interessante Arbeit über Armin.

Lola Landau erinnert sich für das Palästina- und Nahost-Buch Armin T. Wegners an den geplanten Werktitel »Jagd durch das tausendjährige Reich«, der dann aber wegen des nunmehr von den Nationalsozialisten ideologisch besetzten Begriffs des »tausendjährigen Reichs« in »Jagd durch das tausendjährige Land« abgeändert wurde. Ursprünglich hatte das Buch »Jakobs Kampf mit der Erde« heißen sollen, war dann aber wegen eines unter diesem Titel im herannahenden Nationalsozialismus umgehend zu erwartenden Verbots umbetitelt worden. Wegner selbst nennt es noch 1955 »Jagd durch das tausendjährige Reich« in seinem Essay im »Eckart«. Seinem Verbot entging Wegners letztes großes Reisebuch auch so nicht.

Gisela Dünnebeil, Jerusalem, an Jörg Deuter am 9. Juni 1984

Ich habe mich hier in Israel über die Resonanz beziehungsweise das Bekanntsein des Sendschreibens von A.T. Wegner erkundigt und fand nur Unwissenheit vor. Einzig das hiesige Leo-Baeck-Institute besitzt eine Dokumentation, die Ihnen als »Wegner-Spezialist« wohl bekannt sein dürfte: Johanna Wernicke-Rothmayer, Armin T. Wegner. Gesellschaftserfahrung und literarisches Werk, erschienen bei den Europäischen Hochschulschriften, Verlag Peter Lang. Bis auf diese Dokumentation und die des Yad Vashem ist Wegner hier so gut wie unbekannt, sowohl als Schriftsteller, wie auch als Schreiber des Sendschreibens an Hitler. Soweit die offiziellen Institutionen. Bei Privatpersonen war die Resonanz schon etwas positiver. Diese Leute schienen mir aber alle aus dem Dunstkreis von Lola Landau-Wegner zu kommen, so daß es nicht Wunder nimmt. Sollte ich aber diesbezüglich etwas hören, so werde ich es Ihnen mitteilen. Für Ihre weitere Arbeit wünsche ich Ihnen Glück, besonders fürs Erlangen des von-Ossietzky-Preises. In diesem Jahr erhielt ihn Matthias von Hellfeld für seine Dokumentation über die Widerstandsgruppe »Die Edelweißpiraten«. Ich kenne Matthias persönlich und freue mich über diese verdiente Ehrung, da ich weiß, daß er schon mehrfach vorgeschlagen wurde, jedes Mal ohne Erfolg. Vorausgegangen war die Anerkennung der Gruppe als Widerstandsgruppe hier in Israel, verbunden mit einer Ehrung in Yad Vashem. Als die Peinlichkeit der Nichtanerkennung in Köln, der Wirkungsstätte der Gruppe, mehr und mehr deutlich wurde, noch geschürt durch unsere Stiftung hier in Jerusalem, mußte die nordrhein-westfälische Landesregierung endlich nachziehen und konnte die »Edelweißpiraten« nicht länger als Kriminelle diffamieren. So hoffe ich auch für Ihr Projekt, daß die Anerkennung Armin T. Wegners nicht mehr lange auf sich warten lässt. Mit lieben Grüßen aus Jerusalem (der ganz und gar unheiligen)

Welcher Stiftung in Jerusalem Gisela Dünnebeil angehörte und wie ich in Kontakt zu ihr kam, kann ich heute nicht mehr ermitteln. Jedenfalls versuchte sie für mich in Israel Zeitzeugen zu finden, die die Wirkung von Armin T. Wegners Sendschreiben nach dessen Veröffentlichung oder dessen Bekanntwerden dort noch belegen konnten. Das Ergebnis war, wie gehört, ernüchternd. An die Preisverleihung des »Carl von Ossietzky Preises« an Matthias von Hellfeld im Oldenburger Stadtmuseum erinnere ich mich sehr deutlich vor allem aus einem Grund: Mußte ich mir vom damaligen Oldenburger Kulturdezernenten doch sagen lassen, daß das, was Armin T. Wegner durch sein Sendschreiben an Hitler geleistet habe, keine Tat des Widerstandes gewesen sei... Man sieht: Auch bei preisverleihenden, also um Verständigung und Wiedergutmachung bemühten Institutionen war das Bewußtsein für die Bandbreite all dessen, was Widerstand sein kann, wohl noch unterentwickelt. Die eigene Bewertungshoheit war hingegen deutlich ausgeprägt. Und der Gedanke, daß man nicht der Sache um der Sache willen, also dem Gedenken des Widerstands um des Widerstands willen diente, sondern auch aus der Parteiraison heraus, drängte sich mir damals auf. Jener Kulturdezernent war SPD-Mitglied und könnte die wechselnden politischen Standpunkte des frühen Armin T. Wegner als »überwunden« angesehen haben; Wegners späten schwer klassifizierbaren Altersradikalismus, der mit seiner zuletzt anachoretisch anmutenden Weltabkehr einherging, würde er als Unmöglichkeit, sich zu äußern, abgelehnt haben. Auch Widerstand hatte für jenen Kulturverwalter – so schien mir – klassifizierbar zu bleiben, sich also in festen Bahnen zu ereignen, seien diese nun christlich, parteigebunden oder aus der Jugendbewegung heraus motiviert. Ob es einen intellektuellen Widerstand des Einzelnen geben konnte, das zu wissen, versagte er. Wenig später wurde unter der Ägide dieses Vergangenheitsbewältigers der Carl-von-Ossietzky-Preis an Gerhard Zwerenz vergeben, ein Mißgriff, der mich als damals jungen Menschen erschütterte und erzürnte, nicht etwa deshalb, weil Zwerenz wohl eher gezwungenermaßen früh als Volkspolizist gearbeitet hatte; eher schon, weil er als Autor *Bestseller* war, aber meiner Meinung nach mittelmäßig schrieb. Sehr erzürnt aber war ich, weil Zwerenz sich dazu hergegeben hatte, die »Exil«-Memoiren des SA-Publizisten Otto Strasser 1969 unter dem Titel »Mein Kampf« in einem Verlag herauszugeben, der den Namen Heinrich Heines trug. Wußte das jener Kulturreferent nicht? Wie war das dann mit einem Preis, der den Namen Ossietzkys trug, zu vereinbaren? Als sich auch noch herausstellte, daß der von Zwerenz eingereichte und gekürte (immerhin mit DM 10.000.-- als Preisgeld bedachte) Text offenbar bereits vorher veröffentlicht worden war, was den Statuten für die Preisvergabe widersprach, sank das ganze Preisgeschehen für mich zum Fiasko herab. Wie gut, daß ich dergleichen früh erlebt habe und durchschaute. »Er wäre zwanzig Jahre im Widerstand gewesen, hat er [Zwerenz] gesagt. Donnerwetter. Daß der Mann überhaupt noch lebt?«[110] notierte Walter Kempowski aus Anlaß dieser Preisverleihung. Da Zwerenz 1925 geboren worden war und schon 1948 Polizist wurde, woraufhin er 1956 nach West-Berlin floh, können diese zwanzig Jahre wirklich nur schwer in seiner Biographie verankert werden. Offenbarend für die Haltung der Jury ist Walter Kempowskis eigener Kommentar zur Zwerenz-Eintragung in seinem Gästebuch: »Gerhard Zwerenz verfaßte mehr

---

110 Walter Kempowski, Das 1. Album 1981 bis 1986. Frankfurt 2004. S. 113

als 100 Bücher. Hat er auch Pornos verfaßt? 1986 konnte ich ihm den Ossietzky-Preis zuschanzen.«[111] Armin T. Wegner war hingegen lebenslang im Widerstand gegen das, was ihn politisch als *Mainstream* umgab. Was folgt daraus? Die Ossietzky-Preis-Jury war auf eine zum Teil selbstinszenierte Biographie hereingefallen und dies wohl vor allem, weil sie darauf hereinfallen wollte, um einen sogenannt prominenten Preisträger zu haben, – und ich war um eine Erfahrung reicher. Mir war zudem klar geworden, daß selbstlose Aufopferung für die bedrohte Minderheit der Juden nicht ausreichte, um als Widerstand anerkannt zu werden. Ob mein eigentliches Anliegen, nämlich die Bemühung, Wegner ins Gespräch zu bringen, ihn im Vorfeld der Preisverleihung bekannter zu machen, durch die Lektüre meiner Arbeit im Jurorenteam vorangebracht wurde, weiß ich natürlich nicht. Daß literarischer Tagesruhm und das Aufbürsten von ein paar Blättern bereits publizierter Prosa über den Namensgeber des Preises ausreichten, um einen Preis zu erlangen, der Ossietzkys Namen trug, war frappierend, und mein Unverständnis hält bis heute an.

Ob ich damals aber mit meiner Arbeit tatsächlich zu einer neuen oder gar vertieften Deutung Armin T. Wegners vorgestoßen bin (wie Lola behauptete) oder ob mein Arbeiten an dessen Texten für sie bloß zum Anstoß wurde, sich neu und vielleicht anders mit ihrem eigenen Wegner-Bild auseinanderzusetzen, ist für mich schwer zu sagen. Über den Dichter und Aktivisten war 1984 noch wenig geforscht und noch weniger publiziert worden. Immerhin lässt die Auseinandersetzung Lola Landaus mit meiner Arbeit über Armin T. Wegners Sendschreiben mir deren Abfassung auch heute noch als den größten Gewinn erscheinen, den ich daraus überhaupt hätte ziehen können. Außerdem zeigte sich mir Lolas sprichwörtliche Dankbarkeit hier zum ersten Mal in ihrer ganzen Tiefe.

---

111 Walter Kempowski, Das 1. Album 1981 bis 1986. Frankfurt 2004. S. 113

Lola Landau, Jerusalem, an Jörg Deuter am 5. Dezember 1984

Die Zeitschrift »Sprache im technischen Zeitalter« mit Ihrem Aufsatz über mich kam wenige Tage vor meinem [92.] Geburtstag in meine Hände. Es ist das schönste Geburtstagsgeschenk. Ich danke Ihnen allerherzlichst für Ihre Anerkennung und Ihre Ermutigung. Ich bewundere auch Ihre Einfühlung in das besondere Wesen meines Schreibens: nämlich, daß zuerst mich das Leben packt, so stark, so intensiv. Erlebnisse wie Liebe, Mutterschaft, Krieg, Exil und Wiederaufbau drängten mich, sie niederzuschreiben. Es freut mich, daß Sie Gedichte ausgewählt haben, die mir selber besonders lieb sind, die Friedensgedichte [»Lied der Gefallenen« (1916) und »Brücke des Friedens« (1980)] und »Traumboot« (1980). Auch bin ich froh, daß Sie den »Besuch von Ernst Toller« abgedruckt haben. Besonders beglückend waren Ihre Worte über Armin, über seine Persönlichkeit, die Sie so einprägsam geschildert haben. Ich sende Ihnen nun zwei unveröffentlichte Gedichte von mir: »Schicksal, schenke mir noch ein Jahr« und »Verschwendung – Krieg im Sommer« Dies habe ich während des Krieges im Libanon geschrieben. Mein Sohn und ich wiederholen nochmals herzlich unsere Einladung nach Israel.

Schicksal, schenke mir noch ein Jahr

Schicksal schenke mir noch ein Jahr,
Daß ich mitschwinge im Monatsreigen
Laß mich kräftig und geistesklar
Nochmals die Höhen des Lebens ersteigen.
Mich hinzugeben den Frühlingsgewalten,
Die starre Hülle des Frostes zu sprengen.
Mit neuen Trieben zu schaffen, gestalten,
Was aus dem Dunkel ans Licht will drängen.
Im Sommer laß mich brennen und glühen,
Des Körpers Unbilden von mir streifen.
So daß noch manches Mal frisch Erblühen
Und mit den Ähren langsam Reifen.

Im Herbst, wenn sich die Bäume lichten
Und blätterlos in den Himmel ragen,
Wie sie laß klaglos mich verzichten
Und das Vergängliche ertragen.

Wenn im Winter die Stürme rasen,
Von der Erde des Jahres Abfall blasen.
Laß nach dem Sturm mich geläutert und rein
Befreit vom nichtigen Abfall sein –
Kind wieder, von Urmutter begleitet,
Zur letzten Ruhe vorbereitet.

Verschwendung – Krieg im Sommer

Nie hat ein Sommer so geblüht, noch nie,
Verschwenderisch in seiner reifen Pracht
Als Krieg verschwenderisch den Tod ausspie,
Des Lebens Blüte, Jugend, hingerafft.

Abb. 18. Ernst Toller und Armin T. Wegner im Kreis von Schauspielschülern
in den späten zwanziger Jahren

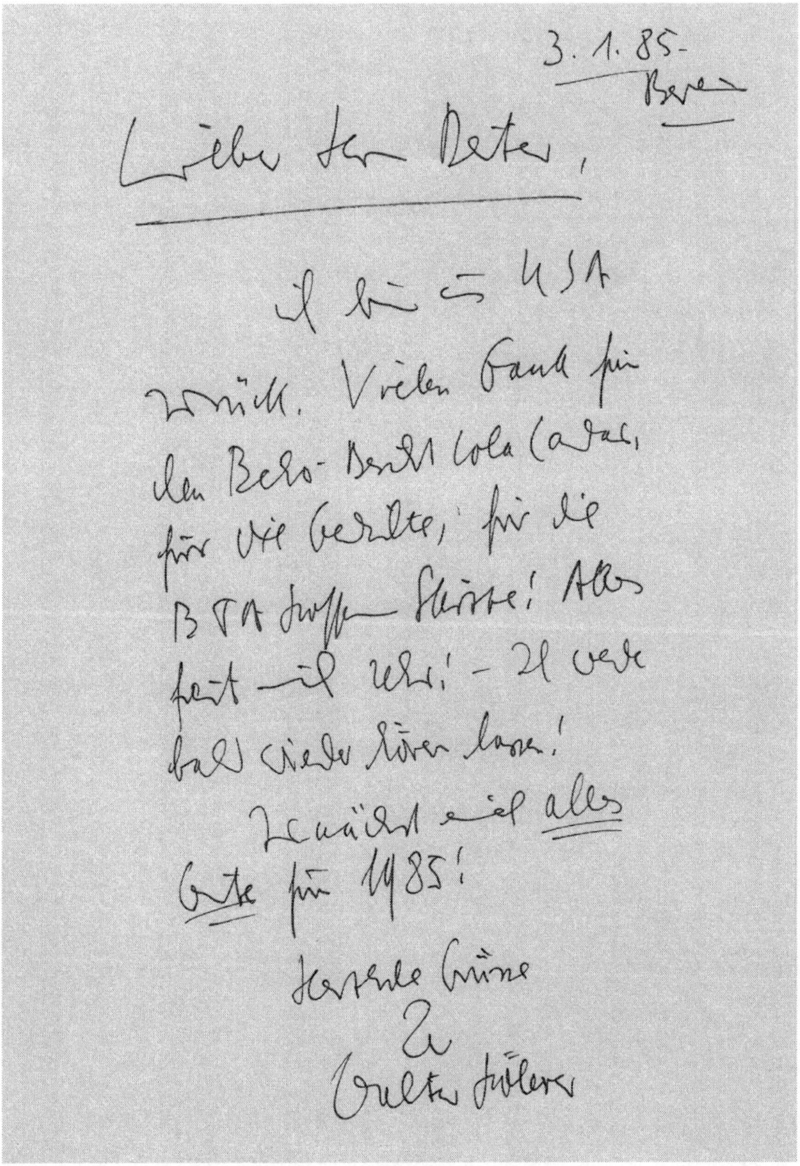

Abb. 19. Walter Höllerer, Berlin, an Jörg Deuter am 3. Januar 1985 mit Dank für die später in »Sprache im technischen Zeitalter« veröffentlichten Gedichte Lola Landaus »Krieg im Sommer«, »Himmelslandschaft« und »Schicksal, schenke mir noch ein Jahr«

Noch nie war Sommer so berauscht von Licht,
Hat Sonnengold verschwenderisch verschenkt.
Wenn Krieg das Lächeln in der Welt zerbricht,
Auf frische Gräber Finsternis sich senkt.
Noch nie hat Vogelruf so hell getönt.
Verschwenderisch sein Morgenruf erschallt,

Wenn auf dem Kriegsplatz schweres Sterben stöhnt,
Verstummt die Menschenstimme durch Gewalt.

Noch atmete er reine Sommerluft,
Selbst sommerlich gereift voll Tatenlust.
Das Kriegsgeschoß zerriß die junge Brust.
Sein letzter Sommer endet in der Gruft.

Warum verschwendet Ihr das edle Gut,
Den Menschen, kostbar, keiner zu entbehren,
Einmalig jeder, neu in Glut und Mut.
Des Menschen Sommer, müßt ihr ihn zerstören?

Anne Linsel, Moderatorin des Kulturmagazins »Aspekte« des Zweiten Deutschen Fernsehens in Mainz, an Jörg Deuter am 5. Januar 1985

Vielen Dank für Ihren Brief vom 1. Dezember 1984 mit dem Hinweis auf die Dichterin Lola Landau. Mit Interesse habe ich Ihren Artikel über L.L. gelesen. Wir werden das Thema in unserer Sendung behandeln, entweder in diesem Jahr oder im nächsten, zu Armin. T. Wegners 100. Geburtstag. Jedenfalls habe ich schon einen Kollegen, der in der kommenden Woche in Jerusalem sein wird, beauftragt, sich um Frau Landau zu kümmern. Sie sehen, Ihr Vorschlag hat Wirkung gezeigt.

Anne Linsel (geb. 1942), Kulturjournalistin und Dokumentar-Filmemacherin, die 1984 bis 1989 das Kulturmagazin »Aspekte« des Zweiten Deutschen Fernsehens moderierte und später Bücher unter anderem über Hilde Spiel und Pina Bausch herausgab, zeigte sich sofort an Persönlichkeit und Werk Lola Landaus interessiert.

Lola Landau, Jerusalem, an Jörg Deuter am 10. Januar 1985

Ich habe Ihnen die erfreuliche Mitteilung zu machen, daß ich einen Brief von Herrn Thomas Hartung (sic), Jojo Filmproduktion, Ringstr. 24, 1000 Berlin 45, erhalten habe, in dem er mir ankündigt, daß in dem Zweiten Deutschen Fernsehen eine zehnminütige Sendung über mein Leben und über meine Arbeit als Lyrikerin stattfinden wird. Herr Hartung schreibt ferner, daß er mich am 14. Januar hier in Jerusalem aufsuchen wird. Gewiss hat er schon Ihren anregenden Artikel in »Sprache im technischen Zeitalter« gelesen. Ich überlasse es Ihnen, lieber Herr Deuter, daß Sie sich eventuell mit ihm in Verbindung setzen. Heute nur in Kürze diese erfreuliche Mitteilung.

Thomas Hartwig (nicht Hartung, wie Lola Landau schreibt, geboren 1941), Kameramann und Drehbuchautor, interviewte Lola Landau für das Kulturmagazin »Aspekte« in dessen Auftrag im Januar 1985. Später gab er die Korrespondenz von Armin T. Wegner und Lola Landau aus dessen Haftzeit unter dem Titel »Welt vorbei« (1999) heraus. Auch ein Teilabdruck von Episoden aus Lola Landaus »drittem Leben«, die bei Veröffentlichung der Autobiographie leider ausgeschieden worden waren, geht auf ihn zurück und wurde unter dem Titel »Positano« (1995) gedruckt. Zuletzt erschien sein Roman »Die Armenierin« (2014), in dem er die Erlebnisse des Sanitätsoffiziers Wegner dichterisch frei. aber mit innerer psychologischer Folgerichtigkeit nachgestaltet. Armin T. Wegners Sohn Michele versah das Buch mit einem anerkennenden Nachwort. Gegenwärtig gibt Thomas Hartwig den Briefwechsel Armin T. Wegners und Lola Landaus heraus.

Rudolf Walter Leonhardt, Chefredakteur der Wochenzeitung »Die Zeit«, an Jörg Deuter am 15. Januar 1985

Vielen Dank für Ihren Brief. Leider ist er bei mir nicht ganz an der richtigen Adresse. Artikel und Artikelvorschläge anzunehmen ist Sache der Ressortleiter; die Chefredaktion mischt sich da möglichst wenig ein. So ist das nun mal bei dieser Zeitung, seit ihrem Bestehen. Ich habe versucht, unseren

Feuilletonchef Fritz J. Raddatz für Ihr Thema zu gewinnen. Das ist mir jedoch leider nicht gelungen. Und damit bin ich an der Grenze dessen angelangt, was ich tun kann. Es tut mir leid. Mit guten Wünschen R.W. Leonhardt

Was Fritz J. Raddatz (1931-2015) davon abhielt, etwas für die vergessene Dichterin zu tun, weiß ich natürlich nicht. Jedenfalls steht es im Widerspruch zu dem in seiner Autobiographie erklärten Willen, die »Aus- und Abgewiesenen« verlegerisch wieder zur Sprache zu bringen: »Da ich viele von ihnen kannte und meist durch Arbeit kannte, – hie Stefan Heym, da Walter Mehring oder Hans Sahl, dort Fritz Kortner, dessen Lektor beim Abfassen seiner Memoiren ich war – kann ich Zeugnis ablegen von Gram und Groll und Bitternis der Davongejagten.«[112]

Jörg Deuter, Rastede/Oldenburg, an Lola Landau vom 5. Februar 1985

Vielen Dank für Ihr Schreiben wegen Ihres Interviews für das Kulturmagazin »Aspekte« und Glückwunsch dazu. Die Fernsehleute scheinen ja prompt zu reagieren und an die Arbeit zu gehen. Ich bin also mehr als nur gespannt, was daraus wird, und freue mich des Echos. Nun kommt es aber vielleicht noch besser. Gestern lernte ich hier in Oldenburg durch einen mehr als merkwürdigen Zufall den Schriftsteller Walter Kempowski kennen. Er hatte an der hiesigen Carl-von-Ossietzky-Universität eine Vortragsreihe und wollte den Abschluß dieser Veranstaltung mit einer jungen Frau, die sich Kempowski als »Wahl-Vater« erkoren hat, durch ein Essen abschließen. Da ich nun neben dieser Wahl-Tochter Kempowskis gesessen, mich immer sehr interessiert mit ihr unterhalten hatte, fragte sie, ob meine Doktorarbeit gedruckt werden würde. Sie werde sich dann das Buch unbedingt kaufen, denn da sei ich ja der dritte Autor, den sie persönlich kenne. Das hatte Kempowski aufgeschnappt und lud mich mit zum Essen ein. Dabei erzählte er, daß er plane, eine Reihe von Autobiographien im Bertelsmann- oder Rowohlt-Verlag herauszugeben, und ob ich nicht Lust hät-

---

112 Fritz J. Raddatz, Unruhestifter. Erinnerungen. München 2003. S. 89

te, die Herausgabe eines Bandes zu übernehmen. Natürlich wäre ich sehr bereit – und ich erzählte von Ihrem Schicksal und der entstehenden Autobiographie. [Die eigentlich schon fertig vorlag. Der erste Teil stammt sogar schon von 1949/53.] Herr Kempowski war sehr angetan von der Idee und sagte zum Schluß: »Sie können Frau Landau schreiben, daß Sie einen Verlag für ihre Autobiographie gefunden haben.« Das wären doch »Schöne Aussichten«!

Es war das erste Mal, daß ich überhaupt ein Seminar Walter Kempowskis besuchte und ich kannte weder die von ihm eingeladene junge Frau, noch war ich im Werk des Autors tiefer belesen. Es war das Thema einer »Schreibwerkstatt« Walter Kempowskis (1929 -2007), das mich in den Kurs gelockt hatte. War ich doch an der FU Berlin, an der ich studierte, in einem ähnlichen Kurs Hans Schumachers, der unter dem Motto stand »Kann man schreiben lernen?« und wollte eigentlich nur Vergleiche ziehen. Nun war ich aus dem Moment heraus dazugeladen worden mit dem echt kempowskischen Satz »Sind der Herr auch ein Autor?« Zumindest fühlte ich mich so und hatte ja auch schon allerhand veröffentlicht. Wir gingen also Essen. Die damals wohl kaum 20jährige junge Frau plänkelte mit W.K., spielte auf manches an, war stolz auf ihr Kind. Kempowski replizierte eher knapp. Er war offen für das, was ihm da von jener Birte zugetragen wurde, stellte sich als Bezugsperson dar und war ein guter Gastgeber. Zudem nahm er an ihren privaten Sorgen Anteil: »Gib mir einen Lockruf. Ich rufe dann zurück.« Sehr Persönliches hat sie an jenem Abend von ihren Eltern erzählt, so zum Beispiel, daß der Vater ein Nazi gewesen sei (wohl gar ein SS-Mann) und die Mutter Jüdin. Auch von ihrer Zeit in Poona (Maharshta) sprach sie, wo sie die Musik meines Namensvetters Georg Deuter (Chaitanya Han Deuter) schätzen lernte und dann von dem von ihr als krönend bezeichneten Moment ihres Indien-Aufenthaltes, jenem, in dem sie einen Blick in den Aschram des Bhagwan (Shri Rajneesh) tun durfte. Sie schien mir zumindest im Gespräch keine geringe Gestalterin, und das hatte wohl auch Kempowski an ihr schätzenswert gefunden, als er sie ein bisschen unter seine Fittiche nahm. Die Qualität jener Beziehung war für mich schwer einschätzbar, zumal ich zu jenem Zeitpunkt weder vom Werk des Autors noch von dessen Rezipientin schon einen festen Eindruck gewonnen hatte. Beim Gastmahl, dessen – wie ich damals meinte – so zufälliger Teilnehmer ich geworden war, erlebte ich die Nähe beider zueinander, wie Walter Kempowski und sie sich gegenseitig die Olivenkerne der verzehrten Pizza auf den Teller spuckten. Beide sprangen offenbar locker miteinander um, so daß bei mir der Eindruck aufkam, Birte sei Kempowskis Wahltochter, deren etwas exzentrische Allüren ihm Material lieferten (»Plankton fischen« nannte er das.), aber auch von echter Sympathie begleitet waren. Das Ganze fand im türkischen Restaurant »Ali Baba« an der Ammerländer Heerstraße in Oldenburg statt. Es sollte für meine nächste Zeit wesentlich werden. Ihr späteres Schicksal? Sie gab ihr Kind zur Adoption frei und heiratete einen britischen Polizisten. (So hat es mir Hildegard Kempowski jedenfalls viel viel später erzählt.) Besucht habe ich sie dann noch einmal in einer etwas düsteren Wohnung im Souterrain nicht weit von der Universität, und wir nahmen sie mit Krisos Ente nach Nartum mit ins »Haus Kreienhoop« zu den Kempowskis. Aber das bezieht sich schon auf die Erinnerungen an Walter und hat mit Lola Landau eigentlich nichts mehr zu tun. Für mich hatte Birte das Verdienst, meine Bekanntschaft mit dem Schriftsteller, aus der eine Freundschaft werden sollte, eingeleitet zu haben. Sofort habe ich Walter Kempowski damals mit der Autobiographie »Meine drei Leben« bekannt machen dürfen, und er hat sich deutlich beeindruckt gezeigt. Ob die Lektüre des Skripts sich in seinen Tagebüchern widerspiegelt, wäre nachzuprüfen. Leider sind die Tagebücher für das Jahr 1985 noch nicht ediert worden. Ich hatte eine für mich folgenreiche literarische Bekanntschaft geschlossen, weil – wie »Kempo« mir erst viel später sagte, – jene Birte mich kennenlernen wollte. Schon bei jenem Essen muß ich von Lola Landau berichtet haben, wie der tags darauf von mir an Lola geschriebene Brief es dokumentiert. Ganz offensichtlich war Lola Landau wohlinformiert. Sie wusste sofort, wen ich da kennengelernt hatte – und reagierte hocherfreut.

Ob Lola oder ihr Buch daneben auch in das literarische Werk Kempowskis eingingen, weiß ich nicht. Es waren die Jahre der »Hundstage« (1988) und von »Mark und Bein« (1992). In die Gestalt des »Jonathan Fabrizius« sind Züge meiner Person eingeflossen, der ich im Kempowski-Kreis »Deuterus« genannt wurde. Aber Jonathan ist schon ganz Kunsthistoriker und Sammler, während ich an beiden Fächern nebeneinander, der Kunstwissenschaft und der deutschen Sprach- und Literaturwissenschaft festhielt. Ein Chronist der Werke Walter Kempowskis müsste einmal herausfinden, ob Lola Landaus Wurf, ihre Romanautobiographie, in seine Romane hineingreift. Spurlos am Schriftsteller vorüber gegangen zu sein scheint das Buch »Meine drei Leben«, das damals noch gar kein Buch war, sondern aus vier von mir an ihn zur Lektüre weitergegebenen Aktenordnern bestand, jedenfalls nicht, wie aus seinem Dank zu entnehmen war. Er bedankte sich, »daß ich es ihm zugänglich gemacht habe«. Er las Lola Landaus Memoiren gleichzeitig mit der ihm von mir ebenfalls empfohlenen Autobiographie des Mode-Photographen Erwin Blumenfeld (1897-1969), »Jadis et Daguerre«, die deutsch damals unter dem völlig unpassenden, ja geradezu diffamierenden Titel »Durch tausendjährige Zeit« (1975) vorlag und die ich ihm geschenkt hatte, weil sie mich selbst stark beeindruckte. Für ihn waren beide Bücher offenbar Manifestationen, wie jüdische Intellektuelle »ihr« zwanzigstes Jahrhundert vom Kaiserreich bis in die fünfziger Jahre hinein durchlebt und wie sie es, nicht ohne Humor und Sarkasmus, jeweils für sich gedeutet haben. Ich würde die beiden Bücher auch heute noch nebeneinanderstellen. Bei aller Distanz zum literarischen Schaffen anderer, die er unmissverständlich, ja abweisend zur Schau tragen konnte, (Ich habe ihn öfter so erlebt, wenn es darum ging, an ihn herangetragene Literatur zu beurteilen.) stand Walter Kempowski dem literarischen Werk dieser Vergessenen weit aufgeschlossener gegenüber als sein Förderer und Freund, der Lektor Fritz J. Raddatz.

Lola Landau, Jerusalem, an Jörg Deuter am 21. Februar 1985

Allerherzlichsten Dank für Ihren Brief vom 5.2. mit der wunderbar erfreulichen Nachricht, daß eine starke Aussicht besteht, meine Autobiographie im Bertelsmann- oder Rowohlt-Verlag herauszugeben. Mein Sohn Alf wird Ihnen morgen ein vollständiges Exemplar der Autobiographie senden – mit Luftpost. Die Autobiographie ist schon einige Zeit vollendet, man kann – wenn der Verlag dies für opportun hält – auch an Kürzungen denken. Ich bin in fester Verbindung mit einer Agentur in Zürich, Dr. Ruth Liepman AG, Maienburgweg 88, CH 8044 Zürich. Wir haben gerade mit dieser Frau nach Empfang Ihres Briefes telephoniert. Ich möchte Ihnen berichten, daß inzwischen ein Interview mit Thomas Hartwig stattgefunden hat. Wann das Programm gesendet wird, ist noch nicht klar. Ich kann Ihnen gar nicht genug danken für Ihr Interesse und für Ihre Hilfe. Neben mir sitzt mein Sohn Andreas, der unsere Einladung nach Israel wiederholt. Ich wünsche Ihnen zum Abschluß Ihrer Doktorarbeit vollen Erfolg!

Ruth Liepman (1909–2001) begründete und führte in Zürich 1949 eine der frühesten Literaturagenturen und vermittelte die Werkrechte von Norman Mailer, Vladimir Nabukov oder Stephen King. Außerdem hatte sie zeitweise die »literarischen Nachlässe« von Anne Frank oder Erich Fromm in ihrem Portfolio, also wohl das Tagebuch der Anne Frank. Als Juristin 1934 gerade noch in Hamburg promoviert, wurde sie allerdings schon kurz darauf wegen vermutlicher »Vorbereitung zum Hochverrat« gesucht, was mit ihrer Untergrundarbeit als Mitglied der KPD zusammenhing. Durch eine Scheinehe Schweizer Staatsbürgerin geworden, war seit 1937 ein relativer Schutz für sie gegeben und sie konnte – anonym zwar – sogar an dem für Emigranten herausgegebenen Sammelband »Die Rechtslage deutscher Staatsangehöriger im Ausland« (Haarlem 1937) mitarbeiten. Auch waren anfangs Kurierdienste von Holland nach Deutschland noch möglich. Das Untertauchen nach der Okkupation der Niederlande, getarnt als Hausmädchen in einer calvinistischen Arbeiterfamilie, sicherte ihr Überleben. Die von ihr und ihrem zweiten Ehemann nach dem Krieg aufgebaute Literaturagentur kann als eine der erfolgreichsten bezeichnet werden. Daß mir gelang, was dieser weitvernetzten *Grand Dame* nicht gelungen war, nämlich Lolas Landaus Autobiographie zum Verlag zu verhelfen, hat mich als jungen Menschen damals mit leisem Stolz erfüllt. Dankbar schenkte Lola mir das Typoskript ihrer Autobiographie.

Bettina Rau, meine spätere Schwägerin, Heidelberg, an Jörg Deuter am 14. April 1985

Vielen Dank für Deinen Brief und auch für den an Lola. Du wirst wahrscheinlich über Stephanie erfahren haben, daß ich am Mittwoch, dem 3. April, bei Lola abends eingeladen war. Sie hatte Deinen Ankündigungsbrief schon vorher erhalten. Unser ursprüngliches Programm war geändert worden, so daß wir gleich die ersten vier Tage in Jerusalem verbrachten und am Karfreitag Richtung Galiläa weiterfuhren. Das war mein Glück, wie sich dann beim Telephongespräch mit Lola herausstellte! Sie wurde nämlich am 4. April abgeholt, um den Sederabend und das Pessachfest bei ihrem Sohn mit Familie im Moshav Moledet zu verbringen. Lola gab mir einen Brief und verschiedene ihrer Gedichte an Dich mit. Aber jetzt zu ihr selbst: Sie ist eine ganz reizende und geistig ja noch so aktive Frau. Körperlich geht es ihr nicht ganz so gut: Sie braucht zum Gehen einen Walker. Schon bei unserem Telephongespräch merkte ich, daß sie für ihr Alter noch eine unheimlich junge Stimme hat. Sie wollte mich unbedingt kennenlernen und freute sich (wie Du bereits sagtest) sehr, endlich wieder einmal deutsch sprechen zu können. Ihre Wohnung, in einem größeren Appartementblock, am Herzl-Boulevard lag nur etwa zehn Minuten zu Fuß von unserem Hotel entfernt. Wir hatten es gleich am ersten Abend ausgekundschaftet, hatten allerdings noch ein kleines Problem, als wir dann vor den vielen Türklingeln standen: Wir konnten die hebräischen Schriftzeichen nicht entziffern, fragten dann aber eine Frau, die aus dem Haus kam. Lola erzählte ganz begeistert von Dir, sie würde Dich gerne kennenlernen. Dann hat sie mich gebeten, Dich doch zu bitten, ihr ein Photo von Dir zu schicken. Sie meinte lächelnd zu mir, sie würde, wenn sie fünfzig Jahre jünger wäre, einen Liebesbrief an Dich schreiben. Ich soll es Dir ausrichten! Ein Photo von ihr konnte ich leider nicht machen, da es ihr nicht so recht war. Sie fragte nach

Deiner Arbeit, erzählte viel über ihre Familie, berichtete über Moledet und gab mir sogar einen Brief an unseren Reiseleiter mit, in dem sie vorschlug, nach Moledet zu fahren, wo uns ihr Sohn Andreas gerne herumführen würde. Eine ganz liebe Idee. Leider konnte sie nicht verwirklicht werden, da die Zeit für unseren Aufenthalt in Galiläa schon viel zu kurz war. Dann wollte sie viel über Deutschland, die junge Generation, Heidelberg, mein Medizinstudium und einiges mehr wissen. Wir kamen auch auf Musik. Dann zeigte sie mir ihre – bescheiden eingerichtete – Wohnung, ihre Bilder (nicht von ihr gemalt, um Mißverständnisse zu vermeiden) und Bücher. Ich muß jetzt unbedingt etwas von ihr lesen! Aber ich war erstaunt, wie vergleichsweise wenig Bücher eine Schriftstellerin besitzen kann. Sie hat ein Wohnzimmer, Arbeitszimmer (das gleichzeitig Schlafzimmer ist), Flur, Küche und Bad. Beim Abendessen kamen wir auf israelische Autoren. So kennt sie unter anderem natürlich Schalom Ben-Chorin [der ihr Vermieter von 1949 bis 1961 war]. Sie wird unter anderem betreut von Ziona, einer Mittvierzigerin, mit der ich mich gleich prima verstand und die mich an der Tür empfing. Kommunikation mit Händen und Füßen und Lola als Dolmetscherin, da Ziona nur ein paar Worte Englisch und Deutsch kann. Sie schaut nach Lola, macht den Haushalt und kochte uns gleich Rührei zum Abendessen. Sie zeigte mir auch gleich Bilder von ihren vier Kindern, allesamt Söhnen, soweit ich mich erinnere. Leider habe ich den photokopierten Artikel aus dem »Merian« Israel über Armin T. Wegner in Öhringen vergessen. Ich schicke ihn ihr ein anderes Mal mit. Auch habe ich mit Andreas Marck telephoniert. Ich mußte ihm ja wegen des möglichen Besuchs Bescheid geben und habe mich sehr gut mit ihm unterhalten. Ich denke sehr gerne an den Abend bei Lola zurück. Gerne hätte ich sie noch Verschiedenes gefragt, durfte sie aber nicht zu sehr anstrengen. Wenn Du noch detailliertere Informationen wünschst, laß es mich bitte wissen!

Ich erinnere mich: Die aus dem Jemen stammende Helferin Ziona war auf ihre vier Söhne sehr stolz, deren Stattlichkeit sie uns anhand von Photos demonstrierte. Für Lola war es wichtig, daß diese zweite nicht-europäische Einwanderer-Generation in Israel inzwischen einen Grad an Verwestlichung angenommen hätte, der sie auf die Europäisierung Israels, auch was kulturelle Traditionen und einen urbanen Lebensstil angehe, hoffen ließ. Darin war die noch im *fin de siècle* Geborene ein Kind ihrer Zeit. Israel war für sie ein Teil Europas, und nicht nur ein Auffangbecken europäisch-jüdischer Traditionen, sondern der Staat, der zu deren Verwirklichung und Weiterentwicklung die europäische Kultur nutzen mußte. So sehr sie hebräisch sprechende Kreise schätzte, so wesentlich erschien ihr die sprachliche und kulturelle Anbindung an die westliche Welt. Araber lehnte Lola Landau ab, und ich erinnere mich lebhaft ihres sehr mißbilligenden Erstaunens, als wir – innerhalb Jerusalems unser Quartier wechselnd – in den arabischen Teil der Altstadt umzogen, in eine alte ehemalige Pilgerherberge, genannt »Knights' Palace« beim Jaffa-Tor. Auch hierin war sie offen.

Lola Landau, Jerusalem, an Jörg Deuter am 22. April 1985

Herzlichen Dank für Ihren Brief vom 22. März. Es war mir eine Freude, Bettina, die Schwester Ihrer Freundin Stephanie Rau, kennen zu lernen. Sie ist ein sehr sympathisches und interessantes Mädchen, und was mich besonders interessierte, war ihr Wechsel vom Sprachstudium zur Medizin. Leider war sie nur einen Abend bei mir, da sie in einer Gruppe mit festem Reiseprogramm reiste. Ich habe versucht, dem Führer dieser Gruppe vorzuschlagen, Moledet zu besuchen. Aber es ließ sich leider nicht einrichten. Nun danke ich Ihnen von ganzem Herzen für die Schilderung Ihres Eindrucks, den Sie von meiner Biographie gewonnen haben, Es interessierte mich natürlich zu hören, welche dramatischen Szenen meines Lebens, verursacht durch die besonderen Zeitumstände, Ihnen gefallen haben. Ich selber bin der Meinung, daß diese Biographie sehr starker Kürzungen bedarf, und da brauchte ich Ihren objektiven Rat. Ich hatte daran gedacht, im ersten Teil die Episode des Schwind-Festes und seine Folgen, die Neigung und Enttäuschung zu einem jungen Referendar, zu streichen. Dann ferner noch die Revolution, die Parteikämpfe. Im dritten Teil scheint mir zu breit die Schilderung der Einwanderer, in diesem dritten Teil würde ich das Hauptgewicht auf meine Arbeit als Lehrerin am Toten Meer legen, dann auf die Freundschaft mit Chewroni (sic), die eine tiefere Kenntnis jüdischer Tradition, aber auch das Wiedererwachen meiner schriftstellerischen Tätigkeit auslöste. Wesentlich erscheint mir auch die Schilderung des belagerten Jerusalem nach der Ausrufung des Staates Israel, ebenso der Abschluss mit der Feier in Moledet. Diese Kürzungen ließen sich sehr leicht durchführen. Sie würden bei einer hoffentlichen Veröffentlichung dem Buch zustattenkommen. Für Ihre Bemühungen bei Herrn Kempowski, die Veröffentlichung des Buchs zu fördern nochmals vielen Dank. Ich hoffe sehr, daß Sie es einmal ermöglichen können, Israel zu besuchen. Ich wünsche Ihnen den allerbesten Erfolg für Ihre Arbeit.

Es wurden leider ganz andere Kürzungen vorgenommen: So kam es zur so gut wie vollständigen Streichung des dritten Lebens, was den Buchtitel sinnentleert erscheinen lässt. Stattdessen blieben das »Schwindfest« und glücklicherweise auch die »Parteienkämpfe nach 1918«, für deren Beibehaltung ich dringend plädiert hatte, erhalten. Leider fiel so gut wie alles fort, was Lola Landau über ihre Arbeit in Israel und das Miterleben des Aufbaus schreibt. Zwei Kapitel: Ihre Zeit in Positano 1939, das sie als eine sich selbst betrügende und betäubende Idylle der oftmals völlig geschichtsvergessenen Emigranten beschreibt, und ihre Tätigkeit als Englischlehrerin in einem Pottaschewerk am Toten Meer 1941 bis 43, sind unter dem Titel »Positano oder der Weg ins Dritte Leben« (1995) im Verlag Das Arsenal erschienen, waren ursprünglich aber fester Bestandteil der Darstellung des »dritten Lebens« der Autobiographie. Die ebenfalls dort angesiedelten Passagen »Kiryat Anavim« und »Im belagerten Jerusalem« waren zuvor 1987 in einer kleinen Festschrift für Lola Landau veröffentlicht worden, die »Leben in Israel« heißt. Diese Aufsplittung des dritten Teils der Autobiographie ist sehr zu bedauern. Vielleicht wird das Werk eines Tages doch noch als so komponierter und zusammengedachter Komplex ihrer drei Leben ediert?

Kein Verlust bei den Kürzungen waren hingegen die allzu dankbaren Worte, die die Autorin ihrem ersten Nachkriegs-Verleger, dem NS-Barden Gerhard Schumann (1911–1995)[113] widmete. Die

---

113 Über Gerhard Schumann liegt die Dissertation von Simone Bautz, Gerhard Schumann. Biographie, Werk, Wirkung eines prominenten nationalsozialisti-

für Außenstehende unerklärlich milde Sicht auf diesen Verleger scheint wesentlich durch die Freundschaft ihres Sohnes Alf mit Schumann und seiner Frau Erika geprägt worden zu sein. Gerhard Schumann war Führer der Tübinger NS-Studentenschaft, als diese bereits im April 1933 eine vorgezogene Bücherverbrennung plante. Dieses Vorpreschen hat er dann aber abbremsen müssen, nicht etwa aus rechtlichen oder gar ethischen Bedenken heraus, sondern, weil er einen Konflikt mit den Parteigliederungen und der SA vermeiden mußte, die bei einer solchen Aktion federführend bleiben und sie reichswert einheitlich gestalten wollten. Schumann wurde 1935 Träger des ersten »Schwäbischen Dichterpreises«, erhielt 1936 in Anwesenheit Hitlers den »Nationalen Buchpreis«, war bereits 1938, mit nur 27 Jahren, Leiter der »Abteilung Schriftsteller« der Reichsschrifttumskammer und wurde 1943 erster Präsident der Hölderlin-Gesellschaft. Ebenfalls 1943 avancierte er zum Chefdramaturgen des Württembergischen Staatstheaters in Stuttgart. Eine nationalsozialistische Bilderbuchkarriere ist es, die hier mit gesinnungsloser Folgerichtigkeit vor uns abrollt. Nach dem Krieg fiel Schumann nicht ins Nichts. Er wurde Verleger einer großen Buchgemeinschaft und war auch gesellschaftlich wieder hochangesehen. Da konnte die Freundschaft mit der emigrierten jüdischen Dichterin als schmückendes Ornament wohl einen Schlußstein im restaurati-

schen Autors, Gießen 2008, vor, die vor allem dessen Werdegang im Dritten Reich detailliert nachvollzieht. Den Wiederaufbau des »Hohenstaufen-Verlags« nach dem Krieg (Es hatte bereits 1936 bis 44 einen Verlag dieses Namens in Stuttgart an der Uhlandstraße 20 gegeben, dessen Leiter ebenfalls Schumann gewesen war.) beschreibt die Autorin anhand eines umfassenden Profils der dort vertretenen Autoren, die fast ausnahmslos dem NS-Regime nahestanden. Über Lola Landau als Schriftstellerin äußert sie sich auf S. 327/28, wie es mindestens zu erwarten ist, neutral, nur kurz und unter Hinzuziehung des weiter unten angeführten Zitats von Eugen Gerstenmaier. Hintergrundinformationen über die seltsame verlegerische Symbiose des ehemaligen NS-Kulturfunktionärs und Parteidichters und der Jüdin und Pazifistin gibt sie uns nicht, so dass ich meine These, diese sei aus der engen Freundschaft der Schumanns mit Alf Marck erwachsen, beziehungsweise durch diese am Leben erhalten worden, für die bislang plausibelste Begründung einer solchen Mesalliance halte.

ven Wiederaufbau bedeuten. Schumann stellt die Kontaktaufnahme mit ihr in seiner Autobiographie denn auch relativ breit heraus: »Wenn im Sommer 1968 die jüdische Emigrantin Lola Landau, die seit 1936 in Jerusalem lebt, mit ihrem Sohn Alf, der als Lehrer für Deutsch in Oxford tätig ist, zu mir nach Bodman kommt und mir ihre ergreifenden deutschen Gedichte zur Herausgabe anbietet, wenn sie mir (!) auf meinen Einwand, ob sie an meiner ›politischen Vergangenheit‹ keinen Anstoß nähme, sei ich doch im Jahr 1936 mit dem höchsten deutschen Literaturpreis, dem Nationalen Buchpreis, ausgezeichnet worden, mir (!) zur Antwort gibt: ›Ich kenne sie als Mensch aus ihren Gedichten. Meine Gedichte wären bei Ihnen in guter Hand.‹ – Und [statt: dann] wäre das nicht auch ein Beispiel der Versöhnung und Bewältigung der schrecklichen Vergangenheit?«[114] Abgesehen von sprachlicher Inkonsequenz, vom doppelten Pronomen und vom Satzbruch mit einem Neuanheben wird hier eine Selbstgerechtigkeit spürbar, die Lola Landau so nicht entgangen sein kann. Ging sie Dichtern gegenüber, die nach 1933 in Deutschland bleiben und weiter publizieren konnten, sonst doch auf Distanz. Sie versagte sich sogar, den Kontakt zu dem damals als Funktionär tätigen Hanns-Martin Elster (1888–1983) aufzunehmen, als es darum ging, Armin T. Wegner mit dessen Hilfe aus dem KZ Oranienburg frei zu bekommen.[115]

Daß Schumann nach 1945 den »Nationalen Buchpreis«, der doch bloß ein »nationalsozialistischer Buchpreis« gewesen war, noch als Ehrung einschätzte, und dies einer jüdischen Autorin gegenüber sogar noch betonte, sagt eigentlich schon alles aus, nicht nur über Schumanns ungebrochene Selbsteinschätzung, sondern auch über sein unverändertes Weltbild. Birgitta Hamann hörte von Alf Marck, daß nach Schumanns kurzem Eingeständnis, er sei doch ein überzeugter Nationalsozialist gewesen, ob sie denn solch einen als Verleger wolle, zwischen Lola und ihm nie wieder von dieser

---

114 Gerhard Schumann, Besinnung. Von Kunst und Leben. Bodman 1974. S. 198
115 Armin T. Wegner, Börgermoor ohne Datum, an Lola Landau, Berlin, (September/Oktober 1933), in: Armin T. Wegner / Lola Landau, »Welt vorbei«. Die KZ-Briefe. Berlin 1995. S. 26/27

Vergangenheit gesprochen worden sei. Das setzt sein Selbstbild ins »rechte« Licht und entspricht genau dem, was Lolas Tochter Sibyll Stevens als ihren Eindruck von der Hildesheimer Klassenreise noch 1985 nach England mitnahm: Die Generationen sprachen nicht, sondern schwiegen miteinander, genauer gesagt: Die Älteren blieben verschwiegen. Die Jüngeren fragten nicht nach. Noch 1957 hat Gerhard Schumann in einer Neuherausgabe seiner frühen Gedichte aus der NS-Zeit das für ihn nur vorläufige Übergehenmüssen der Partei-Hymnen so begründet: »Es ist selbstverständlich, daß dabei die Verse, mit denen ich hoffend, gläubig und warnend (!) zu dem übermächtigen Gegenwarts-Schicksal meiner Jugend mich vernehmen ließ, zurückstehen müssen.« Sicherlich war Lola Landau froh und beglückt, im Sprachraum ihrer Dichtung wieder einen Verlag gefunden zu haben. Die aus dieser Dankbarkeit resultierende Hinnahme einer literarischen Vergangenheit ihres Verlegers, die nur als geistige Mittäterschaft bezeichnet werden kann, erscheint uns Heutigen als zu weitgehend. Schumann hatte sich nicht einmal von seinen NS-Hymnen zu distanzieren vor, sondern sah deren Wiederveröffentlichung noch 1962 hoffend entgegen: »Noch ist der zeitliche Abstand zu kurz, noch brennen die Fragen um Schuld und Schicksal zu quälerisch in unseren Herzen, als daß ich selbst oder die wägenden Freunde zu unterscheiden wagten, was notwendiges Dokument bleiben wird und was nur zeitbedingtes Tages-Wort gewesen ist.«[116] Wenn sie im Hohenstaufen-Verlag zudem mit Veteranen wie Friedrich Franz von Unruh oder Wilhelm von Scholz zusammentraf, Autoren wilhelminischer Prägung, die in den sechziger Jahren immer noch gegen die »Psychologisierung der Literatur« anschrieben, so war nicht nur der Verleger, sondern auch das gesamte Verlagsprofil zweifelhaft. Insgesamt gesehen machte schon dieses verlegerische Konzept klar, daß hier das Schicksal der Juden im NS-Regime als ein abgeschlossenes Thema betrachtet wurde und daß Exilliteratur in den Buchclubs und Verlagen Schumanns sonst nicht vorkam. Von einer Aufarbeitung der NS-Vergangenheit

---

116 Gerhard Schumann, Nachwort, in: Die Tiefe trägt. Gedichte einer Jugend (1957). 2. Auflage. Stuttgart 1962. S. 185

konnte nicht die Rede sein. Die Radikalität ihrer sonstigen Lebensführung hätte Lola Landau, so meine ich, erhalten bleiben müssen, und sie hätte sich sagen müssen, daß sie sich mit dem »Hohenstaufen-Verlag« ins publizistische Abseits begab. Daß Schumann auch im Nachkriegsdeutschland wieder ein schneller Gewinner mit oft seichter geistiger Ware war, dürfte Lola Landau mit dieser Schärfe allerdings nicht erkannt haben können, da sie ihn nur besuchsweise am Bodensee als Privatmann und zudem offenbar generösen Gastgeber erlebte. Sein publizistisches Großunternehmen, den »Europäischen Buchclub« mit 200.000 Mitgliedern, hat sie nicht mehr in Blüte stehen sehen, und ob »Das deutsche Kulturwerk europäischen Geistes« ihr ein Begriff war, kann bezweifelt werden. Endlich durfte eine verfolgte und vergessene Autorin ihre Bücher veröffentlichen und dafür war sie, so leidgeprüft und sprachlos wie sie war, einiges auf sich zu nehmen bereit. Der naheliegende Verdacht besteht wohl zu Recht, daß Schumann sich der jüdischen Autorin als Legitimation und Feigenblatt für sein Verlagsprogramm als Kleinverleger bediente, womit er Lola Landaus Büchern die Möglichkeit einer breiteren Wahrnehmung von vornherein abschnitt. Das abweisende Klima, das der Würdigung Lola Landaus in überregionalen Tages- und Wochenzeitungen noch bei meinen damaligen Bemühungen, ihr Presse-Resonanz zu verschaffen, entgegenschlug, dürfte sehr wesentlich mit dieser Verlagswahl zusammenhängen. Wie hatte Schumann doch über »die Presse« geurteilt: »Statt wie heute weithin sich als Komplizen des Bestseller-Managements zu betätigen oder gar unter dem ost-gesteuerten Schlagwort ›Demokratisierung‹ als ›nützliche Idioten‹ den Marsch des roten Meinungsterrors durch die Institutionen vorzubereiten (…), müßten die Organe der Meinungsbildung wieder bereit sein, die ganze breite Vielfalt des geistigen Spektrums zu spiegeln (…).«[117] Kunststück, daß die solchermaßen abgestraften »nützlichen Idioten« kein Interesse an den Selbstglorifizierungen des Gerhard Schumann hatten, der sich von einem Politiker, dem Bundesfamilienminister

---

117 Gerhard Schumann, Besinnung. Von Kunst und Leben. Bodman 1974. S. 199

Bruno Heck, so bejubeln ließ: »Ein schöneres Symbol zum Heiligen Abend wird kaum jemand aufweisen können als: Sie und Lola Landau für ein Werk vereint.«[118] Die Kritik lobte »die ebenso erschütternde wie menschlich vornehme Gestaltung des Emigrantenschicksals«, woraufhin der heutige Leser sich fragt, wie eine menschlich »unvornehme« Schilderung der dauerhaften Verbannung denn ausgesehen hätte. Die Antwort erhält er in den nächsten Zeilen derselben Rezension zumindest indirekt: »Was tief durchlebte deutsch-jüdische Existenz einmal war und immer noch sein kann, das wird in diesem Buch dokumentiert: tonrein, klaglos, versöhnlich, in makellosem Deutsch.«[119] Der Rezensent vergaß zu erwähnen, daß diese deutsch-jüdische Existenz nun in Jerusalem stattfand und in ihrer letzten Generation angelangt war. Man sieht: Noch um 1970 hatten Emigranten »klaglos« zu sein, und daß sie weiterhin makelloses Deutsch schrieben, war trotz Ausbürgerung und Entrechtung, eine erwartbare Tatsache. Diese Rezension würde man als Spätling der Nachkriegsverdrängung ablegen können. Immerhin aber hieß der Rezensent Dr. Eugen Gerstenmaier (1906 –1986), war im NS-Regime verhaftet worden und hatte dem Kreisauer Kreis nahegestanden. Ein solches Urteil zeigt, wie weit das Wegreden der Katastrophe reichte, selbst bei NS-Opfern, die in der Bundesrepublik politisch Karriere gemacht hatten.

Lola Landau, Jerusalem, an Jörg Deuter am 21. Mai 1985

Herzlichen Dank für den Brief vom 6. Mai und auch besonderen Dank für das Bild. Ich habe es lange betrachtet, um, soweit man aus einem Bild lesen kann, die Persönlichkeit zu entziffern. Ich sehe eine hohe Stirn, in der viele interessante und neuartige Gedanken in Bewegung sind. Ich sehe aufmerksame, forschende Augen, und unwillkürlich mußte ich an das schöne

---

118 Bruno Heck (1917-1989), Bundes-Familienminister von 1962 bis 68, zitiert in: Gerhard Schumann. Besinnung. Von Kunst und Leben. Bodman 1974. S. 201

119 Eugen Gerstenmaier, Rezension von Lola Landau, »Hörst Du mich reden, kleine Schwester?«, in: Deutsche Zeitung – Christ und Welt, vermutlich 1971, zitiert nach einem Werbeblatt des Hohenstaufen-Verlages

»Abendlied« von Gottfried Keller denken »Trinkt Augen was die Wimper hält, vom goldenen Überfluß der Welt.« Vor allem aber sehe ich die Klarheit und Harmonie Ihres Wesens, wie sie sich auch in Ihrer Handschrift ausdrückt. Sie sind noch jung, und vieles in der Entwicklung Ihres Lebens steht Ihnen noch bevor. Ich lege Ihnen ein Gedicht bei, das meinen Wunsch ausdrückt, noch einmal jung zu sein. Bei dieser Gelegenheit bitte ich Sie, mir die Zeitschrift, in der meine Gedichte abgedruckt sind,[120] zu schicken. Nun allerherzlichsten Dank für Ihre Bemühungen, meine Autobiographie zur Veröffentlichung zu bringen. Ich wollte Sie im Vertrauen etwas fragen: Falls die Veröffentlichung davon abhängt, daß ich zur Drucklegung einen Kostenbeitrag gebe, wäre ich dazu bereit. Ich weiß aber nicht, ob man dies schon jetzt erwähnen soll und überlasse es vollkommen Ihrem Taktgefühl. Vielleicht äußern Sie sich über diesen Punkt? Von der so sympathischen Tina Rau erhielt ich einen schönen Kartengruß aus Heidelberg. Ich antwortete mit einem Kartengruß aus Jerusalem, sie bald wieder in Israel zu sehen. Ich möchte Sie darauf aufmerksam machen, daß meine Tochter Sybille am 9. Juni nach Alfeld, nicht weit von Hildesheim, fährt. Sie ist die Gruppenleiterin einer Austauschreise von zwanzig Leuten, hauptsächlich Schülern von ihr. Es wäre sehr erfreulich, wenn es gelingen würde, daß Sie und meine Tochter sich treffen würden. Sibylle ist sehr Armins Tochter, hat

Abb. 20. Jörg Deuter, Photographie von Hergen Deuter, 1985
@ Hergen Deuter, Hude

120 Es handelte sich um die März-Ausgabe 1985 der von Walter Höllerer und Norbert Miller herausgegebenen Zeitschrift »Sprache im technischen Zeitalter«, in der ich Lolas Gedichte »Schicksal, schenke mir noch ein Jahr« (1984), »Verschwendung – Krieg im Sommer« (1978) und »Himmelslandschaft« (1983) erstmals vorstellen konnte.

seine blauen Augen und auch manche seiner besonderen Bewegungen und seinen Gang geerbt. Aber ihr Wesen ist unkompliziert, und sie ähnelt der Großmutter von Armin, der Mutter der Mutter, einer Gutsbesitzerin, die Armin sehr liebte. Sibylle ist eine wunderbare Gärtnerin und Lebenskünstlerin. Mein Sohn Andreas und ich wiederholen herzlich die Einladung, uns in Jerusalem und Moledet zu besuchen.

Sibyll Stevens-Wegner, Wroxham/Norfolk, an Jörg Deuter
am 27. Juni 1985

Es war so nett mit Ihnen zu sprechen und ich würde mich wirklich freuen, Sie persönlich kennen zu lernen. Wenn Sie mal nach England kommen, besuchen Sie uns bitte. Sie sind sehr herzlich willkommen. Mein Besuch in Deutschland war sehr schön, doch sehr anstrengend, ich war jede Minute in Atem gehalten. Wir hatten ein sehr volles Programm, haben sehr viel gesehen und wurden sehr herzlich empfangen und bewirtet. Wir lernten nur die jüngere Generation kennen; keine der Familien, wo wir zu Gast waren, war in unserem Alter, also über 60. Ich hatte das Gefühl, daß im Bezirk Hildesheim die Naziperiode ein Thema ist, über das man nicht spricht. Dort war die Nazibewegung ja am Anfang sehr stark, und die jüngere Generation weiß gar nicht, was die Einstellung ihrer Eltern war und ist. Man schweigt einfach darüber, und viele jüngere Menschen haben ein schreckliches Schuldgefühl. Ich finde, sie sollten es nicht haben, sie sind ja alle nach der Hitlerperiode geboren und sind schuldlos. Ich wünsche Ihnen Erfolg mit Ihrer Arbeit, und hoffentlich haben wir bald Gelegenheit, uns kennenzulernen.

Diese Gelegenheit ergab sich leider nie, aber Sibyll Stevens-Wegner (1923–2016) hat – es muß 1990 gewesen sein – das oben abgedruckte umfangreiche Skript für mich verfaßt, das ihren ganz persönlichen Erinnerungen an ihre Mutter gilt, und sie hat mich zuletzt geradezu dazu ermuntert, meine Lola-Landau-Briefe herauszugeben und mit den ihnen beiliegenden Gedichten zu begleiten, was vermutlich ohne diese Anregung niemals geschehen wäre.

Lola Landau, Jerusalem, an Jörg Deuter am 2. September 1985

Heute möchte ich Ihnen nur mitteilen, daß am 30. August mein Beitrag in dem Kulturmagazin »Aspekte« gesendet worden ist. Mein Enkel John March [in Köln] telefonierte mir, daß er die Sendung gesehen hat. Lieber Jörg, ich denke dabei, wieviel ich Ihnen für Ihr Interesse zu danken habe. Vielleicht wird diese Sendung der Verlag ermutigen, meinen autobiographischen Roman anzunehmen. Ich hoffe, Sie sind wohl und erfolgreich tätig.

My Body the Horse

My body now is an obstinate horse,
whom I am not able to tame.
Once fiercy and loveable, now plain and coarse,
for me a sad sight and a shame.

My body, the horse, is slow on a trip,
And if I put it to spurs,
He stubbornly stops, from the place does not stir
And mockingly stiffens its lip.

If I bridle my horse and keep him in check,
He throws me off from his back.
If I mount him again and force him – hop, hop.
He escapes in a wild gallop.

My body the horse will no more obey,
My will has failed to steer,
So I must obey his and follow his way.
In the saddle still, without fear.

Übersetzung von Lola Landau selbst:

Mein Körper ist ein störrisches Pferd,
Ich kann ihn nicht mehr bezähmen.

Einst feurig und edel, – auch liebenswert,
Jetzt muß ich mich seiner schämen.

Schnellfüßig einst, jetzt langsam im Tritt,
Und gebe ich ihm die Sporen,
Bleibt bockig er stehen, hält mitten im Schritt
Und spöttisch spitzt er die Ohren.
Mein Körper, das Pferd, schön aufgeschirrt,
Im vollen Zaumzeug wirft er mich ab.

Abb. 21. Armin T. Wegner und Lola Landau wohl auf dem Stechlinsee, 1920er Jahre

Und will ich ihn zwingen, er scheint wie verwirrt,
Fällt plötzlich er in den wildesten Trab.

Mein Körper, das Pferd, gehorcht mir nicht mehr.
Der Meister, der Wille, versagt.
So füge ich mich, und ist es auch schwer:
Im Sattel noch unverzagt.

Anne Linsel, Wuppertal, an Jörg Deuter am 9. September 1985

Ich hoffe sehr, daß Ihnen der Landau-Film gefallen hat. Ich fand ihn informativ, wenngleich ich ihn anders gemacht, vieles anders gestaltet hätte. Immerhin zeigt sich Erfolg: Der Langen-Müller-Verlag in München hat sich bei mir gemeldet. Sie haben großes Interesse an der Autobiographie, möchten sofort das Manuskript haben. Können Sie sich bitte mit Herrn Dr. Bernhard Struckmeyer in Verbindung setzen? Außerdem sind Anfragen gekommen, die um die Adresse von Frau Landau bitten. Es handelt sich um frühere Freunde oder Bekannte, die wieder Kontakt aufnehmen wollen. Sind Sie bitte so lieb und schicken mir die Adresse in Jerusalem? Und noch eine Bitte: Ich werde zusammen mit einem Kollegen einen Fernsehfilm (30 Minuten lang) für den Westdeutschen Rundfunk machen zum 100. Geburtstag von Armin T. Wegner im nächsten Jahr. Dazu hätten wir natürlich gern auch einige Passagen aus der Biographie von Lola Landau. Ob Sie uns helfen können? Entweder mir auch das Gesamtmanuskript schicken oder nur Auszüge? Ich danke Ihnen und grüße Sie.

Lola Landau, Jerusalem, an Jörg Deuter am 5. Januar 1986

Ich wünsche Ihnen nun sehr viel Erfolg für die Aufführung Ihres historischen Stücks im Oldenburger Theater. Es würde mich sehr interessieren, welchen Inhalt dieses Werk von Ihnen hat. Vielleicht können Sie mir eine Synopsis schicken, noch bevor es im Druck erscheint?[121] *Einliegend zwei Gedichte von mir; Das Gedicht »Ein Lächeln« habe ich vor kurzer Zeit*

---

121 Es handelte sich um meine historische Revue »Starklof – oder: der Achte der Göttinger Sieben«. Lola Landaus Interesse an meinem Stück erklärt sich besonders aus ihrer eigenen Beschäftigung mit historischen Dramenstoffen wie »Isolde Weißhand« oder »Charlotte Corday«.

geschrieben, das andere, das mir durch die Erben zugeschickt wurde, habe ich geschrieben, als ich zwanzig Jahre alt war [vielleicht »Dann wollen wir hinausgehn« (1912)?], in Wannsee. Mir ist die Landschaft gegenwärtig, ich weiß aber nicht mehr, an wen das Gedicht gerichtet war. Vom Langen-Müller Verlag habe ich bisher außer der Bestätigung, daß das Manuskript eingetroffen ist und geprüft wird, noch nichts gehört. Der Name des Lektors ist Dr. Bernhard Struckmeyer. Vielleicht können Sie mit ihm einmal Verbindung aufnehmen?

Lola Landau, Jerusalem, an Jörg Deuter am 3. April 1986

Zu meiner großen Freude erhielt ich von meiner Agentin Ruth Liepman aus Zürich die Nachricht, daß der Verlag Ullstein meine Biographie angenommen hat. Ihnen ist es zuerst zu danken, – für diesen Erfolg. Ihrem Artikel in der Zeitschrift »Sprache im technischen Zeitalter«, dann Ihren Bemühungen um das Kulturmagazin »Aspekte« und ihren Briefen, um meine Autobiographie bei einem Verlag unterzubringen. Dank, Dank!!! Ich hoffe, es geht Ihnen gut und Sie haben die Doktorarbeit bald beendet und haben positive Pläne für Ihre Zukunft! Ich hoffe sehr, Sie zu sehen. Nochmals Dank. (...) Ihre Lola Landau-Wegner

Lola Landau, Jerusalem, an Jörg Deuter am 4. Mai 1986

Lieber Jörg, nachdem ich von Moledet zurückgekehrt bin, wo ich die Passahfesttage verbrachte, fand ich Ihren interessanten Brief vor: Ihre Mitfreude an meinem Erfolg, den Sie ja selber verursacht haben. Wenn es sich dann so glücklich entwickelte, waren Sie ja der Glücksbringer. Ich habe mich inzwischen mit Frau Pänke vom Ullstein-Verlag in Verbindung gesetzt, die Lektorin, die sich mit dem Manuskript beschäftigt. Ich nahm ihren Vorschlag an, den dritten Teil, das dritte Leben, stärker zu kürzen. Das Buch wird erst im Frühling ›87 erscheinen: ich hoffte im Herbst, zum 100jährigen Geburtstag von Armin. Dennoch bin ich sehr glücklich. Und nun, lieber Jörg, zu Ihrer Mitteilung über Ihr Theaterstück, das als Hörspiel gesendet wird. Ich bin sehr interessiert, mehr darüber zu hören. Wie ist der Inhalt? Welche Personen? Ist es ein ernstes Stück oder eine Komödie? Wenn es möglich ist, würde ich gerne eine Abschrift von Ihnen erhalten. Ich wünsche Ihnen ein starkes Echo, Erfolg. Vielleicht ist dies bei Ihnen eine neue schöpferische Periode? Haben Sie früher schon Theaterstücke geschrieben? Sie wissen wohl, daß ich vor meiner Auswanderung Theaterstücke geschrieben habe: »Wette mit dem Tod« und »Kind im Schatten«. Wo wird Ihr Hörspiel gesendet?[122] *Herzliche Grüße, auch von meinem Sohn, Ihre Lola Landau-Wegner*

Meine Oldenburger Matinée trug den Titel »Starklof – oder: Der Achte der Göttinger Sieben« und wurde am 23. Februar 1986 am dortigen Staatstheater durch vier Schauspieler unter Leitung des damaligen Intendanten Harry Niemann zur Aufführung gebracht. Sie galt dem Leben und Schaffen des zu Unrecht vergessenen Schriftstellers und Theaterleiters Ludwig Starklof (1789–1850), der gewagt hatte, in einem seiner Romane die Regierungsfähigkeit eines blinden Königs – wie er in Hannover auf den Thron kam – infrage zu stellen. Es agierten unter anderem Hans Häckermann und Staatsschauspieler Franz Mücksch. Zur Vorstellung waren der zum Freund gewordene Walter Kempowski ebenso erschienen, wie mein Bruder mit seiner damaligen Lebensgefährtin, der Künstlerin Kriso (der späteren Kriso ten Doornkaat) oder die noch in ihren Anfängen steckende Modeschöpferin Sibilla Pavenstedt mit dem Kalligraphen Frank Ihler. Der Zoologe Steven F. Perry las im privaten Kreis dann aus einem in Arbeit befindlichen Roman. Mein Szenario Starklofs zum Vormärz, zu dem mich Arno Schmidts literarische Spurensuchen angeregt hatten, wurde auch gedruckt.

Lola Landau, Jerusalem, an Jörg Deuter am 14. Oktober 1986

Lieber Jörg Deuter, ich schreibe nun heute aus dem besonderen Anlaß, daß am 16. Oktober der hundertste Geburtstag von Armin T. Wegner in Wuppertal hoch gefeiert wird. Auch eine Straße zu seinen Ehren wird dort eröffnet. Ich stelle mir vor, daß auch Sie in Wuppertal dabei sind, denn Sie haben ja so viel über Armins Persönlichkeit nachgedacht und geschrieben.

---

122 Ich hatte »Starklof – oder: Der Achte der Göttinger Sieben« (1986) als Hörspiel für den Norddeutschen Rundfunk neu gefaßt.

Sie werden auch gewiß den Film sehen, der am 16. Oktober in Köln gesendet wird durch Herrn Leopold. Dieser Film wird außer Schriften und Reden von Armin die Interviews mit Irene Kowaliska, seiner Witwe, und mit mir, seiner ersten Frau, bringen. Vielleicht auch Interviews mit Andreas und Sybille. Ich wäre sehr gespannt, Ihren Bericht darüber zu hören. Lieber Jörg, mein Sohn und ich wiederholen die Einladung nach Israel. Ich sende ein Gedicht »Königin der Nacht« (das Erblühen eines Kaktus) und ein Gedicht in Prosa »Das Haus der Winde«, – beides soll einen Hauch von Israel bringen.

Königin der Nacht

Tief im Nest der gefräßigen Blätter versteckt,
Dämmert die Blütenlarve, stachelig behütet.
Hitzige Monde hat Muttersonne gebrütet,
Immer noch nicht die Geheimnisvolle geweckt.

Ringsum springen Blüten in brausendes Licht,
Klettern an Strahlen empor, haben die Hüllen gesprengt,
Werfen sich wild in den Wind, entfalten ihr Mittagsgesicht.
Nur die Kakteenknospe bleibt in sich dunkel versenkt.
Dann jäh eines Abends stößt es gewaltig empor.
Ein blutig roter Kolben von Lebenssüchten entzündet,
Der laut wie ein Trompetenschall Zeugung und Geburt verkündet.
Unwiderstehlich treibt seine Kraft hervor.

Nur spärliche Stunden durchlodert der Kaktus die Nacht.
Mit Morgengrauen ergraut er, verfallen und alt.
Doch lebt er tausendfältig in rasender Pracht,
Im Aufschwung vollendet, des Lebens vollkommne Gestalt.

Lola Landau, Jerusalem, an Jörg Deuter am 25. November 1986

Herzlichen Dank für Ihren Brief vom 6.11. Wie interessant ist die Mitteilung vom Klopstock-Vortrag am 30.11. im [Oldenburger] Stadtmuseum und wie gerne würde ich als Zuhörerin dabei sein. Wie produktiv und vielseitig tätig bist Du, lieber Jörg, Ich wäre natürlich an Abschriften des Vortrages sehr interessiert und auch am Theaterstück. Mit großer Freude entnehme ich dem Brief, daß Ihr meine Einladung nach Jerusalem und Israel annehmt. Selbstverständlich würde ich mich freuen, Deine Freundin Stephanie Rau, deren Schwester ich ja kennengelernt habe, hier zu begrüßen. Als Termin schlage ich doch einen Frühlingsmonat vor, am besten wohl um die Osterzeit, der Frühling ist hier wunderbar. Ihr beide werdet dann auch von meinem Sohn Andreas eingeladen und das Leben in einer Kollektivsiedlung kennenlernen. Wir beide freuen uns jetzt schon auf den Besuch. Ich lege zwei Gedichte von mir ein: »Dann wollen wir hinausgehn« ist ein sehr frühes, unveröffentlichtes Liebesgedicht [Juni 1912]; das zweite, das ich erst vor kurzer Zeit geschrieben habe »Ich habe meine Stimme verloren«. Ich hoffe, wenn es Deine Zeit zulässt, wieder von Dir zu hören und bin mit sehr herzlichen Grüßen, Lola

Dann wollen wir hinausgehn

Dann wollen wir hinausgehen, wenn die Sonne
Wie eine Ampel rot am Himmel hängt
Und in der Glocke schwebend goldne Fäden
Und schimmernd lichte Netze niedersenkt,
Wenn weich die Wiese bei dem Walde ruht,
Und Baum beim Baume schweigt in warmer Glut,
Dann wollen wir hinausgehn.

Wenn zitternd sich der Abendwind in Deinen Haaren wiegt,
Dann Aug' an Auge, Seel' an Seele eng geschmiegt,
So wollen wir hinausgehn. –
Und wie zwei Vögel fliegen durch den Raum
Bis zu dem weiten gelben Himmelssaum,
Dann wollen wir hinausgehn.

Unsere Reise nach Israel fand zu Silvester und Neujahr 1986/87 statt. Ich lieh mir ein für heutige Verhältnisse monströses Aufnah-

Abb. 22. Photo von der Verlesung des Grußworts des Deutschen Botschafters für Lola Landau in Jerusalem, 1987, von links: Andreas Marck, Meir Marcell Faerber (1908–1993), Lola Landau, Botschafter Wilhelm Haas (geb. 1931), Professor Margarita Pazi (1920–1997). Meir Faerber hatte 1975 den »Verband deutschsprachiger Schriftsteller in Israel" begründet. Lola Landau hat die zum 95. Geburtstag erschienene Festschrift von Internationes auf dem Schoß.

megerät, einen »Uher-Reporter«, bei der Carl-von-Ossietzky-Universität Oldenburg, wobei der ausleihende Germanistik-Professor Dirk Grathoff (1946–2000) am Gegenstand meiner Forschung weiter kein Interesse zeigte, obwohl er die große Tucholsky-Gesamtausgabe betreute und also sehr wohl gewusst haben muß, wen ich da in Jerusalem besuchen ging: Die damalige Ehefrau jenes von Tucholsky selbst in der »Weltbühne« mehrfach zitierten Geschäftsführers des »Bundes der Kriegsdienstgegner« zum Beispiel. (So erlebte ich früh: Die Literaturwissenschaft schwebte immer gern in höheren Sphären, Arroganz war oft angesagt, wenn es um Armin T. Wegner und seinen Umkreis ging.) Um es gleich zu sagen: Ich habe das Gerät in Israel nicht eingesetzt, denn die Unter-

Abb. 23. Markus Klauber, Ezechiel Landau, Kupferstich. Das Blatt ist angeblich schon 1756 entstanden, datiert aber wohl eher in die 1780/90er Jahre. Die deutschsprachige Umschrift lautet: »Ezechiel Landau, Oberrabbiner bey der Israelitengemeinde in Prag". Ein Abzug dieses Kupferstichs, der auch im jüdischen Museum Prag ausgestellt ist, schmückte Lola Landaus Wohnzimmer.

haltungen verliefen anders, spontaner und wären, so vermute ich, sonst kaum so zustande gekommen. Heute wüßte ich gerne noch präziser, worüber damals gesprochen worden ist. Aber die Atmosphäre habe ich klar vor mir.

Die erste persönliche Begegnung? Woran erinnere ich mich spontan? Sie wollte uns mit dem Leiter des Israelischen Nationalmuseums bekanntmachen und schien entschlossen, uns selbst zu ihm zu begleiten. Mit dem Rollator, den man damals noch nicht so nannte? Auf Stephanies Frage, ob sie sich das zutraue, kam die knappe Antwort: »Nein, heute nicht gerade,« gefolgt von dem Zusatz: »Aber dann beim nächsten Mal.« Aber wir sollten jetzt erst einmal zumindest den Rundgang um ihr Zimmer mitmachen. Wir begaben uns also mit ihr auf den Weg. Es war die offenbar auch sonst täglich für sie obligate »Reise um ihr Zimmer«, ihr Spaziergang seit sie das Haus nicht mehr verließ, den sie sonst eher nachmittags zu unternehmen pflegte. Lola Landau wollte in der Öffentlichkeit ihrer Gebrechlichkeit wegen nicht mehr gesehen werden. Sie mochte die anteilnehmenden Fragen und bedauernden Blicke nicht. Wir blieben vor dem Diplom Teddy Kolleks stehen, das sie für ihr Gedicht »Ich trage Jerusalem auf meinem Rücken« erhalten hatte, und bestaunten den schönen Kupferstich ihres Ahnherrn Ezechiel Landau.[123] Ein Photo Armin T. Wegners befand sich nicht im Zimmer, wie denn auch Bücher in dem spartanisch eingerichteten Raum kaum eine Rolle spielten. Wie viele jüdische Intellektuelle ihrer Generation verachtete auch Lola Landau alles über das bloß Notwendige Hinausgehende bei ihrer Einrichtung, wenn sie auch nicht wie ihre lyrische Orts- und Altersgenossin Mascha Kaléko zwischen ausrangierten Karteischränken aus einer Arztpraxis lebte. Aber bürgerliche Wohnungsallüren des historistisch sammelnden Großbürgertums waren nicht mehr angesagt, und das inszenierte Wohnbehagen einer daran gemessen im Bescheiden blei-

---

[123] Zuletzt erschienen über den Prager Oberrabbiner und Gegner der Haskala folgende Untersuchungen: Viktória Banyai (u.a.), Ezekiel Landau pragai rabbi (1713 – 1793) donivénijeiből adatok. Budapest 2008, und: Sharon Flatto, The Kabbalistic Culture of Eighteenth-Century Prague. Oxford 2010

benden Gemütlichkeit war offenbar dann eben nicht Geist von ihrem Geiste.

Lola Landaus lebenslang positive Lebenshaltung war eigentlich nicht der Stoff, aus dem literarische Avantgarde gemacht wird, die zum Bürgertum im Widerspruch zu stehen oder sich am Zeitgeist zu reiben hat. Aber Lola hat – über das Stimmungshaft-Impressionistische hinaus, das ihr gern nachgerühmt wird, – auch andere Saiten berührt, bis hin zum expressionistischen Pathos, nicht immer ohne die damals beliebte »O'-Mensch«-Attitüde Werfels und seiner Ableger. Insgesamt aber war sie von Anfang an schon ihrer Linie treu, möglichst aus eigenem Erleben zu schöpfen, und ihr Leben hat es mit sich gebracht, genug und nachhaltig erlebt zu haben, was die meisten ihrer Altersgenossen nur aus Büchern und in ihrer Phantasie »kannten«. Wer hatte denn damals schon Indonesien, Java oder Bali selbst bereist? Welche deutsche Autorin hatte eigene Kontakte zum britischen Pen Club knüpfen können? Wer von den Emigranten hatte Erfahrungen als Propagandist mit Auswanderungs-Organisationen sammeln können? Wer auch hat so tiefe Einblicke in die verschiedensten Lebenswelten verfolgter Juden vor dem Exodus gewonnen, sei es in Niederländisch Indien oder Bulgarien? Lola Landau hätte, wäre sie nicht Lola Landau gewesen, sondern etwa Siegfried Kracauer, soetwas wie eine »Sozialgeschichte der jüdischen Auswanderung und auch der Auswanderungs-Verweigerung« schreiben können. Aber sie war Lola Landau, und ihr reichte das Erlebnis selbst für ihr Leben und später für ihre Autobiographie. Für die Zeitgenossen mag die Intensität des Erlebten genügen und die Weitergabe in so persönlicher Form. Aber für den Autor? Ist die Autorin aber dann noch eine Autorin, wenn sie wesentliche Erlebnisse für sich behält und – möglicherweise – stattdessen und im selben Kontext weniger wesentliche weitergibt? Und: Wie und wann hat die Weitergabe zu erfolgen? Irgendwann während unseres Besuchs fiel damals der Satz: »Durch mein nachfolgendes Leben, wurden diese Erlebnisse aufgesogen.« Aufgesogen bedeutet natürlich nicht aufgehoben. Sie gerieten aber in den Sog des danach aufzubauenden neuen dritten Lebens, das seine eigenen Anforderungen stellte. Dieser Aspekt, nämlich derjenige des zwangsweise, gewaltsam und schnell vonstattengehenden Übertritts in ein neues Leben, das für Rückblicke keine Zeit ließ, sondern sich, weitab von aller Literatur, sofort nach vorn orientieren mußte, ist von der Exilforschung wohl in vielen Fällen nicht ausreichend bedacht worden. Daß das eigene Schreiben hinter dem eigenen Erleben viele Jahre zurückzustehen hatte, daß darüber aber die Intensität der Erlebnisse nicht versiegte, dafür aber teilweise natürlich das erinnerte Detail, dafür ist Lola Landaus Schicksal ein Beweis. Daß sie ein in gewisser Weise von Extremen gezeichnetes Leben ohne Beschädigungen psychischer oder physischer Art überstanden hat, macht den im Nachruf beschworenen Satz ihres Sohnes Andreas: »Du bist die Stärkste von uns allen,« eigentlich erst ganz verständlich. Der Sog, der in Palästina einsetzte, war ihr drittes Leben, das es zu gestalten galt. Sie liebte Machtwörter, wie auch ihre Dichtungen solche im Titel tragen, wie etwa »Der Abgrund« oder »Die Wette mit dem Tod« oder »Der Umweg« (»Baakifin«), wie sie Hevronis Lebensroman nennt.

Da sie den mit uns unternommenen »Spaziergang um ihr Zimmer«, um zu diesem zurückzukehren, selber so nannte, fragte ich sie bei unserem Besuch nach dem Buch von Xavier de Maistre »Die Reise um mein Zimmer«, jenem aufklärerischen Meisterwerk, das die Verbannung in den kleinsten Lebensumkreis zum Programm erhob. Sie kannte das Buch und wusste auch, daß diese Reise zeitlich begrenzt war. (Es sind 42 Tage.) Gab aber zu bedenken, daß ihre Reise um ihr Zimmer zumindest für sie unbefristet sei. Jedenfalls sei das Ende nicht absehbar.

Lola Landau erkundigte sich nach Stephanies Tätigkeit als Anglistin und versprach sich etwas davon, ihr Englisch bei ihr aufzufrischen. Lola hatte ja selbst einst ihr Sprachstudium in England absolviert. »Ich nehme Unterricht bei Dir,« hat sie gesagt. Auch von ihrem streng geregelten Tagesablauf sprach sie: Vormittags war seit eh und je das Scheiben, besonders von Gedichten, an der Tagesordnung, sodann ein inzwischen eher symbolisches Mittagsmahl. Sie aß nicht mehr viel. Danach ruhte sie, machte ihre Rundgänge und schließlich versäumte sie keinesfalls die täglichen Nachrichten, denn die politische Lage, in der ihr Land sich befand und der Verteidigungszustand, auf den ein Moshav wie Moledet vorbereitet sein mußte, prägten nicht nur ihre historischen Erfahrungen. Allabendlich rüsteten die jüngeren Männer dort zu einer Patrouille rings um die Siedlung herum, um eventuelle Überfallversuche abzuschrecken. Solche Überfälle waren vorgekommen, wie uns Lolas Enkel Ilan berichtet hat, und es gab in benachbarten Siedlungen bei den angegriffenen Israelis Tote.

Bei Lola Landau waren wir dann wieder am Silvester-Nachmittag 1986 in scheinbar völlig abgeklärter Ruhe. Von Ezechiel Landau und der Haskala (der jüdischen Aufklärung) ist gesprochen worden. Aber, daß nach dem christlichen Kalender ein neues Jahr anfing, hat sie weiter nicht wichtig genommen. Ich hatte den Eindruck, als wisse sie es gar nicht. Also erinnerte ich daran, daß heute Silvester sei. Ihr Erinnern fiel damals, jedenfalls meiner Meinung nach, sehr allgemein aus: »Da gab es doch in den großen Berliner Hotels immer elegante und turbulente Feste mit viel Feuerwerk und Luftschlangen...« Nachzutrauern schien sie diesen Feten nicht mehr. Hingegen war es ihr wichtig, uns angemessen zu bewirten, und das hieß für sie, daß ein Gast aus Deutschland in Jerusalem bei ihr ein typisch deutsches Gericht bekam, und dieses Menü war, es mag etwas verwundern, aber es ging immerhin um eine »heimatliche Geste« von der gebürtigen Berlinerin für den Gast von der Nordsee: ein Wiener Schnitzel, ein Schnitzel, zart, goldgelb und mit Ei überbacken. Sie setzte sich zu uns, ohne selbst mitzuessen.

Lola ermunterte uns, nach En Gedi zu fahren, weil das doch ein Badeort sei, um sich zu erholen und Ferien eigentlich dazu da seien, zum Faulenzen nämlich, zumal für junge Leute, wie uns. Wir fuhren also mit dem Bus ans Tote Meer, wo wohlbeleibte und offenbar bessergestellte Damen mittleren Alters in Bademäntel gehüllt und auf Schlappen daherkommend den größten Teil des Publikums auszumachen schienen. Jedenfalls ist das in meiner Erinnerung so. Es war ein bißchen Baden, ein bißchen bei den Schwefelquellen sitzen und vor allem Lässigkeit in Habitus und Habit. Stephanies Sache war es also nicht, meine ebenso wenig. Dann fuhren wir nach Betlehem, wo sich uns ein schweizerisches Paar, das auf den Spuren Christi reiste, eng anzuschließen versuchte, – wir hatten bald heraus, warum. Sie waren von einem jungen Araber, der sich ihnen als Stadtführer angedient hatte, zum Essen in dessen Familie eingeladen worden, hatten dies halbherzig angenommen, wohl in der Hoffnung, den jungen Mann dadurch loszuwerden und nie wiederzusehen. Dieser aber hatte sie aufgestöbert und nun auf das in der Sippe stattfindende Essen mit sagen wir zehn Kindern eingeschworen. Dem hofften sie dadurch zu entgehen, daß sie uns als ihre Freunde ausgaben, mit denen sie für den Rest der Reise verabredet seien. Dem stimmten wir halb belustigt, halb unsererseits nun wieder halbherzig zu. Nachdem wir endlich dem etwas aufdringlichen Gastgeber klar gemacht hatten, daß kein Interesse an der Einladung bestehe, was vor der Geburtskirche in Betlehem geschah, entließen wir die Schweizer aus der uns so plötzlich geschenkten Freundschaft. Davon Lola Landau zu berichten war ein Vergnügen. Daß ich in der schwach erleuchteten Kirche durch eine offenstehende am Boden befindliche Klappe fast in die Unterkirche gestürzt wäre, unterließ ich aber lieber zu erwähnen. Ihr Kommentar zu der Schweizer-Begegnung lautete knapp: »Ja, mit ungebildeten Menschen ist schwer umzugehen.« Ob sie damit nun den Araberjungen oder das schweizerische Paar meinte oder am Ende beide, das blieb offen. Ungebildete Menschen jedenfalls mochte sie nicht.

Meine Bemühungen, ihr zur Verleihung des ersehnten und verdienten Bundesverdienstkreuzes zu verhelfen, scheiterten im ersten Anlauf. Mein Antrag wurde mit der Begründung abgelehnt, man sei sich im Bundespräsidialamt der literarischen Verdienste Lola Landaus bewußt, aber es genüge wohl, sie an ihrem 95. Geburtstag mit einer (kleinen) Festschrift bedacht zu haben. Den Brief besitze ich noch, zitiere hier aber lieber nur die Grundaussage. Erst als sich Friede Springer, die Witwe Axel Springers, für die Sache interessierte (»Was, sie hat das Bundesverdienstkreuz noch nicht?« soll sie geäußert haben.) wendete sich das Blatt. Frau Springer hatte sich schon vorher bei der Verlagsfindung für Lolas Autobiographie mit interessierter Sympathie eingesetzt. Gerade noch zu Lebzeiten erreichte diese Ehrung Lola Landau, und sie wurde in der ganzen Familie gefeiert. Denn Lola konnte sich sehr freuen und war sich darin der Mitfreude ihrer Familie in solchen Fällen sicher.

Im Juni-Heft des Jahrgangs 1990 durfte ich in der von und Walter Höllerer und Norbert Miller herausgegebenen Zeitschrift »Sprache im technischen Zeitalter« als Nachruf auf Lola Landau unter anderem eine entscheidende Passage aus ihrer Autobiographie veröffentlichen, nämlich die Breslauer Erinnerungen an den Winter 1918/19, besonders an die Silvesterfeier 1918. Diese Passage war ihr Reflex auf die Novemberrevolution, die bald danach ihre Unschuld verlor, hier aber noch einmal mit aller Ausgelassenheit und Freude nachgekostet wird. Diese Feier war aber zugleich auch jene Episode, die die Trennung der Eheleute Lola und Fried Marck besiegelte: »Kläre wurde von Alfred [d.i. Fried Marck] mit Papierschlangen völlig eingewickelt, ›gefesselt‹, wie er rief. Als ich, eine goldene Papierkrone auf dem Kopf und auf der Brust heimlich den knisternden Brief Armins, mit dem jungen Mädchen anstieß, hob Fried sein Glas bedeutungsvoll und trank mir zu: ›Auf das Wohl unseres Freundes.‹«[124] Weil es die Szene eines Lebenswendepunktes war, glaubte ich mit der Auswahl gerade dieses Textes den Nachruf auf sie passend einzustimmen. Daß sich Lola Landau – auf den Tag genau 68 Jahre danach, – als wir sie zu Silvester 1986 in Jerusalem besuchten, dieser Szene erinnert hat, wurde mir da schlagartig klar. Verraten hatte sie uns das damals nicht. Immerhin stiegen in ihr an jenem Abend Erinnerungsbilder von den Silvesterfeiern auf, die sie einst in den großen Berliner Hotels mitgemacht hatte... Und von Luftschlangen und vom Verfangen in ihnen ist die Rede gewesen. Ich hätte ahnen müssen, daß diese Bilder mit ihrer Silvesterfeier von 1918, wie sie sie auch in der Autobiographie schildert, in Verbindung standen. Markierte dieser Abend doch erklärtermaßen das

---

124 [Jörg Deuter] erinnert an Lola Landau, in: Sprache im technischen Zeitalter Juni 1990, S. 82–86, hier: S. 84. Das Heft trägt den Titel »Mauerrisse«.

Ende ihres »ersten Lebens«. Für mich deutlich spürbar war an jenem Abend aber nur, daß ihre Erinnerungen zu Armin T. Wegner zurückkehrten. Sie beschwor die erste Begegnung in jener Breslauer Straßenbahn mit geradezu topographischer Genauigkeit, wobei ich leider die Haltestellen nicht behalten habe, an denen sie ein- und ausstiegen. Auch die abendliche Lesung im Salon jener Breslauer Schriftstellerin[125] wurde beschworen: Wegners abgezehrt-wirkende lässige Gestalt, jene Mischung aus Kampfgeist und Resignation, seine von Hoffnungen nach der Rückkehr aus Armenien hin- und hergetriebene Existenz; das innere wie der das äußere Gepräge der Lesung, zu dem die langen lässig aus dem Sessel gestreckten Beine ebenso gehörten wie seine Sanitäter-Uniform, all das gewann durch Lolas Schilderung Leben. Wie konnten wir ahnen, zu welch schicksalhaftem Jubiläum wir uns oder – besser wohl – der Zufall uns bei ihr einbestellt hatte? Es war einer jener Tage, die man nie vergaßt, gerade wenn ihre Prägnanz mehr im Atmosphärischen liegt als in bestimmten Mitteilungen.

Einige Tage darauf besuchten wir Moledet. Andreas Marck hatte die Siedlung gemeinsam mit neun anderen deutschen Einwanderern 1937 gegründet und war zu Recht stolz auf das aus dem Nichts geschaffene, nun blühende Gemeinwesen nicht weit vom Fuße des Berges Gilboa, wo David die Philister schlug. Die zunächst »Moledet« (Heimat) benannte Siedlung war 1944 in »B'nai and B'rith« umbenannt und in einen Moshav Shitufi umgewandelt worden, was bedeutete, daß die Siedler in gewissem Rahmen private Anschaffungen machen konnten und nicht bei allen persönlichen Investitionen auf die Zustimmung des Kollektivs angewiesen waren. »Moledet« war der zweite Moshav Shitufi in Israel überhaupt. Eine Rückbenennung zurück zum Ursprungsnamen erfolgte 1957. Die Gründe hierfür hat uns Andreas Marck nicht genannt.

---

125 Höchstwahrscheinlich war Margarethe Ledesrmann geborene Pringsheim (1884–1943) jene Gastgeberin, die den Mut und die seelische Stärke hatte, Wegners türkisch-armenische Aufzeichnungen und Gedichte lesen zu lassen. Allerdings war sie keine Schriftstellerin, als die die Gastgeberin in der Kurzrezension der Autorenlesung charakterisiert wird.

Vielleicht hatte sich die Umbenennung nach der ersten jüdischen Hilfsorganisation in den USA (gegründet 1843) als politisch zu einengend und zu wenig dem Ideal der Selbsthilfe entsprechend erwiesen?

Wir fuhren also mit dem Bus nach Moledet, wurden an der Haltestelle mit dem Auto abgeholt und sind sofort mittendrin. Ilan ist an der »Laufkatze« (wir versuchten uns und ihm den Begriff ins Englische zu übersetzen) der Werkshalle des Moshav damit beschäftigt, einen dort aufgehängten Motor zu reparieren. Wir werden in das bestehende Problem miteinbezogen, können aber leider nichts zu seiner Behebung beitragen. Dennoch schildert Ilan detailliert den Schaden und was das Ausfallen des Motors für die gemeinsame Arbeit des Kollektivs an Verzögerung bedeutet. Da ist er wieder, jener Wille zu erklären, aufzuklären. Er spielt eine bedeutende Rolle in der Familie. Ähnlich verhält es sich wenig später in den Großviehstallungen, die uns Andreas Marck zeigt. Auch hier werden wir den Viehbestand fachmännisch erklärt bekommen. Nichts scheint zu wenig bedeutend, als daß es nicht genau begutachtet und weitervermittelt wird. Da ist es kein Wunder, daß er uns auch seine Lieblingskuh, das Erfolgstier, vorstellt.

Jene ältere Dame, die das Haus der Marcks bald nach unserer Ankunft aufsucht, gehört noch zur ersten, der Gründergeneration der Siedlung. Als wir dort weilten, lebten noch mehrere der Pioniere. Es scheint Neugier zu sein, gemischt mit sozialem Engagement, die sie herbeilockt. Mit ihrer um Kenntnisse vom heutigen Deutschland bemühten Art und, modisch interessiert, fragte sie uns sofort nach den neuesten Trends der Freizeitkleidung in Deutschland. Sie sammelte für ein Geschenk einer anderen im Moshav lebenden Jubilarin und hatte für sie eine Ledertasche gekauft. Andreas Marck widmete dem Präsent die erforderliche Aufmerksamkeit, wie er sie auch der Nachforschung nach einer Lesung von Texten seiner Mutter im Rahmen der Wiederaufführung von Ernst Tollers »Hinkemann« in Berlin oder einer Wasserpumpe im Garten in Neuglobsow widmen wird. Er war ein um seine Gäste bemühter Hausherr, der wie nebenbei die Arbeit des Kochens und der Bewirtung auf sich nahm. Im Vordergrund stand für ihn das Erklären. Lachend hat er uns auch jenes Toilettenfenster gezeigt, aus dem der zu Gast weilende Armin T. Wegner sich 1968 – er war immerhin 82 – hinauszwängen mußte, weil er die Tür von innen nicht aufbekam, und dies auch ohne größere Mühen schaffte. Das Fenster war sehr klein und relativ dicht unter der Decke angebracht.

Die Idee der besitzlosen Gemeinschaftssiedlung und daß er an ihrer Verwirklichung mitgewirkt hatte, erfüllte Andreas Marck mit berechtigtem Stolz. Es lag ihm auch sehr daran, uns das Prinzip nahezubringen, unter dem er und die ersten Siedler angetreten waren. Verpflichtend blieb dabei, daß das Gemeinschaftseigentum und dessen gemeinsame Nutzung die Siedler der ersten Stunde nicht allein wirtschaftlich, sondern auch menschlich lebenslang verband. Es war auch ein Zeichen ihrer Zusammengehörigkeit, daß diese Erstsiedler untereinander auch weiterhin deutsch sprachen und sich natürlich duzten. Ich hatte damals den Eindruck, daß Andreas Marck stolz darauf war, daß es aus Deutschland ausgebürgerte und vertriebene Juden waren, die hier, in Palästina, zum ersten Mal das verwirklicht hatten, was Deutschen in Deutschland nie gelungen war: eine Arbeits-, Wirtschafts- und Lebensgemeinschaft herzustellen, die zunächst ganz ohne staatliche Reglementierung und ohne Fremdfinanzierung zu funktionieren begonnen hatte, und die zudem auf einem Terrain begründet worden war, das noch lange nachher kein Anrecht auf den Status eines selbständigen Staates besaß. Waren hier Landnahme, eigene Jugend, tätige Hilfe für dem KZ entkommene Altersgenossen und Jüngere, also das Umsetzenkönnen früh schon theoretisch erkundeter sozialer und ökonomischer Utopien in der Realität eine so enge Verflechtung eingegangen, daß jener zu allen Zeiten erträumte Idealzustand einer »Urgesellschaft« in der ersten Generation der Siedler Gestalt gewonnen hatte? Das war es jedenfalls, was von dem Gealterten und damit an politischen Erfahrungen und realen Enttäuschungen Gereiften immer noch auf uns ausstrahlte. Hier war jemand Idealist geblieben und sich selber treu, ohne die Zwänge des alltäglich Notwendigen deshalb auszublenden. Er schien auch einem anderen, gesellschaftlich arrivierten und beruflich wie sozial höhergestellten Dasein, das ihm in einem andren Deutschland sicher gewesen wäre, nicht nachzutrauern. In diesem Herausgetretensein aus der bürgerlichen Gesellschaft und in dem Verzicht auf einen von Gelehrsamkeit und theoretischem Wissen bestimmten Beruf, wie ihn der Weg vom jungen Siedler zum wirtschaftlichen Leiter dieses Kollektivs mit sich gebracht hatte, lag viel von dem, was ich als den anderen möglichen Weg des Armin T. Wegner ansehen würde, den dieser selbst als Landwirtschaftseleve in Schlesien einst einzuschlagen vorgehabt hatte.

Ein lebenslang geliebtes, offenbar seiner eigenen biographischen Situation entsprechendes Buch war für Andreas Marck Jacob Wassermanns Roman »Der Fall Maurizius« (1928) geworden. Er hatte das in seiner Jugend in Deutschland besessene Exemplar zurücklassen müssen, es aber bei einer viel späteren Deutschlandreise wieder erworben, und so stand es nun mit vielfach provisorisch geklebtem Rücken in seiner kleinen Bibliothek im Siedlerhaus. Der Fall Maurizius ist die Geschichte eines fanatischen Gerechtigkeitssuchers: Der Sohn, der seinem Vater einen Justizirrtum nachweist, dem dann aber die Begnadigung des unschuldig Verurteilten Maurizius nicht ausreicht, der vollständige Revision will, auch wenn sie den eigenen Vater seine Reputation als Richter kosten wird, ist ein Wahrheitssucher um jeden Preis. Andreas Marck nannte mir gegenüber diesen Etzel Andergast als ein frühes Leseerlebnis, als sei es ein Lebenserlebnis. Ich hätte doch schon von ihm gehört? Er bezog ihn in unsere Unterhaltung geradezu mit ein. Ich konnte seine Anspielungen nicht einschätzen. Ich kannte den Roman nicht, hatte ihn ja eben erst im Regal erspäht.

Heute sehe ich es so. Der Romanheld Etzel Andergast kann als Personifikation des Ziehvaters Armin T. Wegner gedeutet werden, der allen eigenen Nachteilen zum Trotz, die Wahrheit an den Tag bringen will, indem er das Unrecht, auch wenn es vom Nächsten ausgeht, offen beim Namen nennt. Es ist nicht abwegig, eine solche Projektion der Literatur auf Andreas Marck von jung auf anzunehmen, denn Etzel Andergasts Verhalten berief Andreas als vorbildlich, so als spräche er von einem wirklichen Menschen.

Über Literatur hat er an jenen Tagen auch sonst gerne gesprochen. Er war ein Lesender, der das Gelesene in seinen Alltag mit hineinnahm, zitierte geläufig Lessings Verdikt über Klopstock (»Wer wird nicht einen Klopstock loben?«) und aus Faust II., während er uns mit Gummistiefeln ausgestattet in den Ställen der Siedlung herumführte. Jene oft geäußerte Erkenntnis, daß die deutschsprachige klassische Literatur gerade bei den jüdischen Emigranten gut, wenn nicht am besten aufgehoben war, konnten wir hier erleben. Noch wichtiger war ihm aber die Idee der Gemeinschaft, wie sie sich im Moshav ausdrückt. In diesem Punkt schon ein wenig missionarisch, schenkte er mir eine theoretische Schrift über die Kollektividee des Moshav Shitufi, die er deutlich von jener des Kibbuz absetzte, und an der er selbst mitgewirkt hatte. Lolas Sohn war aber auch ein Verehrer des Schönen. Ich erinnere mich an den Satz: »Es ist schade, daß der Mensch nicht sein Leben lang so schön bleibt, wie er in das Erwachsenenleben eintritt.« Das war an Stephanie gerichtet, und es war charmant, auch dies war ein Charakterzug des »lateinischen Bauern«.

Das uns zu Ehren ausgerichtete Festmahl bei den Eheleuten Shlomith und Amos, Andreas Marcks Tochter, in deren deutlich komfortabler eingerichtetem neuen Haus, verlief sehr fröhlich. Es wurden Toaste ausgebracht und es wurde auch musiziert, wobei Shlomith, die Schulmusikerin und Musikpädagogin ist, uns musikalisch begrüßte. Aber die Feier endete relativ früh, denn Shlomiths Bruder Ilan und die jüngeren Männer mußten gegen 22.00 ihre Patrouille rund um das Dorf antreten, da Übergriffe zu befürchten seien und auch schon vorgekommen waren. So kehrten wir in Andreas Marcks Haus zurück, wurden mit alten Photos und Familienpapieren konfrontiert, wobei immer wieder für kurze Intervalle das Licht ausfiel, weil die Stromversorgung unterbrochen wurde. Ob hierbei möglicherweise ein Eingriff von Saboteuren vorlag oder ob doch nur das örtliche Aggregat überlastet war, das war die Frage, die wir uns stellten. Jedenfalls erfuhren wir hautnah, daß auch abendliches Lesen oder Fernsehen hier von äußerlichen Faktoren abhingen. Auch die Heizung streikte, so daß Andreas Marck uns mit warmen Decken versah, als wir zu Bett gingen. Eine gewisse Sorge war ihm an jenem Abend schon anzumerken, und sie schien sich auch am nächsten Morgen noch nicht ganz gelegt zu haben, als er uns zur an der nächsten Landstraße gelegenen Bushaltestelle chauffierte, von wo aus wir nach Jerusalem zurückkehrten. Mein Eindruck damals: Es war kein rein technisches Problem, das hier vorlag.

Bleibend ins Gedächtnis eingeprägt hat sich mir von diesem Besuch in Moledet vor allem die exemplarische Gestalt des Andreas Marck: Philosophensohn und Siedler, Anhänger der Weimarer Klassik und Mitbegründer des zweiten Moshav Shitufi in Israel, das auf genossenschaftlicher Basis gegründet worden war, ein seiner jüdisch-europäischen Wurzeln bewußter Mann, der dennoch oder eben deshalb mit Mitte Siebzig noch im Dienst blieb, das Dorf als dessen Rechnungsführer und Buchhalter weiterhin leitete. Wenn ich einen deutschen Emigranten im Israel der ersten Stunde vor- und darzustellen hätte, so würde ich ihn als Modell dazu wählen: Hier waren der Idealismus eines Belesenen, die sozialen Reformideen und der zupackende Griff eines Herzls Ideen folgenden Neusiedlers zu gleichen Teilen gemischt, ein Einwanderer von jenem Typus, wie er den kommenden Staat Israel geprägt haben dürfte. Es war ihm denn auch wichtig, zu betonen, daß der größte Teil der in seiner Generation Eingewanderten nicht aus religiösen Motiven Israeli sei, nicht einmal aus ethnischen, sondern in der Überzeugung, mit dem ersten eigenen Staat der Juden zugleich eine positiv gelebte Gleichheit aller begründen zu können. Positiv blieb die Grundeinstellung eines gelebten Sozialismus. Aber auch er dürfte Deutschland nicht ohne Gabriel Riessers – im Vormärz auf Deutschland bezogenes Verdikt hinter sich gelassen haben: »Wir sind nicht eingewandert, wir sind eingeboren.« Mit dem »Faust« und Lessings »Nathan« im Kopf (und nicht nur im Rucksack) war er hier wieder »eingeboren« worden.

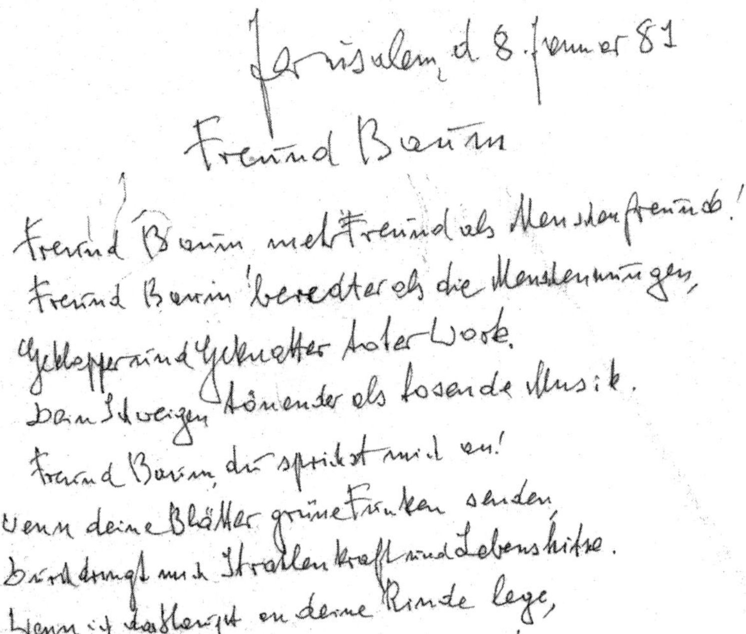
Jerusalem, d. 8. Jenner 87

Freund Baum

Freund Baum mehr Freund als Menschenfreunde!
Freund Baum beredter als die Menschenzungen,
Geklapper und Geknatter hohler Worte.
Dein Schweigen tönender als tosende Musik.
Freund Baum, du sprichst mich an!
Wenn deine Blätter grüne Funken senden,
durchdringt mich Strahlenkraft und Lebenshitze.
Wenn ich das Herz an deine Rinde lege,
Dann höre ich die Erdenquellen rauschen,
helle Gewässer in die Höhe steigen.
Freund Baum!
Und mich besänftigst du, beschattest du,
Dein Todesschatten wird zu Lebensschatten.
Du Tröster Baum
Geborgen bin ich unter deinem Dach —
Für Jörg Deuter und Stefanie Preu zur Erinnerung
an die Tage in Israel — Lola Landau

Abb. 24. Lola Landaus Abschiedsgeschenk an uns in Jerusalem war ihr Gedicht »Freund Baum", von ihr niedergeschrieben am 8. Januar 1987. Bereits 1966 hatte Lola Landau einer von ihr konzipierten, aber nicht veröffentlichten Lyriksammlung den Titel »Freund Baum" gegeben, ein Zeichen dafür, welche Bedeutung sie diesem Gedicht zumaß.

Lola Landau, Jerusalem, an Stephanie Rau an 15. März 1987

Liebe Stephanie,

es war für mich eine große Freude, Jörg Deuter und Sie, liebe Stephanie, persönlich kennenzulernen und daß Sie sich in Israel wohlgefühlt haben. Inzwischen ist mein Buch »Meine drei Leben« bei Ullstein erschienen, und ich habe Jörg vom Verlag ein Buch senden lassen. Ich hoffe, Sie werden bald Jörg wieder treffen und Gelegenheit haben, das Buch zu lesen. Liebe Stephanie, ich hoffe, es geht Ihnen gut und Sie sind weiter so aktiv mit Ihrem Unterricht. Ihre Lola

Lola Landau, Jerusalem, an Jörg Deuter am 3. März 1988

Wie gerne würde ich persönlich nach Oldenburg fahren, um Dich wieder zu treffen, und auch Deine Umgebung kennenzulernen. Ich möchte noch einmal betonen, lieber Jörg, daß Du der erste warst, der die Öffentlichkeit auf mich aufmerksam gemacht hat und mich sozusagen der Vergessenheit entrissen hat. Ich hoffe von ganzem Herzen, daß Du wieder Israel besuchen wirst. Ich lege Photographien bei, eine aufgenommen vor einigen Jahren, als Jürgen Serke das Buch über die »Verbrannten Dichter« vorbereitete. Ich hoffe, Du kommst weiter sehr oft mit der reizenden Stephanie Rau zusammen, und ich bitte ihr und ihrer Schwester Tina die herzlichsten Grüße auszurichten.

Lola Landau, Jerusalem, an Jörg Deuter am 16. März 1988

Ich schrieb Dir schon, daß ich mich über Deinen Plan einer Ausstellung über Armin und mich gefreut habe.[126] *Nun schicke ich Dir heute ein Lied »Der Zeitungsjunge« das vertont in einem Hörspiel von mir, »Der Bollejunge« [1930], gesungen wurde, das vielleicht auch in den Rahmen der*

---

126 Eine Ausstellung wurde von mir dem Jüdischen Museum in Berlin vorgeschlagen worden, kam aber, vor allem wegen allzu wenigen überlieferten Exponate zur Geschichte der Vorfahren Lola Landaus und wegen des bald darauf erfolgten Todes der Dichterin nicht mehr zustande.

Ausstellung paßt. Als viele Jahre später, 1946, mein Sohn Andreas in seiner Siedlung eine Gruppe von »Jugendalijah« führte, wurde dieses Lied auf Hebräisch übersetzt von diesen 17jährigen, die Entsetzliches in Konzentrationslagern durchgemacht hatten, gesungen. Ich lasse nun Andreas selber erzählen:

Andreas Marck, Jerusalem, an Jörg Deuter am 16. März 1988

Die zwei Jahre, die ich in Moledet »Jugendalijah« [die Einwanderergruppe Jugendlicher] führte, waren reich an den stärksten Erlebnissen: Erfolge und Enttäuschungen erzieherischer Arbeit mit jungen Menschen, die schwerste seelische Verletzungen überwinden mußten. Sie kamen zu uns noch in verwildertem Zustande, von Mißtrauen erfüllt, untereinander zerstritten, zynisch und roh, mit realer Erfahrung, die unermeßlich größer war, als wir, ihre Erzieher sie hatten, dabei aber ohne die Fähigkeit einer Verarbeitung und Überwindung des Traumas. Wir konnten – seltsam, daß es gelang – sogar eine neue Naivität wieder herstellen, ohne daß tabula rasa entstand. Aber die Frische der späteren Eindrücke konnte ein positives seelisches Kapital schaffen, und wirklich, für die Gnade der moralisch-geistigen Gesundung dieser »Kinder« müssen wir zutiefst dankbar sein.

»Alijah« bedeutete ursprünglich die Rückkehr in das gelobte Land, seit den Zeiten des Zionismus aber war konkret die jüdische Einwanderung nach Palästina gemeint. Die fünfte Alijah war die Einwanderungswelle der Massenimmigration aus Europa (1933 -1940). Innerhalb der Jugendalijah, also der Einwanderung jugendlicher Juden, in jenen Jahren vor allem aus Deutschland und den von den Nationalsozialisten besetzten Ländern, nahm Andreas Marck als Führungspersönlichkeit bereits in jungen Jahren eine geachtete, ja hohe Stellung ein. 1935 bis 40 arbeitete auch Hannah Arendt als Emissärin und Reisebegleiterin der Jugendalijah von Kindern aus Deutschland nach Palästina. Sie habe manchmal auch jüdische Kinder aus Polen mit hineingeschmuggelt, hat sie in dem bekannten Interview mit Günter Gaus berichtet. 1935 kam sie als Begleiterin einer Gruppe von Jugendlichen erstmals selbst nach Palästina.

Lola Landau, Jerusalem, an Jörg Deuter am 7. April 1988, letzter eigenhändig an mich gerichteter Brief:

Lieber Jörg Deuter! Der Zufall brachte mir ein junges Mädchen aus derselben Stadt wie Du. Sie wird Dir herzliche Grüße übermitteln. Ich hoffe, es geht Dir gut und danke für Hinweise auf die Ausstellung im Museum. Herzlichst, Lola Landau

Es folgte ein Ablehnungsschreiben des Auswärtigen Amtes betreffend »Frau Lola Landau-Wagner« (!) wegen Verleihung des Großen Bundesverdienstordens vom 10. März 1989, das ich derartig bedrückend fand, daß ich es Lola nicht mitgeteilt habe. Sah sie für sich doch eine späte Wiedergutmachung in dieser Auszeichnung oder – wichtiger noch – war es für sie doch der Beweis, daß eine neue Generation in Deutschland sie noch wahrnahm. Ich glaube, daß es ihr vor allem auch darum ging, den Beweis dafür zu erhalten, daß sie als Autorin doch nicht ganz vergessen war.

Lola Landau [und Andreas Marck], Jerusalem, an Jörg Deuter vermutlich im April 1989

Ich schreibe heute, um wieder eine Bitte auszusprechen. Du schriebst vor einiger Zeit, daß die Möglichkeit besteht, daß mir das Bundesverdienstkreuz verliehen wird. Inzwischen ist die Behandlung der Angelegenheit, wie uns mein Enkel John March mitteilte, im Stadium der Überprüfung, und ich würde natürlich mich sehr freuen, wenn diese Ehrung mich noch bei Lebzeiten erreichen könnte. Solltest Du durch den Bekannten, dessen Brief Du mir in Copie einsandtest, etwas hören, wäre ich sehr dankbar. Ich bin in letzter Zeit ganz an mein Zimmer gefesselt, schreibe Gedichte, die meine Gedanken über mein Stadium hohen Alters widerspiegeln und bin gerade bei der Konzeption einer Novelle »Trio«, die an Erinnerungen an mein Elternhaus anknüpft, wo viel Kammermusik gemacht wurde. Herzliche Grüße, auch von Andreas, dem ich diesen Brief diktiere.

Thomas Kossendey, Mitglied des Bundestages, Bonn, an Jörg Deuter am 17. April 1989

Heute komme ich noch einmal zurück auf Ihre Ordensanregung für Frau Lola Landau-Wegner in Israel. Ich habe bei meinem Besuch in Israel einmal ausführlich mit dem deutschen Botschafter, Herrn Haas, und Frau [Friede] Springer, der Witwe von Herrn Axel Springer, über Lola Landau-Wegner gesprochen, beide waren, genau wie Sie und ich, der Meinung, daß Frau Landau-Wegner ausgezeichnet werden sollte. Der Botschafter gab jedoch zu erwägen, ob sichergestellt sei, daß Frau Landau-Wegner diese Auszeichnung überhaupt annehmen würde. Dankbar wäre ich Ihnen, wenn Sie mir aus Ihrer Sicht der Dinge dazu eine kurze Stellungnahme zukommen lassen könnten.

Andreas Marck, Moledet, an Jörg Deuter am 1. Mai 1989

Ich habe meiner Mutter von der Absicht, ihr das Bundesverdienstkreuz zu verleihen, erzählt. (...) Es ist schön, daß Sie der Mittler in dieser Angelegenheit sind. Sie hatten ja auch keinen geringen Anteil an den Bemühungen, ihr Buch unterzubringen.
Es ist zu hoffen, daß auch die geplante Ehrung wieder Menschen veranlaßt, Bücher meiner Mutter zu lesen. Immer wieder kommt ein Echo von verschiedenen Seiten, und meine Mutter geht auch auf diese Zuschriften ein und freut sich, wenn sie anderen eine Freude bereitet hat. Wie Sie vielleicht wissen, fand in Berlin eine Aufführung von Tollers »Hinkemann« statt, und in diesem Zusammenhang wurden auch Texte von Lola Landau, wir wissen nicht welche, gelesen. In einem Seminar an der Hebräischen Universität (diesen Monat) über aus Deutschland hierher ausgewanderte Autoren wird auch von meiner Mutter etwas gelesen und von Frau Professor Margarita Pazi [1920–1997] kommentiert. Dies alles ist eine späte Ernte, wäre es zehn, fünfzehn Jahre früher gekommen, hätte meine Mutter mit ihrem Publikum die persönliche Begegnung gesucht, und, wie Sie ja wissen, ist die Ausstrahlung ihrer Persönlichkeit in ihrer Intensität, Wärme, Interesse etwas Besonderes: Werk und Leben gehören hier eng zusammen. Aber auch so ist sie dankbar, daß sie dies alles erleben durfte, trotz ihrer körperli-

chen Beschwerden, ihrer Schwäche und auch Vereinsamung. *Mit herzlichen Grüßen! Grüßen Sie Irene, wenn Sie sie in Rom besuchen...*

Das expressionistische Kriegsheimkehrerdrama »Hinkemann« von Ernst Toller war durch Franz Xaver Kroetz überarbeitet und im März 1986 unter dem Titel »Der Nusser« in einer hochrangigen Besetzung am Bayrischen Schauspielhaus in München uraufgeführt worden. Daraufhin erlebte die Tragödie des Kriegsinvaliden, dem die Genitalien weggeschossen worden sind, in Deutschland ein *comeback*. In Berlin wurde »Hinkemann« damals vom Berliner Ensemble gespielt. Ich vermute, daß es sich bei einem der von Andreas Marck erfragten Texte seiner Mutter, der bei der Berliner Hinkemann-Aufführung gelesen wurde, um deren Erinnerungen an Ernst Toller gehandelt hat, die ich unter dem Titel »Der schwarze und der weiße Wald« 1984 als Erstveröffentlichung edieren durfte.

Mein Besuch in Rom galt vor allem der Begegnung mit Irene Kowaliska-Wegner, die ich in der »Casa dei Pellegrini« an der Via della Purificazione 77 nahe der Piazza Barberini gleich am Abend meiner Ankunft aufsuchte. Ich habe die Atmosphäre der mittelalterlich hohen und weiten Räume noch geradezu greifbar im Gedächtnis, wie auch die Herzlichkeit des Empfangs. Man fühlte sich angekommen zwischen norddeutschen Biedermeiermöbeln aus dem Besitz der Hamburger Ahnen Armin T. Wegners und bewirtet sogleich mit kühlen Getränken. Von der Gastgeberin ging jene stets präsente überlegene Ruhe aus, die sich in Filmaufnahmen nachvollziehen lässt. Was sie sagte war bedacht, klar und in jeder Sprache, italienisch, deutsch, polnisch, konzise. Alles wirkte fest in sich gegründet. Dabei sprach sie wenig von sich selbst und umso lieber von Armin T. Wegner oder anderen Personen ihres Umfelds. Sie war sich darüber im Klaren, daß jeder Autor seine Zeit hat und daß er fast immer nur für eine bestimmte Phase oder Epoche steht. Ein langes Leben bringe auch ein Überschreiten des Zenits mit sich, das nicht unbedingt ein vorzeitiges sein müsse, aber eben eines, sobald der Höhepunkt überschritten ist. »Achtsam« war ihre Art und wäre wohl das richtige Wort, sie zu charakterisieren.

Ich hörte erstaunt von ihr den Satz: »Selbst Günter Grass hat uns mit seinen heutigen Werken nicht mehr soviel zu sagen, wie zu Zeiten der ›Blechtrommel‹. Vieles auch von ihm wird gründlich vergessen werden.« Wie sollte es also ihrem Mann anders ergangen sein? Geschenkt hat sie mir schließlich Heimito von Doderers Roman »Die Strudelhofstiege«, ein Buch, das sie offenbar besonders schätzte, das der in Warschau Geborenen, in Wien Aufgewachsenen, in Berlin ins Arbeitsleben Eingetretenen noch in Rom das alte Mitteleuropa nachtrug. Ein so wenig durch seine Handlung bestimmtes, zudem ganz und gar alteuropäisches Buch steht nicht nur der Erzählstruktur eines Armin T. Wegners diametral gegenüber. Es ist mir geradezu wie der Gegenentwurf zu seiner Art zu schreiben und auch zu denken vorgekommen: Nicht die handlungstragenden Sätze und Partien bestimmen hier das Wesen des Werkes, sondern die so viel längeren und zahlreicheren, nicht aktiv voranstrebenden Abschnitte, mag man sie nun beschreibend und reflektierend nennen oder nicht, deren Gewicht auch stilistisch ungleich größer ist. Ironische Distanz, die sich nicht immer bestimmt liebevoll oder hasserfüllt nennen lässt, charakterisiert Doderers Verhältnis zu seinen Agierenden. Ein derartiges Unbeteiligtsein des Autors auch nur in einem Text Wegners aufzufinden, dürfte schwerfallen. Warum auch immer Irene Kowaliska mir gerade dieses Buch schenkte, weiß ich nicht. Der auf sich selbst verweisende Charakter dieser Literatur scheint ihr aber auch entsprochen zu haben. Irene Wegner war es auch, die bei einer anderen Rom-Reise meinen persönlichen Kontakt zum damaligen Leiter der »Villa Massimo«, Karl Alfred Wolken (1929 - 2020), herstellte. Es entsprach Ihrer Art, Kontakte zu knüpfen, da, wo sie sie als wesentlich empfand.

Lola Landau, Jerusalem, an Jörg Deuter am 18. September 1989

Lieber Jörg! Dir möchte ich ganz besonders danken, daß nun die Ehre der Verleihung des Bundesverdienstkreuzes unmittelbar bevorsteht. Der Gesandte der BRD, Wilhelm Haas, besuchte mich vor einigen Tagen, um mir das anzukündigen, und für den 12.10. ist die Feier in meiner Woh-

nung angesetzt. (...) Wie würde ich mich freuen, wenn Du kommen könntest! Ich schreibe nur kurz, Andreas, der gestern von einem Urlaub im Ausland zurückkam, hat schon mit dem Botschafter gesprochen, über Programm und Technisches dieses Tages. Laudatio, meine Danksagung, Gedichte von mir. All dies am Nachmittag. Herzlichst, Lola Landau

Andreas Marck, Moledet, an Jörg Deuter am 19. Oktober 1989

Lieber Jörg Deuter, wir alle haben es sehr bedauert, daß Sie an dem Ehrentage meiner Mutter nicht bei uns sein konnten. Ich nehme an, daß man Ihnen etwas erzählt hat. Wer meine Mutter zum ersten Male gesehen hat, kann sich sicher nicht vorstellen, wie sprühend und bezaubernd sie in der Unterhaltung noch vor einigen Jahren war, aber er wird doch beeindruckt sein, wie sie aller Schwäche und Ertaubung zum Trotz, bei dem aufregenden Trubel vieler Gäste sich frei spricht, sagt, was sie auf dem Herzen hat, in einer Intensität des persönlichen Ausdrucks, in einer Bestimmtheit der Formulierung. Wir haben einiges von dem Abend auf Videotape, und auch die Stelle, wo meine Mutter nach Ihnen fragt, und mit bewegter Stimme ihre Enttäuschung äußert, daß Sie nicht kommen konnten!

Lola Landau, Jerusalem, an Jörg Deuter im Oktober/November 1989

Wie sehr hat mich Dein Brief vom 23.9. erfreut, und wie sehr bewegt und dankbar bin ich für Deinen Plan, eine Ausstellung zu machen. Ich möchte noch einmal betonen, lieber Jörg, daß Du der erste warst der die Öffentlichkeit auf mich aufmerksam gemacht hat. Ich hoffe von ganzem Herzen, daß Du wieder Israel besuchen wirst. Ich lege Photographien bei, eine aufgenommen vor mehreren Jahren, als Jürgen Serke das Buch über »Die verbrannten Dichter« vorbereitete. Die kleinen Bilder sind von dem 95. Geburtstag, als der Botschaftsrat Pieck einen Brief zu meinem Geburtstag in Namen des deutschen Botschafters verlas. (...) Ich würde mich sehr interessieren, über neue Arbeiten zu hören. Du hattest damals ein kunstgeschichtliches Thema zu bearbeiten. Hat sich dies geändert? Ich hoffe, Du kommst auch weiter sehr oft mit der reizenden Stephanie zusammen, und ich bitte, *ihr und ihrer Schwester Tina die herzlichsten Grüße auszurichten. Mit herzlichen Grüßen von meinem Sohn Andreas, der gerade neben mir sitzt. Lola Landau*

Die »reizende Stephanie Rau« und ich haben vier Jahre später geheiratet, nachdem ich über ein kunstwissenschaftliches Thema bei Otto von Simson und Peter Bloch in Berlin promoviert hatte. Andreas Marck sah ich noch einmal in Berlin, wo er über eine von mir vorgeschlagene und von ihm dann liebevoll projektierte Ausstellung im Jüdischen Museum verhandelte. Sie kam nicht zustande, wohl vor allem, weil es an aussagekräftigen Exponaten über die Familien Landau und Marck mangelte, die den Weg von Breslau und Berlin nach Israel nicht hatten mitgehen können, wie auch? Dann wurde es für mich ein wenig still um Lola. Ihren »Weg in die Anthologien« habe ich dankbar mitverfolgt, ihr Grab im Moshav Moledet aber bis heute nie aufsuchen können. Begleitet hat sie mich mit ihren Gedichten und ihrer Lebensklugheit weiterhin, eine Dichterin, die nicht nur von mir bereits totgeglaubt war, bevor ich sie kennenlernen durfte, sondern die erst jetzt für mich in ihrer ganzen Lebensfülle erfassbar wird. Erst durch intensiv nachforschende Beschäftigung mit der Biographie des Kunsthistorikers Gert Schiff (1926–1990), seit den fünfziger Jahren Adept und um publizistische Förderung bemühter Freund Armin T. Wegners, ergaben sich für mich neue Forschungen auch im Deutschen Literaturarchiv Marbach, wobei ich mit Interesse und Staunen sah, wieviel ungedrucktes Material der von Andreas Marck dorthin übergebene schriftliche Nachlass Lola Landaus noch birgt. Warum die Briefe, die ich einst an Lola Landau gerichtet habe, nicht darunter sind, weiß ich nicht. Möglicherweise hat Andreas Marck sie zurückbehalten, weil er die Korrespondenz mit mir ja weiterführte; möglich ist auch, daß die Briefe bei der Auflösung von Lola Landaus Appartement vernichtet wurden. Daß sie einen Schlüssel zum Verständnis der Dichterin und ihrer Werke liefern würden, glaube ich nicht. Heute wären sie allenfalls Dokumente der Begeisterung eines jungen Mannes für eine hochbetagte Dichterin. Daß ich ein klein wenig daran mitwirken durfte, sie wieder zu Wort kommen zu lassen, ist ihrer Offenheit und Vorurteilslosigkeit zu verdanken, mit der sie auf einen jungen Menschen aus Deutschland und seine Initiativen und Vorschläge einzugehen bereit war.

Was bleibt mir? Wenn ich heute Lolas Autobiographie wieder lese, dann entdecke ich wieder und immer neu, daß sie erzählen konnte, uns mitnehmen wird in die Welten, die sie erlebte, aber deutlicher als früher wird mir, daß sie das alltägliche Grauen meisterhaft zu nuancieren wusste, so daß wir mitlachen, wenn Armin bei Tisch vor den Kindern Hitlers Rhetorik mimisch und mit rollendem R (»Der deutsche Bauherr«) ins Lachhafte erlösend verzerrt, ich entdecke auch, daß dies aber so von ihr erzählt wird, daß wir uns eigentlich, indem wir mitlachen, wiederum ins Schneckenhaus unserer Beschämung zurückziehen wollen. Und wenn Lola, am Anfang des Judenboykotts, auf dem Spielplatz mit ihrer alleingelassenen Tochter auf der Bank sitzt und ein schwachsinniges Kind (blond und deutsch und früher aus Mitleid eine Spielkameradin von Sybille) auf sie zuläuft und der nunmehr Ausgegrenzten gerade eben »Du Ju, Ju, Ju-de« entgegenlallen kann, dann sind das Szenen, die sich einprägen. Hatte Lola Landaus stark literarisch geprägtes frühes Leben mit der Sehnsucht nach Verzauberung begonnen…so gipfelt es hier im Entsetzen im Kleinen und Alltäglichen, das gar nicht immer so klein ist.

»Worte von Andreas [Marck] am Grabe von Lola Landau. An die Freunde meiner Mutter, im Februar 1990«

43 Jahre lebte meine Mutter in Deutschland, 54 Jahre in Israel. Die zwei Perioden, bis 1920 mit meinem Vater [Siegfried Marck] und bis 1935 mit Armin T. Wegner, hat sie in ihrer Autobiographie erzählt. (…) In Deutschland, vor der Hitlerzeit hatte sie sich einen Namen gemacht: Gedichtbände, Dramen, Hörspiele, Novellen, Aufsätze, Reiseberichte, Vorträge … Nach ihrer Einwanderung in Israel beeinträchtigten Existenzkampf und die Sprachbarriere ihr Schaffen, doch schrieb sie manches (…).

Bis etwa zu ihrem 70. Lebensjahr schaute Mutter nie zurück, dachte wenig an die Vergangenheit, lebte ganz im Heute und Morgen. Ihr Einfühlungsvermögen, ihre Gabe, gesammelt zuzuhören, ihr brennendes Interesse an Menschen, brachten gerade die Jugend dazu, sich ihr anzuvertrauen, ihr zu erzählen, und oft gestaltete sie dann diese Erlebnisse. Mit dem Zurücktreten der täglichen wirtschaftlichen Sorgen strömte ihr Schaffen wieder stärker. Sie begann über sich selbst zu schreiben und vor allem zu dichten. Reisen nach Europa und Amerika, Wiedersehen mit ihrer Mutter und meinen Geschwistern. (...) Erst als Frau von Armin T. Wegner, später über sie selbst schrieb man. Interviewte, filmte sie für TV-Sendungen, es gab ein Echo von Lesern.
Alter und Tod beschäftigten meine Mutter schon, als sie noch unglaublich jugendlich wirkte, doch seit einigen Jahren wurden diese zum zentralen Thema ihrer Gedichte. Meist ist der Schluß wieder ganz positiv, optimistisch, hoffnungsvoll, zum mindesten versöhnlich, oft doch erschütternd und nicht immer durchgeformt. Vor einem halben Jahr schrieb sie ein sehr trauriges Gedicht »Todessehnsucht«. – »Ich muß entsagen,« endete es, und damit brach ihre Zwiesprache mit dem Tod ab. Sie wandte sich ganz anderem zu. Eine Liebesgedicht-Begegnung entstand erst für sich. Sie wob sie dann in eine Erzählung ein, die sie zuletzt unausgesetzt beschäftigte. Sie bat mich, ihr ein Schubert-Trio zu bringen: Erinnerung an Kammermusik im Elternhaus: Vater, Mutter und ein Freund spielten Trio. Es entspann sich etwas zwischen der Mutter und dem Freund, der dann elend umkam. Aber dann scheute sich meine Mutter, ihre Eltern in dieser Verwicklung abzukonterfeien. Sie gestaltete ganz andere Charaktere. Die wenigen Stunden, die sie neben dem Bett auf ihrem Suhl saß, einen Tisch vor sich, füllte sie Seiten auf Seiten mit dieser Novelle, verwarf, begann wieder von vorne, fand sich mit den Stößen Papiers nicht zurecht, mit mehrfacher Nummerierung, mit den Daten der Niederschrift, die ihre Hilfen auf die Blätter setzten, und oft konnte sie ihre Schrift, die früher so klar und kräftig gewesen war, nicht entziffern. Sie erzählte mir, diktierte, ich versuchte zu ergänzen. Vor zehn Tagen diktierte sie mir den Schluß. »Danke! Danke! Daß wir das noch fertiggemacht haben!« Und schon euphorisch: »Jetzt werde ich ein Drama schreiben.« Schmerzen, Aufbegehren, Hindämmern, – die letzten Tage. Sie war mir nicht nur Mutter, sie war Freundin. Ja, als Kind hatte

ich ihr die Scheidung von meinem Vater übelgenommen. Dann, nach Armins Verhaftung und unserer Flucht nach England, gute Kameradschaft. Wieder später, als ich, ein junger Vater, mir zur Familiengeschichte einiges aufschrieb, äußerte ich mich recht kritisch über sie. Aber mehr und mehr begann ich sie zu verstehen, ihre phantastische Vitalität zu bewundern. »Du bist die Stärkste von uns allen,« sagte ich einmal. Und ihr Jasagen zu allem: »Ich bereue nichts, nicht meine Fehler, alles war wunderbar!« Und immer wieder: »Ich will noch leben!« Sie bezahlte dafür mit Schmerzen, mit Leiden, mit Gefesseltsein an ihr »Luxusgefängnis«. Es ist schwer, von dieser wundervollen Frau Abschied zu nehmen.

Am schwersten scheiden von den eignen Kindern,
Der Abschiedsschmerz ist nicht zu lindern.
Wie schwer ist es, von dieser Welt zu scheiden!

Der Nekrolog Andreas Marcks wurde von den beiden Gedichten »Testament«, in dem sie uns, den Überlebenden, einen Scherben mit ihren kryptischen Versen vermachen will, und »Wie schwer ist es, von dieser Welt zu scheiden«, umrahmt. Zuerst also verlas der Sohn das Gedicht zum geistigen Vermächtnis seiner Mutter und erst dann deren Verse zum erzwungenen Abschied, die noch immer und noch einmal ihre Huldigung an das Leben sind. Zuletzt lässt er sie all das hoffend berufen, was ihr das Leben immer noch lebenswert erscheinen ließ.

Testament

Wenn die irdene Schale zerspringt,
in Stücke zerfällt,
Die Form zerschellt:
Einen kleinen Scherben
will ich vererben. (...)
Die Scherbe tönt noch mit brüchigem Klang,
tönt von brausenden tätigen Tagen,
von tanzenden Füssen, sausenden Wagen,

von Heimatfluren, die mir ergrauten,
von fernen Küsten, die mir erblauten,
sie klingt von Namen geliebter Gestalten,
o zärtliche Stimmen, die längst verhallten.
In die Scherbe grub ich alle die Zeichen,
Daß sie nicht entweichen und euch erreichen.
Euch, die ihr im erleuchteten Saale
Noch speist von des Lebens gefüllter Schale.
Einen kleinen Scherben
Will ich vererben.

Detailliert schildert Birgitta Hamann das Ende Lola Landaus, wobei sie sich auf einen Bericht von deren letzter Betreuerin stützt: »Am Nachmittag des 3. Februar 1990, den [ihre Pflegerin] Mazel Cohen mit ihr verbracht hatte, schrieb sie noch wie gewöhnlich an einem ihrer Gedichte, als gegen 17.00 ihr Arm beim Schreiben niedersank und sie sich ein wenig niederlegen wollte. Mazel Cohen (...) rief kurz danach sowohl den Sohn Andreas in Moledet und das Ehepaar Perl an, da sie spürte, daß die letzten Stunden der Schriftstellerin angebrochen waren. Naomi Perl brach sofort zu Lola Landau auf und erlebte ihre verzweifelten Rufe nach ihren Kindern (...). Etwa eine Stunde vor ihrem Tod kehrte Frau Perl wieder in ihre Wohnung zurück und ließ Lola Landau mit der Pflegerin Mazel Cohen allein. So starb die 97jährige friedlich in ihrem Bett, kurz bevor ihr Sohn Andreas aus Moledet eingetroffen war.«[127]

Am 14. Februar 1990 drückte Walter Höllerer in einem Brief an mich sein Beileid zum Tod von Lola Landau aus und sprach zugleich seine Genugtuung darüber aus, daß sie das von ihr ersehnte Bundesverdienstkreuz noch erhalten hatte.

Andreas Marck, Moldedet, an Jörg Deuter am 15. Juli 1990

Meine Frau und ich werden vom 19.8. abends bis 25.8. früh – mit einem Tage Neuglobsow dazwischen – in Berlin sein, und zwar im Hotel Hei-

---

127 Birgitta Hamann, Lola Landau. Leben und Werk. Berlin 2000. S. 178

delberg, Knesebeckstraße 15, werden auch ins Berlin-Museum gehen. Zwar habe ich seit einem Brief von Gisela Freyden vom 27.4. nichts gehört, sie schrieb mir, daß Frau Dr. Bendt nach ihrer Rückkehr aus Israel Anfang Mai sich mit mir in Verbindung setzen würde. Wie ich aus dem Briefwechsel mit dem Berlin-Museum [Jüdischen Museum] sah, haben Sie auch eine Berliner Adresse. Sollten Sie um die Zeit unseres Besuches in Berlin sein, werden wir uns sicher sprechen. Wir wollen auch Hedda Pänke, die Lektorin bei Ullstein, aufsuchen, und auch von Thomas Flügge hatten wir Nachricht. Marbach hat inzwischen zwei Kartons mit Manuskripten, Zeitungsausschnitten bekommen. Ich werde auf die Bitte von Tghart hin noch Weiteres vorbereiten. Dramen, Dramenentwürfe haben sie nun so ziemlich alles. Ich habe entweder Doubletten oder bekomme Photocopien. Die deutsche Fassung ihres Romans über Pessach Chevroni [sic, normalerweise als Hevroni transkribiert] ist bis jetzt nur bei mir, auch von den nicht veröffentlichten Gedichten muß ich noch eine Mappe zum Verschicken machen. Beim Durchlesen Ihrer Arbeit in »Sprache im technischen Zeitalter« fand ich das Gedicht »Verschwendung« 1978 [datiert]. Soweit ich mich nicht irre, bezog es sich auf den Libanonkrieg 1982. Mit herzlichen Grüßen, Ihr Andreas Marck.

Thomas Flügge (1940–2011) war Mitbegründer des Bildungswerks für Demokratie und Umwelt der Gewerkschaften und der Gedenkstätte Deutscher Widerstand. Er sollte sechs Jahre lang Vorsitzender der Armin-T.-Wegner-Gesellschaft werden. Reinhard Tghart ist Literaturwissenschafter und Expressionismusforscher am Deutschen Literaturarchiv in Marbach gewesen. Dr. Vera Bendt war Direktorin des »Jüdischen Museums« in Berlin.

Andraes Marck, Neuglobsow, an Jörg Deuter am 23. August 1990

Wie Sie aus der Anschrift sehen, bin ich auf den Spuren von Armin und Lola bei Herrn Maaß. der in den letzten Jahren mit meiner Mutter in Briefwechsel stand und sich mit so großem Interesse und Hingebung für Leben und Werk meiner Mutter und Armins beschäftigt hat. Er hat uns reizend aufgenommen, an die Orte geführt, die mir vertraut waren und wo die

Erinnerung mächtig wiederkehrte. Ich lass ihm zur Einsicht unveröffentlichte Altersgedichte, von denen ich auch eine Copie an Hedda Pänke gab, eine andere an Thomas Flügge sandte. Vielleicht gelingt dadurch Veröffentlichung einzelner Gedichte oder der Serie? Ich bat Herrn Maaß, die Gedichte an Sie zu schicken. Marbach hat sie auch bekommen. Mit Frau Dr. Bendt konnte ich nur telephonisch sprechen, unsere Zeit in Berlin war zu kurz. (...) Ich versprach Frau Dr. Bendt, nachdem sie Interesse zeigte, auch Übersendung von Material und Bildern über die Familie Landau (nach unserer Rückkehr nach Israel Ende September). Nun besorgt uns allerdings die Golfkrise – es kann das Schlimmste passieren, und man weiß nicht, was man hoffen soll.

Der sogenannte Zweite Golfkrieg, der Andreas Marck hier zu Sorgen Anlaß gibt, war am 2. August 1990 durch die Angriffsankündigung des Irak gegen Kuwait ausgelöst worden. Bereits am 5. August kam es zu Wirtschaftssanktionen und einer anti-irakischen Koalition der UN-Mitglieder. Am 9. August wurde die Annexion Kuwaits durch den Irak von der UN für nichtig erklärt. Israel, das am Krieg offiziell nicht beteiligt war, war dennoch in den Krieg einbezogen worden. Es wurde mit 39 Treffern von Scud Raketen aus dem Irak beschossen. Zwei Tote durch Beschießung im Gebäude der Jerusalem Post und zahlreiche in Gasmasken erstickte Menschen waren auch in dem am Krieg nicht beteiligten Israel direkte Kriegsopfer. Andreas Marck war politisch zu wach, und er dachte mitmenschlich genug, um das Kriegsgeschehen zwischen zwei mit Israel verfeindeten Nationen nicht auch als für sein eigenes Land bedrohlich und als der gesamten Menschheit gefährlich anzusehen. »Was man hoffen soll,« wie Marck schreibt, war aus seiner Sicht eine friedliche Einigung der verfeindeten Parteien, so feindlich diese beiden wiederum auch Israel gegenüberstehen mochten. Der Streit, den zwei Feinde des von ihm mitaufgebauten Landes miteinander auskämpften, war für ihn kein Grund zu befriedigter Häme, sondern weckte Sorgen, nicht nur um die eigene Existenzberechtigung. Auch darin blieb er der Sohn seiner pazifistischen Mutter.

Andreas Marck, Moledet, an Jörg Deuter am 19. November 1990

Vielen Dank für die Übersendung des Heftes »Sprache im technischen Zeitalter« mit dem Auszug aus der Biographie meiner Mutter und der Notiz über sie. Wir sind nun schon fast zwei Monate von unserer Reise zurück, waren zwei Tage in Neuglobsow, sehr freundlich von Hans Maaß aufgenommen, der uns zwei »zärtliche Buchen« vorführen konnte; an eine, in der Nähe unseres Bootshauses, erinnerte ich mich genau, wie ich überhaupt sovieles wiederfand, wie ich es verlassen hatte, – sogar Wasser- und Jauchepumpe in unserem Garten! Es war ein großes Erlebnis. In Berlin traf ich mich mit Hedda Pänke, gab ihr die Gedichte, die ich auch Hans Maaß bat, Ihnen zu schicken. Mit Frau Dr. Bendt konnte ich nur kurz telephonieren, schickte ihr von hier dann einiges Material über meine Mutter und über die Familie Landau. Ob das Museum daraus etwas machen kann, wird sich zeigen. Wenn Sie in Berlin sind, sehen Sie sich das [Material] bitte an. Von Hans Maaß bekamen wir eine Copie der Videokassette der Sendung von Peter Friedrich Leopold mit den Filmaufnahmen der Palästinareise [Armin T. Wegners] 1929. Ich werde die Kassette auch hier [anderen Menschen] außer Familie und Freunden zeigen. Nach Marbach habe ich zwei größere Pakete mit Manuskripten geschickt, mir Doubletten oder Copien behalten oder von Marbach Copien erbeten.

Ich konnte anläßlich des Todes von Lola Landau Briefe und Texte zu ihrer Biographie in der Zeitschrift »Sprache im technischen Zeitalter« veröffentlichen. Mit dem Film von Peter Friedrich Leopold meint Andreas Marck die bereits 1985 gedrehte Dokumentation »Völkermord an den Armeniern«, in der Armin T. Wegners Engagement für das armenische Volk ausführlich berücksichtigt wurde. Der in Stechlin in der Straße Am Dagowsee ansässige Hans Maaß hatte bereits während der DDR-Zeit viel Material über die Zeit von Armin T. Wegner und Lola Landau in Neuglobsow gesammelt und sich bemüht, ihr Andenken dort aufrecht zu erhalten, wie es dort auch Peter Gralla und seine Frau Helga von Armin-Gralla getan haben. »Die zärtliche Buche« war bereits 1934 von der sie umarmenden Kiefer erstickt worden, wie Lola am 6. März schrieb, hat aber als das den Titel abgebende Motiv eines Buches von Lola Landau überlebt. Leider ist das »Haus Sieben Wälder« nach der Wende völlig verändernd umgebaut worden, so daß ein Wiedererkennen selbst Andreas Marck heute schwerfallen würde. Die Gemeinde Neuglobsow ehrte ihre beiden Dichter-Persönlichkeiten zuerst 2010 durch einen Lola-Landau-Ring und 2016 auch durch eine Armin-T. Wegner-Straße.

Was da an Öffentlichkeitsarbeit nachgeholt wurde, war literaturwissenschaftlich bereits drei Jahrzehnte zuvor aufgeworfen worden. Ich habe damals bei Walter Höllerer studiert, der seinen Studenten als Hochschullehrer viel freie Hand in Themenwahl und Abfassung ihrer Seminararbeiten ließ. Eine literarische Wiederentdeckung zu begleiten hat Walter Höllerer wohl nie geringgeschätzt, und hier war eine solche. Das sah er sofort. Er hat sie mir mit dem Abdruck meines Lola-Landau-Essays in »Sprache im technischen Zeitalter« sofort und ohne jeden Eingriff gelohnt. Er ließ mir auch in der Auswahl begleitender Texte der erst einmal vorzustellenden Autorin völlig freie Hand. Zur selben Zeit lernte ich durch einen Zufall in meinem Geburtsort Oldenburg Walter Kempowski kennen, wie ich es oben geschildert habe. Auch dieser bald zum Freund Werdende nahm die Sache der Wiederentdeckung sehr ernst. Es ergab sich sogar so etwas wie eine Konkurrenz zwischen Höllerers »Literarischem Colloquium« in Berlin und Kempowskis »Literatur im Kreienhoop«. Beide wollten das Buch verlegerisch vermitteln. Der Literaturbetrieb der achtziger Jahre begann sich interessiert zu zeigen, was mich freute, ohne daß es mich nennenswert wunderte. Daß dieses Austarieren der Gewichte zwischen Berlin und Nartum in meinem Fall einer Autorin zugutekam, der literarische Aufmerksamkeit bisher so gut wie ganz versagt worden war, registrierte ich aber sofort als ausgleichende Gerechtigkeit und betrachte es noch heute als späte, sehr späte, aber noch zu rechter Zeit gekommene Anerkennung. Direkt nach dem Erscheinen meines Essays in »Sprache im technischen Zeitalter« 1984 rief mich der in Israel wie in Deutschland unter seinen deutschen Kollegen hoch angesehene

Lyriker David Rokeah (1916–1985) an, um mich nach einzelnen in meiner Darstellung nicht enthaltenen Details zu Lola Landau, die er wissen wollte, zu befragen. Hierzu zählten weniger philologische oder biographische Fakten, sondern Tatsachen viel konkreterer Natur: Ob es einen rührigen Verlag gäbe, ob die Dichterin aktuelle Kontakte zum deutschen Literaturbetrieb habe, ob sie noch gegenwartsbezogen sei. Letzteres konnte ich uneingeschränkt bejahen. Die Beziehungen zum deutschsprachigen Getriebe lägen wohl eher allein in meinen studentischen Händen. Rokeah scheint gelacht zu haben, versprach aber, etwas für Lola zu tun. Der in Lemberg Geborene lebte in Jerusalem und war erstaunt darüber, nie im Leben etwas von einer in seiner Heimatstadt dichtenden Lyrikerin namens Lola Landau gehört zu haben, was ich heute noch als ein Aufhorchen der besonderen Art deute. Dieses »Wieso weiß ich nichts von ihr?« konnte nur als Zeichen kollegialer Anerkennung interpretiert werden, einer Anerkennung von Graden: Waren die Gedichte David Rokeahs doch als die »poetische Landnahme«, von der Enzensberger bei ihm spricht, damals nicht nur omnipräsent, sondern tatsächlich durch Paul Celan und Nelly Sachs oder Friedrich Dürrenmatt aus dem Hebräischen ins Deutsche übertragen worden. Um sich über so ein Telephonat zu freuen, hätte der »Wiederentdecker« seiner Dichterin auch älter als 27 Jahre sein können, bekräftigte es doch das Gefühl des richtigen Gespürs für zu Unrecht Vergessenes und gab der Hoffnung auf aufkeimendes Interesse Nahrung. So, angesichts meiner Jugend, spornte es den Enthusiasmus doppelt an. Die abgedruckten »Friedensgedichte« und die »Erinnerungen an Ernst Toller« weckten David Rokeahs Interesse sofort, so daß unser Gespräch damit endete, daß er mir versprach, in Israel und auch in Deutschland für Lola zu werben. Leider konnte es dazu nicht mehr kommen, da David Rokeah wenige Monate später auf einer Lesereise in Duisburg starb. Immerhin hatte er damit eine Perspektive für die Vergessene eröffnet, …und ich denke oft darüber nach, wie das Werk Lola Landaus aufgenommen worden wäre, wenn jener spröde Lyriker, den Ölbaum und Wüste zu seinen verschlüsselten Gedichten anregten, der literarische Zög-

Abb. 25. Lola Landau während ihrer lebenslang alltäglich vormittäglichen schriftstellerischen Arbeit am Schreibtisch, hier in der Breslauer Zeit als Gattin des Philosophiedozenten Fried Marck, an der Kurfürstenstraße 29 in Breslau, um 1920

ling und Adept Paul Celans, die späte Lola Landau lesend und für sie werbend auf seine Lesereisen mitgenommen hätte, wie er es vorhatte...[128]

128 Jörg Deuter, Am Ziel der tausend Straßen. Armin T. Wegner im KZ Börgermoor, in: Jahrbuch des Emsländischen Heimatbundes 25, 1979, S. 242–251

Epilog 1 –
Meine persönliche Motivation: Befragen, um zu bewahren

Angeregt wurde meine Bekanntschaft mit Lola Landau, die sich später zu einer Freundschaft ausweiten sollte, durch Irene Kowaliska-Wegner und den späten Armin T. Wegner, als ich mich um 1976 mit der Frage nach Armin T. Wegners Zeit als Häftling im KZ Börgermoor auseinandersetzte und nach Details und Quellen suchte. Da Wegners Erinnerungsvermögen in dieser allerletzten Lebensphase nicht mehr präzise genug war, zu den oft sehr detaillierten Fragen Auskunft zu geben, verwies mich seine Frau Irene auf die erste Frau des Dichters, von der damals in der Öffentlichkeit nicht einmal mehr bekannt war, daß sie noch lebte; was für mich zudem umso unwahrscheinlicher war, da ich sie nicht einmal in Kürschners Deutschem Literaturkalender, dem Gesamtüberblick aller literarisch Schaffenden, verzeichnet fand. Mein Erstaunen schon nach der bloßen Kontaktaufnahme war groß: Ich lernte eine höchst präsente Korrespondenzpartnerin und Zeitzeugin jenseits der Mitteachtzig kennen, und es entstanden zwei Publikationen über Wegners Haftzeit, die ich im »Jahrbuch des Emsländischen Heimatbundes« (1978)[129] und in der Literaturzeitschrift »die horen« (1979)[130] veröffentlichte. Lola Landau hatte hierbei freilich nur die Rolle der manches bestätigenden Zeitzeugin, – vorerst noch.

In Folge davon und nun besonders an dem der KZ-Haft Wegners folgenden Sprachverlust interessiert schrieb ich als Student an der Freien Universität Berlin bei Ruth Link-Salinger genannt Hyman eine Arbeit über »Verzweiflung an der Sprache. Zur selbstmörderischen Rhetorik des Schweigens«, die leider nicht die Billigung der Dozentin fand, weil ich den von George Steiner in sei-

---

129 Jörg Deuter, Am Ziel der tausend Straßen. Armin T. Wegner im KZ Börgermoor, in: Jahrbuch des Emsländischen Heimatbundes 25, 1979, S. 242 – 251
130 Jörg Deuter, In Memoriam Armin T. Wegner: Armin T. Wegner im KZ Börgermoor 1933, in: die horen 114, 1979, 2, S.128–132

nem Buch »Sprache und Schweigen« gewählten Ansatz Wittgensteins – so die Dozentin damals – irrtümlich oder zu Unrecht auf Wegner bezogen habe. Ich hatte Steiners These zugrunde gelegt: »In dem Maße, in dem die Sprache das eigentliche Element des menschlichen Verhaltens ist, äußern sich in ihr auch die Spuren der extremen Krisen des Menschlichen.«[131] Und ich hatte diese These als Deutung und Hintergrund angewandt für Wegners dem »Sendschreiben« folgendes langanhaltendes zumindest öffentliches Verstummen. Um es als Reagieren auf sein völliges Überhörtwerden anzuwenden, schien es mir mehr als mehr denn ausreichend, vielmehr ein Ansatz, den ich heute noch als höchst tragfähig empfinde. Steiner ging es allerdings darum, wie beharrlich sprechend geschwiegen (womit er auch die Nachkriegszeit in Deutschland meinte) und damit verschwiegen werden kann; mich interessierte, wie beredt auch das Schweigen sein kann, zumal wenn es einer tiefen Erschütterung folgt. Womit ich die Situation der Verfolgten benannte, die Wegner für mich symbolisierte, er die der Verfolger; wobei ich aber auch an frühere Beispiele frühen dichterischen Verstummens, besonders Hölderlin natürlich, aber weiterhin auch bis zu Rimbaud und Herwegh dachte. Ich finde seltsamerweise kein Gutachten mehr, in dem Frau Link-Salinger darlegt, warum sie die Initialzündung meiner Arbeit verfehlt fand, es gab wohl auch kein solches, aber ich erinnere mich deutlich, daß sie Armin T. Wegners literarisches Verstummen nicht aus dessen KZ-Haft heraus erklärlich fand oder konkreter gesagt, von der Haft her nicht erklärt wissen wollte. Was immer sie zu dieser für mich bis heute nicht erklärlichen (Vor-)Beurteilung geführt haben mag: Bei mir hatte die Dozentin damit etwas für die Wegner-Rezeption Konstituierendes erneut festgeschrieben: Das Stigma, das ihn nach 1945 zeichnete und auszugrenzen schien, war immer wieder die frühe, vom bundesdeutschen *Common Sense* mitbestimmte Frage: Warum mußte dieser an sich, und das heißt an eigenem Leib und Leben, nicht betroffene Mann, sich für das Schicksal eines Volkes einsetzen, dem er

---

131 George Steiner, Sprache und Schweigen. Essays über Sprache, Literatur und das Unmenschliche. (1967, deutsch 1969). Frankfurt 2014. S. 10

selbst gar nicht angehörte?[132] Die Fragestellung allein straft jenen Idealismus ab, der offenbar von Anfang an in Wegner steckte und der sein gesamtes Wirken trug, – den Einsatz für die Betroffenen durch den selbst eben immer nur »Mitbetroffenen«. Schon soviel Idealismus allein war obsolet. Ich als Student fand hingegen durchaus, daß jemandem, dem seine Wirkungsmöglichkeiten so radikal und vollständig entzogen worden waren, dessen Familie zersplittert wurde, dessen geistige wie materielle Heimat ihm genommen wurde, wie Armin T. Wegner, nichts anderes übrigblieb, als in der zweiten Lebenshälfte dem eigenen Engagement der ersten intensiv nachzuschreiben oder eben zu schweigen. Natürlich wird man sagen können, daß ich in jugendlichem Enthusiasmus enttäuscht war und, um meines »Helden« willen, gegen die Dozentin eingenommen. Aber das trifft den Kern damaliger wie heutiger andauernder Enttäuschung nicht. Ich gebe aber zu, daß ich noch heute sehr gern mit Frau Link-Salinger in jenen Diskurs eintreten würde, – sie hat den Dichter zweifellos mißverstanden und sein Schweigen – als ein verbittertes Übergangenwerden, – wohl falsch gedeutet. Wegners Protest ist der Protest des Dichters, aber er ist auch Protest des Menschen dagegen, das erlebte Unrecht angemessen in Zeit und Form sagbar zu machen. Er sagt uns auch: Für die mir zuteil gewordenen Erfahrungen reicht ein Menschenleben nicht aus. Er protestierte also mit seiner Person und auch mit seinem Schicksal nicht nur dagegen, daß er die beiden miterlebten Katastrophen (also auch die Armenierfrage) dichterisch nicht hatte umsetzen können oder dürfen. Er protestierte damit auch – und im Grunde – in zahlreichen Anläufen gegen das eigene Unvermögen, sagbar zu

---

132 Kurz hat Armin T. Wegner selbst eine Antwort auf die frühe »Berufung« zum Fürsprecher und Freund der Armenier, wie der Juden (1895) gegeben in seiner autobiographischen Skizze »Die Feuerkugel«, zuerst am 14. Oktober 1966 veröffentlicht in der Frankfurter Allgemeinen Zeitung und der Allgemeinen jüdischen Wochenzeitung, dann im Sammelband: Armin T. Wegner, Fällst du, umarme auch die Erde oder der Mann, der an das Wort glaubt. Wuppertal 1974. S. 17 – 20. Zu dieser im Kindesalter einsetzenden Identifikation siehe auch: Johanna Wernicke-Rothmayer, Der Mann hinter der Kamera. Rede-Manuskript Solingen 2010.

machen, was sich zeitlich synchron, in angemessener Frist, verlegerisch »vermarktbar« und auch nicht literarisch wahrnehmbar verwirklichen ließ, auch wenn er dies versucht hatte. Ein Ansatz, der einem Seminar über Sprache und Schweigen wohl Impulse hätte geben können?

Daß zunehmend sein Leben zum Mittelpunkt seines Schreibens und des Schreibens über ihn gemacht wurde, führte Wegner selbst zwar immer weiter vom literarischen Werk ab, braucht aber nicht zu verwundern. Dennoch hat er seine Romanprojekte, für die Öffentlichkeit nicht sichtbar, fortgesetzt, aber eben nicht vollendet (obwohl er weiterhin kontinuierlich schrieb). Auch umfangreiche Hörspielfolgen über das eigene Leben konnten daran nichts ändern, sondern waren sogar dazu angetan, diesen Eindruck noch zu verstärken. (So etwa »Ein Toter kehrt nach Deutschland zurück« in neun Folgen oder »Der Weg ohne Heimkehr« in acht Folgen.) Schrieb Wegner darin sein Vergessenwerden doch geradezu fest.

Ich erhielt also den erarbeiteten Seminarschein nicht und es blieb eine leichte Verstimmung (für mich der einzigartige Fall in meinem ansonsten an guten persönlichen Bezügen so reichen Studium), wohl aber gewann ich das Wohlwollen und zunehmende Beteiligtsein »der Wegners«, das heißt der beiden Frauen des Dichters. Aus meinen Recherchen über seine KZ-Haft und aus meinen Überlegungen über Armin T. Wegners danach erfolgenden Selbstverlust heraus entwickelte ich einen meine Forschung und meine eigene Einschätzung verbindenden Essay zu Wegners Sendschreiben, den ich später zum Carl-von-Ossietzky-Preis der Stadt Oldenburg einreichte. Jener Essay war zuvor, von meinem Fragenkatalog begleitet, an Lola Landau nach Jerusalem gesandt worden und sollte mir endgültig ihre Sympathie eintragen. Sie ging sogar soweit, zu sagen und zu schreiben, daß ich Armins Persönlichkeit zum Teil neu gedeutet habe. Entsprechend substanziell fielen ihre Antworten aus und entsprechend groß wurde ich durch den Neueintritt in eine mir bis dahin unbekannte Sphäre belohnt.

Sofort, schon bei diesem ersten bescheidenen Projekt hatte ich erkannte, daß ich es hier mit keiner bloßen Zeitzeugin und Dichter

-Witwe zu tun hatte, sondern mit einer selbst publizistisch und künstlerisch eigenständigen und bis (zum damaligen) »Heute« produktiven Persönlichkeit, die es wieder zu entdecken galt. Ich war dementsprechend sofort entschlossen, diese vergessene Dichterin und Pazifistin wieder zur Geltung zu bringen, soweit dies in meinen bescheidenen Kräften als bereits publizierender Student stand. Da ich auch an der TU Berlin bei Walter Höllerer verschiedene Seminare absolviert und mit einer von ihm als druckfähig befundenen Arbeit über »Wandeln und sich Verwandeln bei E.T.A. Hoffmann« seine Aufmerksamkeit gefunden hatte, fragte ich ihn nach Möglichkeiten, die er für ein Revival Lola Landaus sähe. Walter Höllerer stellte mir frei, möglichst bald in der von Hans Bender und ihm begründeten Zeitschrift »Sprache im technischen Zeitalter« über Lola Landau zu schreiben, was ich tat. Der Aufsatz »Noch liebt mich die Erde«, der zu ihrem 92. Geburtstag erschien, war die erste monographische Darstellung über Lola Landau überhaupt. Sie hat ihn als schönste Ehrung zu diesem hohen Jubiläum bezeichnet, – und ich war beschämt über dieses Vakuum öffentlicher Wahrnehmung. Inzwischen, es muß zur Wende 1983/84 gewesen sein, hatte Lola Landau mich mit dem Skript ihrer Autobiographie oder, eher wohl, ihres autobiographischen Romans »Meine drei Leben« vertraut gemacht, für die sie seit Jahren einen Verleger suchte. Ich erstellte eine Synopse und ein Register, um das umfangreiche Typoskript leichter zugänglich und überhaupt erst erschließbar zu machen. Sodann interessierte ich die Moderatorin des ZDF-Kulturmagazins »Aspekte« für die Vita Lola Landaus, das daraufhin ein Interview mit ihr durch den Dokumentar-Filmemacher Thomas Hartwig in ihrer Jerusalemer Wohnung durchführte, das im ZDF gesendet wurde. Dieser kurze Filmbeitrag hatte zur Folge, daß sich mehrere Verlage an den Memoiren Lola Landaus interessiert zeigten, von denen sich zuletzt der Ullstein-Verlag herauskristallisierte. Lola war zu Kürzungen bereit, denen ich auf ihre Anfrage hin, wie ich darüber denke, nicht zustimmen konnte. Der Verlag wollte vor allem »das dritte Leben« streichen, eine Kürzung, die schon allein den Titel sinnlos erscheinen läßt. Außerdem benannte die Lektorin, Hedda Pänke, die Hauptpersonen in ihre tatsächlichen Namen zurück, versäumte dies aber bei den Neben-Handelnden. Dieses Vorgehen habe ich schon damals kritisiert und eine Drucklegung des Gesamttextes dringend empfohlen, allerdings unter Auslassung oder zumindest deutlicher Kommentierung der nur aus einer Notlage als »Dichterin ohne Verlag« heraus verständlichen Äußerungen und Impressionen über Gerhard Schumann und seinen »Hohenstaufen-Verlag«. Darüber wird in den Kommentaren zu den Briefen berichtet. Leider konnte ich mich nicht durchsetzen. Es hieß damals, das Buch werde zu dick und der zeitlich nächstliegende Teil des Aufbaus in Israel interessiere deutsche Leser nicht genug. Heute wären gerade diese Teile längst Zeitgeschichte. Inzwischen sind wenigstens Episoden dieses dritten Teils als kleine Monographien ediert worden, wobei gegen die Idee eines wiederherzustellenden Gesamttextes nichts spricht, so daß dieser eines Tages hoffentlich noch verwirklicht werden wird.

Lola Landau erlebte ein bescheidenes Revival. an dem ich durch gezielte Rezensionshinweise mitzuwirken bemüht war, so etwa in Bremen und Oldenburg. Ich wies auch in Berlin an verschiedenen Stellen darauf hin, und konnte gelegentlich wieder über Lola in »Sprache im technischen Zeitalter« berichten. Den Silvesterabend 1986 verlebten meine spätere Frau und ich mit ihr zusammen in ihrer Wohnung an der Herzl-Avenue in Jerusalem, eben an der Herzelia, wie sie immer sagte, wo sie damals nur durch einzelne, eher versteckte Bemerkungen darauf anspielte, daß sich das für sie schicksalhafte Datum der Trennung von Fried Marck und der Verbindung mit Armin T. Wegner mit diesem Tag im Jahr 1918 verband. Lola nahm darauf mit Erinnerungsfetzen Bezug, die ich aber erst im Nachhinein als solche dechiffrieren konnte. Besuche in Moledet bei ihrem Sohn Andreas und den Enkelkindern Shlomit und Ilan und ihren Familien rundeten diese Reise ab.

Da Lola Landau sich in Deutschland nicht weiterhin vergessen wissen wollte, lag ihr sehr an einer offiziellen Ehrung; ein Stück überliterarischer Öffentlichkeit war erhofft, die sie sich von der Verleihung des Großen Bundesverdienstkreuzes versprach. Also schlug ich sie, auf ihren Wunsch hin, zu jener Ehrung vor, die im ersten Durchgang mit der Begründung abgelehnt wurde, man sei sich ihrer literarischen Verdienste sehr wohl bewusst, halte diese aber mit einem Empfang zum 95.Geburtstag durch die deutsche Botschaft in Jerusalem für ausreichend gewürdigt. Die enttäuschte Reaktion Lolas und auch einiger Familienmitglieder motivierte mich, weiter zu gehen. Durch verschiedene einflußreiche Persönlichkeiten, unter anderem den damals für meinen Heimatwahlkreis zuständigen Bundestagsabgeordneten, wurde ein neuer Antrag protegiert, der dann doch noch Erfolg hatte. An der Feier der Verleihung in Jerusalem konnte ich damals leider nicht teilnehmen. Lola hat das sehr bedauert. Es gibt einen Videomitschnitt, auf dem sie mit bewegter Stimme nach mir fragt.

Ich habe mich danach um eine Ausstellung zu Person und Familie Lola Landaus im Jüdischen Museum in Berlin bemüht, die aber aufgrund mangelnden Materials nicht zustande kam, ihrem Sohn Andreas Marck aber am Herzen lag. Nach der Wende reiste er nach Berlin und in die Mark, um die Stätten seiner Jugend wiederzusehen und um diese Ausstellung zu befördern. Meine Kontakte zur Familie Marck und zu deren Nachkommen kamen damit an einen gewissen Scheidepunkt, da nunmehr die Fertigstellung meiner Dissertation ihr Recht forderte, und ich für Lola getan hatte, was in meiner Macht stand.

Lola Landaus Korrespondenz offenbart ihre Fähigkeit, ohne Vorbehalte spontan auf den Korrespondenzpartner zuzugehen und auch seine Belange zu reflektieren. Sie bezieht ihn in ihren kreativen Prozeß mit ein und legt Wert auf sein Urteil. Man erkennt ihren auch sonst so erklärtermaßen als Hauptimpuls deklarierten Antrieb, vor allem aus dem Erlebnis und aus dem persönlichen Betroffensein heraus zu schreiben und zu dichten. Ressentiments oder das Ausforschen der Vorvergangenheit des Briefpartners waren ihr fremd. Sie betrachtet ihn offensichtlich als Individuum, das sich nur als solches zu bewähren hat und nur als solches gesehen werden kann. Was in mir nachwirkt, ist, neben dem Nachhall einzelner ihrer Formulierungen, die Fähigkeit, ein differenziertes und dabei nicht antiquiertes Deutsch in einer ganz anderssprachigen Umgebung aufrecht zu erhalten, ja literarisch zu pflegen, und die Fähigkeit, sich ohne allzu große literarische oder historische (Rück-) Bezüge in der mitgebrachten Sprache zur neuen Umwelt dichterisch und durchaus unverwechselbar zu artikulieren.

Aus heutiger Sicht drängen sich mir Fragen auf, die ich damals noch nicht stellen konnte, wie etwa diejenige, ob sie von dem etwa zeitgleich mit Armin T. Wegner – im April 1933 – in diesem Fall an den Papst gerichteten Protestschreiben ihrer Breslauer Mitbürgerin Edith Stein gegen die Judenverfolgung wußte, die sie aus den philosophischen Seminaren ihres ersten Mannes Fried Marck persönlich näher gekannt haben muß. Heute würde ich sie auch gerne nach ihrer »theatralischen Sendung« fragen, nach den Aufführungen und Erfolgen ihrer zumeist ungedruckten Tragödien und Schauspiele. Hat jene Begegnung mit der ebenfalls emigrierten Elisabeth Bergner in London tatsächlich stattgefunden, zu der Armin ihr am 26. Januar 1934 riet? Und, wenn ja, was hat die Dramatikerin mit der Schauspielerin besprochen? Offensichtlich versuchte Lola Landau, ihr Stück »Kind im Schatten« in London auf die Bühne zu bringen. Auch ihre pädagogischen Ambitionen, die in der Familie tief verankert sind, würden mich heute zu Nachfragen reizen: Kurt Hahn, ihr Vetter, hat Salem begründet und nach der Emigration, Gordenstown in Schottland als New Salem. Sie hat ihre Söhne das Grunewald-Gymnasium besuchen lassen, und ihre Tochter das Internat Ben Schemen. Verwandte Ambitionen scheinen da auf, zumal Lola Pädagogin war, jedenfalls war dies ihr Beruf, und aus den Profilen, die sie von ihren Englisch-Schülern anfertigt, den Arbeitern am Toten Meer, spricht auch Berufung.

Ihr frühes, auch theoretisch in ihrer Friedensschrift begründetes Bekenntnis zum bedingungslosen Pazifismus durch eine 23- oder 24jährige kann als ein »Alleinstellungsmerkmal« der Lola Landau angesehen werden. Und besonders hier würde mich heute noch genauer interessieren, was sie früh ihren Weg finden ließ, ihrem Mann und anderen vorauseilend, zunächst einmal allein und unabgesichert.

Die Lebenserinnerungen sind das Resultat ihres Lebens und auch der harterrungene, sehr späte Beweis ihrer literarischen Existenz. Sie wurden ihr schriftstellerisches Bravourstück. Aber auch hier changiert das Erinnerte, verglichen mit den Briefen an mich und in den oft »literarischer« gefärbten Memoiren der drei Leben. Hatte die Schulfreundin Ilse in »Meine drei Leben« den Mut noch, sich weiterhin neben ihre beste Schulfreundin Sibylle auf die »Judenbank« zu setzen, so hat sie in Lolas Brief an mich nicht einmal den mehr, die engste Kameradin auf dem Heimweg zu begleiten. Vielleicht wird in der Autobiographie zunächst noch nach einer positiven Figur im ansonsten negativ vergifteten Klima gesucht, die es so schon gar nicht mehr gab. Vielleicht auch wird später manches zeitlich Verschobene zusammengedacht? Vielleicht auch stimmt beides? Auch die Direktorin der Autobiographie hofft noch, für ihre Schülerin Sibylle etwas bessern zu können. In Lolas Brief an mich hat sie bereits erkannt, daß dies nicht möglich sein wird. Die später grausam bestätigte Erkenntnis mag hier frühere Hoffnung überdecken. Ich glaube angesichts dieser Inkongruenz, daß ein Stück Altersradikalität dazu gehörte, um selbst Kindern die an einer Reformschule pädagogisch erstrebte Solidarität aberkennen zu müssen, und dieses Eingeständnis könnte sich Lola Landau sehr spät erst zugestanden haben. Das wäre die traurige, aber auch konsequente Erkenntnis, die man aus dem Unterschied in der Darstellung dieser Extremsituation ziehen könnte.

Davon, sogleich nach der Verhaftung die Nachricht: Ihr Mann ist im KZ beziehungsweise »Ihr Mann ist im Sanatorium« erhalten zu haben, berichtet Lola Landau in »Meine drei Leben« und im Brief an mich inhaltlich kongruent. Dieses Telegramm hat sie in Mölle in Süd-Schweden erhalten. Vermutlich hat es ihre Mutter abgesandt! In ihrem autobiographischen Roman bleibt sie aber in Berlin (und ist eben gar nicht nach Schweden gefahren). Dort erfährt sie durch einen jungen Mechaniker, einen dem System kritisch gegenüberstehenden Bekannten, von der Verhaftung ihres Mannes. Sie sucht auf seinen Rat hin einen Rechtsanwalt auf, der – unter dem Druck der Lage – »arisch« sein muß. Anschließend besucht sie in »Meine drei Leben« ihren Mann im KZ Oranienburg: eine Aktion, die ihr de facto verwehrt war. Um das Martyrium Armin T. Wegners in ihrem Buch nicht ausblenden zu müssen, stellt sie hier Erlebnisse ihres Sohnes Andreas Marck als eigenes Erleben dar. Ich finde: In einem biographischen Roman darf sie Tatsachen neu leben. Andere haben das anders gesehen. So vermutet Peter Moses-Krause, daß Lola Landau hier das sogenanntes Survival Syndrom zeigt, sich also von der vermeintlichen Schuld, ihrem Mann nicht beigestanden zu haben, ihm nicht beigestanden haben zu können, befreien möchte. Der amerikanische Psychoanalytiker William G. Niederland hat dieses Phänomen bei Holocaust-Überlebenden, aber auch bei Veteranen der US-Streitkräfte untersucht: Eine heilsame, den grausamen Sachverhalt beschönigende Korrektur der Realität wird im Nachhinein konstruiert und auch selbst geglaubt. Sicher trifft diese Haltung auf viele Verfolgte zu. Nur haben wir es bei Lolas Autobiographie mit einem Kunstwerk zu tun, das anderen Gesetzen, zumal und zuerst einmal dem der gestalterischen Freiheit unterliegt. Lola Landau hat immer großen Wert darauf gelegt, einen biographischen Roman geschrieben zu haben, nicht ihre Autobiographie. In ihm sollte Armin T. Wegner von Anfang an im Mittelpunkt stehen. Das Buch ist denn auch in wesentlichen Teilen eine Hommage an ihn. Und so verwundert es nicht, daß sie sein Schicksal während der gemeinsamen Zeit möglichst lückenlos beschreiben will. So lückenlos, wie es eine große Liebe zuläßt...

Für mich hat sich Lola Landau von einer am Beginn meiner Bekanntschaft verehrten Zeitzeugin zu einer auch an meinen literarischen und wissenschaftlichen Projekten interessierten und teilnehmenden Beraterin gewandelt, der nichts in diesem Bereich Liegendes gering erschien. Daß über 30 Jahre nach ihrem Tod noch einmal ein – wie ich hoffe – lebendiges, jedenfalls ein erlebtes Bild dieser bedeutenden Persönlichkeit ersteht, ist ihr, ihrem Interesse an der damals jüngsten literarisch-wissenschaftlich tätigen Generation zu verdanken, als sie selbst längst der ältesten angehörte. Der Brief, der für Armin T. Wegner eine literarische Form par excellence war, wird von Lola Landau pragmatischer gehandhabt und dient in erster Linie der raschen, oft knappen Kommunikation. Aber auch in dieser Form fügen die Briefe ihrer Autobiographie etwas hinzu, nämlich den Charakter spontaner und dabei doch immer auch teilnehmender Äußerung.

Epilog 2 –
Wegners lebenslanger Impuls: Aufbrechen, um zu retten

Als ich damit begann, mich für Armin T. Wegners KZ-Zeit in Börgermoor[133] zu interessieren, hatte dies zunächst noch einen durchaus heimatbezogenen Ansatz. Ich habe Armin T. Wegner und seine zweite Frau Irene Kowaliska im Februar 1977 dazu befragt, denn damals lag zumindest mir nur der Augenzeugenbericht des Schauspielers und Regisseurs Wolfgang Langhoff mit dem Titel »Die Moorsoldaten« vor. Inzwischen ist das Schicksal der Familie de Jonge in Weener, nicht zuletzt auch dank der Aufzeichnungen und Briefe Armin T. Wegners, sehr viel genauer erforscht worden. Immerhin sind die Erinnerungen Irene Kowaliska-Wegners über die Reise ihres späteren Mannes nach Weener noch nicht ungekürzt publiziert, und auch wenn sie dem Geschehen nur eine weitere Facette hinzufügen, so seien sie hier doch ausführlich wiedergegeben. Schon bei Langhoff spielt im Kapitel über die besonders berüchtigte »Baracke 11« der aus Weener stammende Fahrradhändler Jakob de Jonge (Langhoff nennt ihn de Jong) eine entscheidende Rolle, was die Demütigungen und Drangsale betrifft, wohl aber auch den Gleichmut, mit dem er diese ertrug oder über sich ergehen ließ. Langhoff berichtet über ihn: »Er war 63 [recte 59] Jahre alt, ein kleiner, verwitterter Mann mit einem grauen Knebelbart. Er hatte ein gutgehendes Fahrradgeschäft. Er gehörte keiner Partei an. Vor dem Umsturz hatte er eine Differenz mit dem Hauptnazi des Ortes, dem er ein Motorrad auf Ratenzahlung geliefert hatte. Nachdem der Nazi eineinhalb Jahre nichts abbezahlte, verklagte ihn der jüdische Händler und setzte die Pfändung durch. Was Wunder, daß er sofort nach dem Umsturz verhaftet wurde, mit der Begründung er hätte ›den Roten‹ umsonst Fahrräder und Motorrä-

---

[133] Jörg Deuter, Am Ziel der tausend Straßen – Armin T. Wegner im KZ Börgermoor, in: Jahrbuch des Emsländischen Heimatbundes 25, 1979. S. 242 – 51 und derselbe: Literarische Gegenüberstellung: Front im Emsland – Arbeitsgau XXXI, ebenda S. 252–55

der gegeben.«[134] Diese Erinnerungen Langhoffs führt Irene Wegner, an mich gewandt, fort: »Im Lager wurde ein alter Jude besonders gequält und verhöhnt. Er kam von einem Ort dicht an der holländischen Grenze und hatte eine Mechanikwerkstatt. Er verkaufte auch Fahrräder, und da kamen SS-Männer und wollten die Räder geschenkt haben. Als er nicht gleich bereit war, durchsuchten sie seine Werkstatt und fanden in einer Lade einen alten Revolver. Den hatte vor Jahren dort jemand zum Richten gegeben und dann nie geholt. So war er vergessen worden, man konnte ihn nicht richten. Da behaupteten die Männer, er hätte Waffenschmuggel nach Holland getrieben und er kam ins KZ. Er mußte am Boden kriechen und schwere Beschimpfungen erdulden. Meinem [späteren] Mann tat er besonders leid.«[135] Offenbar war es die SA, die bei de Jonge Haussuchung hielt, und der Tatbestand, daß sie zuvor Fahrräder geschenkt haben wollten, ist sonst nirgends festgehalten worden, klingt aber plausibel, zumal auch nach seiner Inhaftierung weitere derartige Erpressungsversuche dieser Art gemacht wurden–dann ging es sogar um ein Motorrad, das de Jonge zwei SS-Männern schenken sollte, wofür die ihm die Freilassung in Aussicht stellten. Der war klug genug, eine solche Schenkung nicht aufzusetzen, die ihm später doch nur als Bestechungsversuch ausgelegt werden konnte. Trotzdem erpressten die beiden SS-Leute ein Motorrad von Jeannette de Jonge und sagten nach ihrer pro forma erfolgten Verhaftung aus, daß sie es auf Veranlassung des Inhaftierten bekommen hätten... Damit war seine Haftverschärfung vorprogrammiert.

Jakob de Jonge (1874–1947) war kurz nach Wegner, am 2. September 1933, in das Lager eingeliefert worden und wurde Ende Oktober 1934, gleich diesem, in das Lager Lichtenburg bei Torgau überführt. Daß Wegner auch dort noch seinen Leidensweg mitverfolgt hat, wissen wir. Allerdings wurde de Jonge erst lange nach

---

134 Wolfgang Langhoff, Die Moorsoldaten. Dreizehn Monate im Konzentrationslager. Zürich 1935. (14. Auflage) S. 166
135 Irene Kowaliska-Wegner, Rom, an Jörg Deuter, Wahnbek, Brief vom 10. Februar 1977

ihm, Anfang Juni 1934 aus Torgau entlassen, sofort aber wieder–wegen illegalen Waffenbesitzes–in das Gerichtsgefängnis Aurich überführt. Erst am 27. Juni 1934 kam er »frei«, mußte sein Geschäft aber aufgeben. Auch der Versuch, in Aurich an der Gartenstraße ein neues Heim für seine Familie einzurichten, scheiterte. SA-Leute demolierten die frisch bezogene Wohnung, und der Bürgermeister legte ihm drohend nahe, sich besser einen anderen Aufenthaltsort zu suchen. So zogen die de Jonges nach Oldenburg, wo sie ohne Beschäftigung immerhin im Juli 1935 ein Unterkommen an der Ziegelhofstraße 126 fanden. Da eine Weiterbildung seiner Kinder nicht mehr möglich war, schickte Jakob seinen Sohn Heinrich im August 1937 in die Niederlande. Hier bekam der die Genehmigung, eine Niederlassung für Elektromotore und Werkzeugmaschinen in Leeuwarden aufzubauen. Jakob de Jonge blieb in Oldenburg, wo er im September 1938 mit seiner Frau und zwei Kindern in die Kurwickstrasse 5 übersiedeln mußte. Am sogenannten »Oldenburger Judengang« am 10. November 1938 mußte auch er teilnehmen. Es gibt ein Photo des Marsches der inhaftierten Juden, das Jakob de Jonge deutlich erkennbar am Eingang zum Paradewall zeigt. Von hieraus wurde er nach Sachsenhausen gebracht. Nach seiner Entlassung dort sah der inzwischen 64jährige keine Perspektive mehr, in Deutschland weiterexistieren zu können. Sein Sohn Heinrich organisierte die Ausreisepapiere nach Leeuwarden.

In ihrem Festhalten an Deutschland weisen de Jonge und Wegner verwandte Züge auf. Ob der verfolgte Fahrradhändler sich noch Illusionen hingab, als diese längst hinfällig geworden waren, weiß ich nicht. Immerhin hielt er sich lange noch in Oldenburg auf, als ihm längst jede Existenzgrundlage entzogen worden war. Offenbar aber gab sein Lagerkamerad, der Dichter Armin T. Wegner, sich auch solchen Illusionen noch hin. Er glaubte an das bessere Deutschland oder das Bessere im Deutschen, so auch hier, und deshalb hatte er Ende März 1934 seine spontane Reise von Berlin nach Weener unternommen, die ihn nach der Lagerhaft endgültig erschüttert zu haben scheint. Irene Kowaliska berichtete mir im Februar 1977 weiter: »Als Armin [zu Weihnachten 1933] wieder in Berlin war, dachte er immer an diesen alten Mann und wollte ihm helfen, da er doch ganz unschuldig war und so verzweifelt in Sorge um seine Familie. Ich war damals nach Berlin gekommen, 1934, um meinem [späteren] Mann zu helfen, seine Sachen zu ordnen, vor allem seine Manuskripte, denn er wollte zu seiner Frau [Lola Landau] und seiner Tochter nach England fahren, sobald er einen Pass bekam. Sein ganzer Besitz aus der aufgelösten Wohnung am Kaiserdamm stand in einer Wohnung in irgendeiner Straße Berlins, die ihm ein Freund umsonst zur Verfügung gestellt hatte, in lauter Kisten und Koffern. Auch alle Manuskripte durcheinander. Eines Tages sagte er mir: ›Heute früh fahre ich in den Heimatort des alten Mannes und werde dem Bürgermeister erzählen, daß der Mann ganz unschuldig ist, damit er freikommt. Das Ganze ist doch ein Blödsinn. Dann komme ich gleich zurück, ich denke übermorgen.‹ Aber er blieb eine Woche oder mehr verschwunden, und seine Sekretärin und ich standen furchtbare Ängste aus, wir warteten jede Minute.

Was geschehen war, ist dies: Er war zu dem Bürgermeister gegangen und hatte ihm alles erzählt. Als Antwort ließ der Bürgermeister die Gefängniswärter kommen, ihn festnehmen und sagte: ›Sie Hund, Sie sollen sehen, was es heißt, sich für einen Juden einzusetzen.‹ Er wurde in ein unterirdisches Gefängnis [nach Leer] gebracht. Es hatte nur oben ein Fenster, und durch eine Öffnung in der Tür wurde ihm etwas Essen und Trinken gegeben. Niemand sprach in der ganzen Zeit mit ihm, und er muß ganz verzweifelt gewesen sein, ein neuer Schock, nach den Gefängnissen und KZ. Nach etwa einer Woche holte ihn ein Soldat mit Gewehr heraus und brachte ihn zum Bahnhof. Man gab ihm eine Fahrkarte nach Berlin und sagte, er solle mit dem nächsten Zug abfahren. Er war so elend, als er wieder zu uns kam und auch ganz außer sich.

Dieser alte Jude ist aber freigekommen, und nach dem Krieg hat er Armins Adresse in Positano herausgefunden und lange Briefe der Dankbarkeit und Freundschaft geschrieben.«[136]

136 Im Deutschen Literaturarchiv in Marbach haben sich drei Briefe Jakob de

Heute wissen wir, daß Wegner am 25. März 1934 die Familie de Jonge in Weener besuchte und tags darauf, von Heinrich de Jonge chauffiert, den Landrat Hermann Conring in Leer aufsuchte. Der empfing ihn freundlich, ließ aber keinen Zweifel darüber, daß er de Jonge für einen »schlimmen ›politischen Hetzer‹« halte. Wegner fuhr nach Weener zurück und traf dort auf den Ortsgruppenleiter der NSDAP und deren Pressewart. Sobald er diesen gegenüber sein Anliegen vorbrachte, brachen deren Zorn aus und sie verboten ihm, das Haus der Familie de Jonge erneut zu betreten. Noch in derselben Nacht wurde Wegner verhaftet und durch einen Beamten der Gestapo Münster–unter Bedeckung eines Landjägers–nach Leer gebracht, wo im Rathaus die erwähnte Haft stattfand. Den Haftbefehl soll der sich so honorig gebende Hermann Conring ausgestellt haben.

Irene Wegner erinnerte sich weiter: »Einige der Briefe haben wir jetzt [in Armins Nachlass] gefunden, die ersten von 1946. Der letzte ist von seinem Sohn, denn er war inzwischen gestorben. Dieser Brief ist von 1965, und ich schreibe Ihnen hier die Adresse. Vielleicht kann er Ihnen etwas über Börgermoor sagen, was er von seinem Vater gehört hat. (In den Briefen steht nichts darüber.) Die Adresse: H[einrich] de Jonge, Rotterdam 13, Molenlaan 11, Holland. Dem Sohn schien es gut zu gehen. Er hatte irgendeine Firma. (...)

Ihre Irene Wegner«[137]

Die de Jonges konnten am 9. Januar 1939 die niederländische Grenze mit je zehn Reichsmark in der Tasche überschreiten und zu ihrem Ältesten ins »Huis der Techniek« nach Leeuwarden ziehen, das jener inzwischen dort eröffnet hatte. Nach sechs Jahren der Schikane, Demütigung, Entrechtung und Qual schien wenigstens Frieden einzukehren. Daß dem nicht so war, ergibt sich aus

---

Jonges an Armin T. Wegner vom 7. Mai, 17. September und 27. Oktober 1946 erhalten, in denen jener seinem Retter dankt.
137 Irene Kowaliska-Wegner, Rom, an Jörg Deuter, Wahnbek, Brief vom 10. Februar 1977. Ein weiterer undatierter Brief enthält Nachträge.

der Geschichte. Deutschland überfiel am 10. Mai 1940 die Niederlande. Das weitere Schicksal der Familie ist durch Hans-Peter Klausch (1954–2016), Archivar am Staatsarchiv in Oldenburg, aufgearbeitet worden. Im Februar 2019 wurden Stolpersteine vor dem Haus Süderstraße 3 in Weener verlegt.[138] De Jonges verbargen sich in verschiedenen Verstecken in den Niederlanden, produzierten auf einem Dachboden Holzspielzeug, hungerten als »Onderduikers« gemeinsam mit ihren Gastgebern, hörten Politisches nur im Radio und entgingen den Massenrazzien, die ab September 1944 einsetzten; aber sie überlebten zwei Jahre und acht Monate in verschiedenen Verstecken. Von den 665 in Leeuwarden lebenden Juden überstanden 107 Menschen. Acht kehrten zudem aus Lagern in ihre Heimatstadt zurück.

Ob Armin T. Wegners spontaner Einsatz im März 1934 mehr bewirkt hat, als für Jakob de Jonge in seiner Situation sowieso erwartbar war, wird heute niemand mehr entscheiden können. Sicher ist aber, daß allein dieser Versuch, ein Menschenleben zu retten, seine Präsenz im Wald der Gerechten in Yad Vashem sichern würde: Die Spontaneität, mit der er hier–vom Unrecht geradezu getrieben–aufbrach, scheint Bestandteil seiner Persönlichkeit gewesen zu sein. An Lola Landau schreibt Wegner am 24. April 1934, nach seiner Rückkehr nach Berlin: »Irgendwelche näheren Beziehungen zu dem alten Manne habe ich nicht gehabt, weder menschlich noch geistig. Es war auch nicht viel aus ihm herauszubekommen,

---

138 Klaus Peter Klausch, Jakob de Jonge. Aus deutschen Konzentrationslagern in den niederländischen Untergrund. Bremen 2002. Insbesondere S. 57 – 60, wobei Klausch hier auch einen Brief Wegners an Lola vom 24. April 1934 heranzieht, in dem jener sein Erscheinen bei der Familie de Jonge, seine Unterredung mit Hermann Conring in Leer und sein Gespräch mit dem Pressewart, vielleicht Oltmann Grünefeld, und dem NSDAP-Ortsgruppenführer Fritz Nagel in Weener schildert. Von dem damaligen Bürgermeister von Weener, Enno Klinkenborg, schreibt Wegner hingegen nichts. Das Thema berührt auch: Juliane Irma Mihan, Jüdisches Leben im grenznahen Raum. Aurich 2021, das die Beziehungen zwischen Gemeinden im Rheiderland und in Groningen untersucht. Ein sehr instruktives Faltblatt hat die Stadt Weener jedem ihrer mit einem »Stolperstein« bedachten ehemaligen Mitbürger gewidmet.

wenn er stundenlang schweigend und brütend in der Haft auf seinem Koffer saß. Aber was mich an ihm erregte, empörte und fesselte, war die einfache Tatsache seines Schicksals, der Zorn über die verletzte Gerechtigkeit (…).«[139]

---

[139] Armin T. Wegner, Berlin, an Lola Landau, London, Brief vom 24. April 1934. Kopie der von Wegner veranlassten maschinenschriftlichen Abschrift aus dem Besitz von Johanna Wernicke-Rothmayer, Berlin. Ich danke ihr für die Möglichkeit zur Einsicht. Das Schreiben wird abschnittweise zitiert bei: Hans-Peter Klausch, Jakob de Jonge. Aus deutschen Konzentrationslagern in den niederländischen Untergrund. Bremen 2002. S. 57/58 und 59.

Noch einmal drei Zitate

Hier also, im Kriege, wird der barbarische Rückfall in eine überwundene, primitive Gottesverehrung deutlich. (...) Denn fordert man gleich den Urvölkern in kindlich-selbstischer Weise den göttlichen Lohn von seinem Fetisch, man verkleinert und verengt auch die Unendlichkeit zu einem nationalen Schutzgeist. Erhabene Religiosität ist aber niemals national. Sie hat die Grenzenlosigkeit des Geistes, der sie anbetet. Greift schon das Judentum über seine ursprünglich nationalen Anfänge im Prophetentum weit hinauf zu dem absoluten Gottesbegriff, so wollen auch alle verwandten Religionen (Buddhismus, Mohamedanismus, Christentum) die gleiche reinigende Verbrennung alles Einzelhaften und Zerstreuten (...) bis der schlackenlose, reine Kristall der Seele erscheint.
    Lola Landau, Gedanken über Religion und Menschheit im Kriege [1915], erschienen 1919 in der Zeitschrift »Nord und Süd«

„Der Mensch ist gut," lautete der hinreißende Glaube unserer Generation. Mit dem letzten Krieg [1914/18] war die Barbarei überwunden, Menschlichkeit. Eine bessere Zivilisation würde das Zusammenleben der Völker durch Vernunft, nicht durch Gewalt, regeln. Auch in den Beziehungen der einzelnen Menschen, wie in der Ehe zwischen Mann und Frau, würde Besitzgier und Hörigkeit überwunden. (...) Die Theorie, daß sofort, unmittelbar ein anderes Zeitalter anbrach, hatte auch uns ergriffen. (...) Bisweilen jedoch riss der Boden unter uns auf, und wir erschraken.
    Lola Landau, Vor dem Vergessen. Meine drei Leben. Berlin, Frankfurt/M. 1987. S.128

War ich nicht bei der Belagerung von Jerusalem im Schicksalsjahr 1948 mit eingeschlossen, um mithungern, mitdursten zu dürfen? Zerplatzte nicht die Bombe haarscharf neben unseren Köpfen, als ich mit meinen Hausgenossen aus der Zisterne das spärlich zugemessene Wasser in den Eimer füllte? Sah ich nicht täglich die Leichen (...) von Bombensplittern auf der Straße getroffen? Habe ich nicht mitgejubelt, als zu Pessach über die aus Felsgestein und Geröll notdürftig gehauene Notstraße todesmutige junge Männer in ihren Panzerwagen Speisen in das hungernde Jerusalem heraufbrachten?

Lola Landau, Vor dem Vergessen. Meine drei Leben. Berlin, Frankfurt/M. 1987. S. 380

Die Berliner Marienstraße. Versuch einer Heimholung

Es ist an der Zeit, Lola Landau nach Berlin zurückzuholen. Hat sie sich selbst doch immer als dort geboren und berlinisch geprägt empfunden. Als ich als 22jähriger Student ganz naiv nach Berlin ging, um dort wie ich meinte – in der Stadt E. T. A. Hoffmanns, Heines und Schinkels zu studieren, da war vom Fluidum jener Metropole nur schwer noch etwas zu finden: in den Museen, den zum Teil ruinösen Prachtgebäuden am Gendarmenmarkt, vor allem aber auf den Friedhöfen konnte ich dem nachspüren und in den Persönlichkeiten jener Hochschullehrer, deren Familien seit jener Zeit dort angestammt waren, erlebte ich es, und das waren doch immerhin noch einige. Was es nicht mehr gab und was auch unwiederherstellbar bleibt, ist das bürgerliche Stadtbild jener Phase um 1820/30. Dessen letzte Reste sind mit den Kriegszerstörungen untergegangen. Ich fand mit dem böhmischen Dorf in Rixdorf immerhin noch ein randstädtisches Idyll und bin dort seßhaft geworden. Es gab aber in Berlins Mitte, die damals natürlich in der »Hauptstadt der DDR« lag, eine einzige Straße, die für mich diese bürgerliche Wohnkultur der Biedermeierzeit greifbar repräsentierte. Nicht weit vom Bahnhof Friedrichstraße und über die Brücke mit dem »Preußischen Ikarus« hinweg, von Bert Brechts Berliner Ensemble links abknickend gelangt man zur Marienstraße. Die Straße ist heute auf hohem Niveau restauriert und eine noble Adresse, ohne daß sie sich touristisch anbietet und ohne daß Berlin-Touristen überhaupt um ihr Dasein wissen. Sie strahlt immer noch jenen etwas verschlossenen Charme einer bloßen Wohnstraße mit ein paar fast versteckten Boutiquen und Kunsthandwerkern aus. Die Marienstraße repräsentiert auf 300 Metern preußisch klar und das heißt schnurgerade hellgestrichen, aber eben doch allein durch ihre klaren Fassaden imponierend den klassischen Urtyp des Berliner Mietshauses, mal mit Pilaster-Fassade à la Schinkel, mal später mit Stuck überformt, mal spartanisch trocken. Vom zumeist mittigen Doppel-Flügel-Tor, das in den Durchgang zum Hof führt, zweigt meistens einseitig, im Sonderfall doppelläufig, das Treppenhaus ab, so wie es eben im Berliner Mietshaus der Jahrhundertwende noch war. Der Durchgang führt in den Hinterhof, der von den hier oft später erst errichteten Seitenflügeln gerahmt wird, in Berlin Gartenhäuser genannt. So formvollendet hat das Berliner Mietshaus angefangen, die Entwürfe werden zum Teil August Stüler zugeschrieben, und seine Bauherren waren auch hier schon Maurer- oder Gipsermeister, Papiermüller oder bestenfalls »Proprietärs«, also eben Hausbesitzer. Ein Baurat Accum ragt heraus, also ein akademischer Architekt der Schinkel-Ära. Weit weniger berlinisch als der Grund- und Aufriß dieser Häuser, die als Wohnquartier der Friedrichstadt an dieser Stelle Erstbebauung sind, ist ihre Bewohnerschaft gewesen, Studenten trafen sich 1848 in einem Studentenkeller des Hauses Nr. 7. Der Chronist vergißt nicht darauf hinzuweisen, daß es »bürgerlich-demokratische Studenten« waren. Bakunin und Max Stirner werden also dort nicht vermutet? Im Haus Nr. 6 lebte 1856 Michael Glinka. Glinka war in jenem Sommer kurz vor seinem Tod Schüler des Bach- und Orlando-di-Lasso-Forschers Siegfried Dehn, der vis-à-vis im Haus Nr. 28 wohnte und dort bereits 1857 starb. Ihm verdankte Glinka seine Kontrapunktstudien und sein Eintauchen in die Welt Bachs. Und ihm verdanken wir den Nukleus der musikhistorischen Sammlung der Staatsbibliothek. Nr. 22 bewohnte von 1860-64 oder von 1865-67 Adolf Menzel. Die Menzel-Forschung und die Gedenktafel am Haus driften da etwas auseinander. Jedenfalls veranlaßte die Wohnung Menzel zu seinem Fensterbild »Blick aus dem Fenster der Marienstraße«, einem frühen Meisterwerk des Prä-Impressionismus. Der spätere finnische Nationalkomponist Jean Sibelius lebte 1889 im Haus Nr. 4. Er hatte in diesem einen Berliner Jahr ebenfalls musiktheoretische Studien betrieben und sich daneben durch seinen damals schon gehobenen Lebensstil heftig verschuldet. Die Marienstraße hat also kunst- und musikhistorisch einiges zu bieten, man kann also sagen, daß klangvolle Namen hier endeten und begannen. Ein japanischer Militärarzt, Dichter und Übersetzer, der in seinem Heimatland zum Bildungskanon gehörte, namens Mori Ogai (1862-1922), lebte im Haus Nr. 39 und hat hier sogar ein

Berlin-Mitte, Marienstraße 9, errichtet 1883. Hier befand sich die Landausche Privatklinik.
Photo Jörg Zägel

kleines Museum erhalten, das an den Übersetzer des Faust erinnert. Was für eine Straße also, in deren zufällig erhaltenen Ensemble sich soviel Geistesgeschichte ballt. Daß diese faszinierendste Biedermeierstraße Berlins zugleich mit der mich faszinierenden Lola Landau zusammenhängt, das allerdings weiß Berlin bisher nicht. Im Haus Nr. 9 hatten ihr Vater und ihr Onkel ihre gynäkologische Klinik. Das Haus soll 1883 für einen Landwirt und Fuhrwerksbesitzer Gustav Gieps errichtet und bereits 1890 historistisch überformt worden sein. Letzteres kann zutreffen, ersteres bezweifelt der Architekturhistoriker in mir, zumal da die Geschoßhöhen der unteren drei Etagen mit dem 1828 errichteten Nachbarhaus Nr. 10 genau auf derselben Höhe liegen. Ich habe das Haus bisher allerdings nicht von innen gesehen, halte es im Kern aber für einen Bau der Biedermeierzeit. Was ich aber gesehen habe ist, daß es weder am Haus noch vor dem Haus Hinweise auf dessen eigentlich große Zeit gibt: Es war wie gesagt Stätte jener gynäkologischen Privatklinik, die Theodor Landau und sein Bruder leiteten, und es ist nach deren Schließung in den Besitz von Edmund Landau übergegangen, »Berlin's greatest mathematician«, wie es so vollmundig in einer Werbebroschüre der Stadt über ihn heißt, der noch 1923 als Hausbesitzer genannt wird. In jenem schönen Haus Marienstraße 9 in Berlin-Mitte dürfte am 3. Dezember 1892 Lola Landau zur Welt gekommen sein. Zwar sagt sie in ihrer Autobiographie nichts über den Ort ihrer Geburt und damals waren Hausgeburten allgemein üblich, ... aber auch dann, wenn der Vater Chef einer Geburtsklinik war? Jedenfalls hat Lola belegt, daß ihre Söhne durch ihren Vater in dessen Klinik, also hier, auf die Welt gebracht wurden. Eine jener KPM-Gedenktafeln, wie sie an Berliner Erinnerungsstätten gang und gäbe sind, wäre also – nach noch genauerer Sondierung – anzuregen.

Edmund Georg Hermann Landau,
Photo von E. Reichelt (Breslau) 1913

Namensregister

Adorno, Theodor W. 138
Andres, Stefan 73
Andres, Dorothee 73
Arendt, Hannah 200
Auguste Viktoria von Preußen, Kaiserin 30

Bäumer, Gertrud 93
Barlach, Ernst 62
Bassevi von Treuenfels, Jacob 88
Becher, Johannes R. 97
Beck, Ludwig 45
Becker, Ruth (Schwester von Lola) 76
Becker, Klaus 76
Begin, Menachim 82
Ben-Chorin, Schalom 83, 84, 87, 167
Bendt, Vera 211, 212
Benjamin, Walter 15
Ben Schemen, Jugenddorf 70, 128
Bergner, Elisabeth 224
Bernadotte, Sigvard, Prinz 41
Bezalel, Kunstschule 78
Bildt, Paul 36
Blumenfeld, Erwin 164
Blunck, Hans Friedrich 68
Bonaparte, Jerome 88
Bonhoeffer, Julie 52
Bonhoeffer, Dietrich 62, 63
Bormann, Albert 11, 129
Bormann, Martin 117
Braby, Dorothea 62
Brandes, Georg 33
Brecht, Bertolt 97, 98, 99
Buber, Martin 37
Bund der Kriegsdienstgegner 32
von dem Bussche, Axel 45

Celan, Paul 215, 216
Cohen, Mazel 210
Cohn, Jonas 20
Conring, Hermann 232, 233
Cossmann, Paul Nikolaus 146
Craemer, Kurt 74

Deuter, Jörg 175

von Doderer, Heimito 204
Doelker, Richard 74, 75
Dohm, Hedwig 24, 26, 27
ten Doornkaat, Kriso 163, 181
Domin, Hilde 95
Dünnebeil, Gisela 152, 153

Elster, Hanns-Martin 171

Fabrizius, Jonathan (das ist »Jörg Deuter«) 164
Färber, Marcell Meir 87, 184
Fallada, Hans 42
Flucht in die Landschaft 122
Flügel, Heinz 145
Flügge, Thomas 211
Fontane, Theodor 15
Freud, Sigmund 19, 104
Friedländer, David 88

Gadamer, Hans-Georg 20
George, Stefan 86
Gerstenmaier, Eugen 170, 174
Goethe 140
Goldschmidt, Ernst T. 97, 98
von der Goltz, Hans 40
Gralla, Peter und Helga von Arnim-Gralla 213
Grass, Günter 204
Grathoff, Dirk 184
Grünefeld, Oltmann 233
Grunewald-Gymnasium Berlin 71, 132
Gundolf, Friedrich 138, 139, 140

Haas, Wilhelm 184, 202, 204
Häckermann, Hans 181
von Haeften, Hans-Bernd 45
Hahn, Charlotte 15, 45, 75
Hahn, Franz 75, 224
Hahn, Kurt 11, 43, 44, 45, 61, 75, 224
Hahn, Rudolph 75
Hahn-Warburg, Lola 75
Hallgarten, Constanze 23
Hamann, Birgitta 47, 93, 129, 130, 171, 210
Harden, Maximilian 30
Hartwig, Thomas 160, 165, 221
Hasenclever, Walter 92

Hauschner, Auguste 27
Hebroni, Joseph 79
Heck, Bruno 174
Hegel, Georg Friedrich Wilhelm 19
Heine, Anselma 27
Heller, Josef 69
von Helllfeld, Matthias 152, 153
Henkels, Paul 36
Hermann-Neiße, Hermann 96, 98
Hess, Rudolf 114, 129
Hevroni (auch Chevroni), Pessach 77, 78, 79, 80, 83, 84, 168, 211
Hess, Moses 37
Hess, Rudolf 117, 118
Heym, Georg 147
von Hindenburg, Paul 119, 120
Hitler, Adolf 39, 45, 46, 48, 52, 58, 109, 112, 116, 117, 122, 148, 207
Hoelz, Max 143
Huxley, Aldous 62
Hyan, Hans 17

Hochhuth, Rolf 50
Höllerer, Walter 131, 132, 158, 210, 214
Hönigswald, Richard 19, 20
Hoffmann, E.T.A. 136, 137, 221
von Hofmannsthal, Hugo 19
Holz, Arno 33
Hosfeld, Rolf 41

Ihlenfeld, Kurt 145

ben Jehuda, Elizier 77, 78
Jens, Walter 141
Jewish Fund 101
John, Gebrüder 53, 61
Jonas, Magda 32
de Jonge, Jakob 55, 228, 229, 230, 232
Joseph II., deutscher Kaiser 88
Jüdische Gemeinde zu Berlin, Protestschreiben 51
Jugend Alija, 131, 200

Kaléko, Mascha, 96, 98, 186
Kempowski, Hildegard 163
Kempowski, Walter 85, 93, 154, 161, 162, 163, 169, 214
Keren Hajessod, Aufbaufond 64, 65, 69, 72, 82, 110, 127, 135
Kessler, Harry Graf 30
Khatchaturian, Zaven 137
Klan, Ulrich 39, 40
Klausch, Hans-Peter 233, 234
Klinkenborg, Enno 233
von Königswald, Harald 118
Koeppel, Matthias 57
Kollek, Teddy 85, 186
Kollwitz, Käte 24
Kossendey, Thomas 202
Kowaliska(-Wegner), Irene 56, 63, 74, 75, 92, 94, 112, 115, 116, 117, 203, 204, 228, 229, 230, 231, 232
Kracauer, Siegfried 187
Kroetz, Franz Xaver 203
Kühnemann, Eugen 20

Landau, Anschulka 15
Landau, Ezechiel 88, 89, 185, 186, 189
Landau, Edmund (Yezechiel) 11, 13, 68, 89
Landau, Leopold 13
Laudau, Philippine 33, 42, 69, 76, 102, 113, 150, 225
Landau, Theodor 13, 33, 150
Langhoff, Wolfgang 124, 228, 229
Lasker-Schüler, Else 95, 96, 133, 135, 147
Lassalle, Ferdinand 18, 33
Ledermann (geb. Pringsheim), Margarethe 29, 192
Lehman, Rebecca 70, 73
Lehman, Siegfried 70, 71
Lehweß-Litzmann, Walter 40
Lemonnier, Camille 25
Lenz, Hermann 92
Leonhardt, Rudolf Walter 160
Leopold, Peter Friedrich 213
von Lieben, Ilse und Familie 104
Liebknecht, Karl 61, 141
Liepman, Ruth 165
Link-Salinger, Ruth (genannt Hyman) 217, 218
Linsel, Anne 159, 179
Litfaß, Theodor 126
Litzmann, Karl 38, 39, 40, 54, 127
Ludendorff, Erich 118, 119, 120
Luxemburg, Rosa 141

Maaß, Hans 213
de Maistre, Xavier 188
Mann, Golo 44, 45
Mann, Heinrich 24
Mann, Klaus 26
Mann, Thomas 18, 19, 26, 29
March, John 177, 201
Marck (March), Alf(ons) 30, 35, 69, 75, 86, 91, 92, 101, 109, 123, 130, 151, 171, 224
Marck, Andreas 35, 5, 71, 76, 86, 90, 92, 101, 108, 109, 110, 111, 123, 124 ,127, 128, 130, 139, 140, 141, 143, 144, 151, 167, 176, 183, 192, 193, 194, 195, 197, 201, 202, 205, 207, 209, 210, 212, 214, 222, 223, 224
Marck, Fried 17, 18, 19, 20, 21, 25, 26, 31, 75, 76, 85, 133, 149, 150, 191, 207, 224
Marck, Ilan 189, 193
Marck, Rosa 35, 66, 101
Marck, Siegfried (d.Ä.) 18, 33
McDonald, Ramsey 44
Meckauer, Walter 30
Mehring, Walter 97
Mertelmeyer, Thea 23
Mewes, Anni 36
Mitterer, Erika 115, 116
Morawietz, Kurt 132
Moser, Wolfram 41
Moses-Krause, Peter 236
Müller-Waldeck, Gunnar 57, 58
Mussolini, Benvenuto 112

Nagel, Fritz 233 Nannen, Henry 121
Nansen, Fritjof 36
Narkiss, Uzi 82
Naumann, Friedrich 30
von Neurath, Konstantin 44
Nickisch, Reinhard M.G. 138
Niebuhr, Reinhold 63
Niederland, William G. 226
Niemann, Harry 181

Obama, Barack 63
von Oertzen, Friedrich Wilhelm 121
Ossietzky-Preis 109, 153, 154, 155, 220
Oppel, Lisel 75

Pacelli, Eugenio (später Pius XII.) 50
Pavenstedt, Sibilla 181
Pänke, Hedda 180, 211, 222
Pankok, Bernhard 74
Patzek, Erika 41
Pazi, Margarita 184, 202
Perl, Noami 210
Perlen, Frida 22
Philip Mountbatton 11
Pius XI. 47, 48, 224
Pius XII. 50
Planck, Mathilde 22
Pringsheim, Hedwig 26

Raddatz, Fritz J. 160, 161, 164
Rathenau, Walther 30
Rau (Fischer) Bettina 166, 167, 168, 175, 183, 199, 206
Rau (Deuter) Stephanie 168, 183, 186, 188, 196, 199, 205
Riesser, Gabriel 197
Rilke, Rainer Maria 86, 117
Röhl, Erna 54, 101, 231
Rokeah, David 215
Rolland, Romain 61
Rosenstock, Cläre 150, 191
Rubiner, Ludwig 147

Sachs, Nelly 95
Sahl, Hans 97, 98
Salemer Bund 43
Schatz, Boris 77
von Scheffer-Boyadel, Reinhard 41
Schellenberg, Walter 66
Schiff, Gert 206
Schmid, Carlo 22
Schoeps, Hans Joachim 146
Schulte Strathaus, Ernst 114, 115, 116
Schumacher, Hans 132, 162
Schumann, Gerhard 90, 91, 92, 169, 171, 172, 173
Seidel, Georg (alias Christian Ferber) 114, 117
Seidel (Schulte Strathaus) Heilwig 115, 116
Seidel, Ina 114, 115, 116
Sendschreiben an Hitler (»Judenbrief«) 108, 111, 112, 122, 133, 143

Serke, Jürgen 141, 199, 205
Sohn-Rethel, Carli 74
»Sprache im technischen Zeitalter« 156, 175, 191, 211
Springer, Friede 190, 202
Steckel, Leonard 36
Stein, Edith 21, 48, 49, 50, 224
Steiner, George 217, 218
Stöcker, Helene 23
Strasser, Otto 154
von Suttner, Bertha 26

Tamcke, Martin 140
Tannai, Shlomit 196
Thewalt-Hannasch, Maragrethe 75
Tghart, Reinhard 211
Tillich, Paul 20
Toller, Ernst 91, 133, 156, 157, 193, 202, 203
Torgler, Ernst
Trautwein, Wolfgang 136
Tucholsky, Kurt 35, 184

Uhlen, Klaus, (Pseudonym ATW Wegners) 68
von Unruh, Fritz 96, 98
Ury, Lesser 16, 17, 113
Urzidil, Johannes 89

Verein Freie Bühne Berlin 14
Viertel, Berthold 96
Via dolorosa, Nachvollzug 125

Walzer, Raphael 50
Wagenfeld, Bernd 142
Wassermann, Jakob 86, 195
Wegner, Familie insgesamt 76
Wegner, Gustav 107, 140
Wegner, Leonhard (Pseudonym für Lola Landau) 36
Wegner, Maria Apollonia 21, 28, 30, 140
Wegner, Michele (Michael Donatello) 160
Wegner (-Stevens), Sibylle, 35, 37, 53, 65, 67, 73, 76, 80, **100–106,** 109, 123, 124, 128, 151, 172, 175, 176, 182
Weltliga der Mütter und Erzieherinnen 23
Weltsch, Robert 52

Wernicke-Rothmayer, Johanna 66, 129, 137, 152
Werfel, Franz 86, 187
Westphal, Helmut 121, 122
Whitman, Walt 126
Wiegand, Theodor , »Thronende Göttin von Tarent« 121, 122
Wittgenstein, Ludwig 218
Wolff, Theodor 30
Wolken, Karl Alfred 204
Women´s International Zionistic Organisation 75, 76, 80
Women´s League for Peace and Freedom 23

Zech, Paul 97, 98
Zemelo, Ernst 78
Zeugen Jehovas 118
Zionistische Vereinigung Berlin 66
Zweig, Max 87
Zweig, Srefan 87
Zwerenz, Gerhard 154

Bibliographie

I. Sekundärliteratur zu Lola Landau

Literatur über Armin T. Wegner wird hier nicht aufgeführt, kann aber, sofern Lola Landau erwähnt wird, den Fußnoten entnommen werden.

Eleanor Beaven, Representations of Identity and Self in the Autobiographical Writing of Gina Kaus, Lola Landau and Gabriele Tergit. University of London 2008

Tilly Boesche-Zacharow, »Wenn das Frau Pazi sieht.« Verband deutschsprachiger Schriftsteller in Israel 1975–2005. Berlin/Haifa 2017

Peter Böthig, Wolfgang Bruyn, Jürgen de Rehfeld, Im Haus der sieben Wälder. Lola Landau und Armin T. Wegner in Neuglobsow. Frankfurt/O. 2012, 2. Auflage 2020 (Frankfurter Buntbücher 49)

Peter Böthig / Stefanie Oswalt, Juden in Rheinsberg. Eine Spurensuche. Karwe 2005

Jörg Deuter, »Noch liebt mich die Erde«, Lola Landau–Lebensweg einer deutschen Dichterin von Berlin nach Jerusalem, in: Sprache im technischen Zeitalter 91, 1984. September 1984. S. 209–235

Irene Dieckmann (Hg.), Jüdisches Brandenburg. Geschichte und Gegenwart. Berlin 2008 (Zur Geschichte der Juden in Berlin-Brandenburg, Sachsen-Anhalt, Sachsen und Thüringen 5)

Thomas Flügge, Drei Leben. Zum Tode von Lola Landau, in: Tageszeitung (taz) vom 6. April 1990. S. 17

Edda Gutsche, »Ich mußte auf's Land, das war mir klar.« Schriftstellerorte in Brandenburg. Berlin 2012.

Birgitta Hamann, Lola Landau, Leben und Werk. Ein Beispiel deutsch-jüdischer Literatur im 20. Jahrhundert in Deutschland und Palästina/Israel. Berlin 2000

Simone Kappel, Der Schlaf als Erlösung vom Alltag? Die Alltagsflucht in zwei expressionistischen Gedichten von Lola Landau. Germanistische Hausarbeit 2018 (teilweise online)

Dieter Kühn, Die siebte Woge. Mein Logbuch. Frankfurt/M. 2015 [„Fünf: Auch Wegner machte es mir schwer« (sehr fehlerhaft)]

Bernadette Rieger, Unter Beweis: das Leben. Sechs Autobiographien deutschsprachiger SchriftstellerInnen aus Israel. Göttingen 2008 (Dissertation Salzburg 2006)

Sybill Stevens-Wegner, Eight Homes and Four Countries. 2003 Digitale Fassung

Sybill Stevens-Wegner, Eight Schools and Four Languages. 2003 Digitale Fassung

Jürgen Serke, Die verbrannten Dichter. Weinheim/Basel 1977 und öfter
Johanna Wernicke-Rothmayer, Armin T. Wegner. Gesellschaftserfahrung und literarisches Werk. Frankfurt/M. und Bern 1982
Johanna Wernicke-Rothmayer, Der Zeltplatz an der Havel–der Ort der Verhaftung Armin T. Wegners. Beschreibung. Eine Zusammenstellung Skript 2021

II. Selbständige Veröffentlichungen von Lola Landau unter Einbeziehung von Beiträgen in Sammelbänden und Zeitschriften

Die umfassendste mir bekannte Bibliographie der Veröffentlichungen Lola Landaus findet sich im »Lexikon deutsch-jüdischer Autoren« des Saur-Verlags, Band 15. München 2007. S. 33–39. Sie soll hier nicht reproduziert werden, vielmehr sollen alle bekannten monographischen Veröffentlichungen, sowie dort nicht aufgeführte Beiträge in Sammelwerken und Zeitschriften – diese ergänzend – hier erfasst werden.

Die frühen literarischen Arbeiten blieben weitgehend ungedruckt, so das Drama »Der Festungskommandant« (1915), die Tragödie »Charlotte Corday« (1918/19, verschollen), der Einakter »Urlaub« (1919), aber auch die Friedensschrift »Der eiserne Götze« (1916). Wie denn überhaupt fast alles auch später für Bühne und Hörfunk Geschriebene nur als Skript existiert, so »Die Wette mit dem Tod« (1930, Festspiele Wernigerode) oder »Bollejungen« (1931, Volksbühne am Bülowplatz).

Der neue Geist, in: Berliner Tageblatt, Beiblatt: Der Zeitgeist vom 17. August 1914. o.S.
Schimmernde Gelände. Gedichte. München (Georg Müller) 1916
Geschichte von der Heimkehr, in: Walter Meckauer (Hrsg.), Die Bergschmiede. Novellen schlesischer Dichter. Konstanz (Reuß & Itta) 1916. ^{2}1920. S. 62 - 68
Isolde Weißhand, ein Drama in vier Akten, in: Das Theater in Breslau und Theodor Loewe 1892-1917. Beiträge deutscher Dichter und Künstler, herausgegeben von Walter Meckauer. Dresden und Leipzig 1917, S. 91ff. Nachdruck (pranava Books) o.O. 2020
Gedanken über Religion und Menschheit im Kriege, in: Nord und Süd 43, 1919. Band 168. S. 10–15 [Im Wesentlichen geschrieben im Herbst 1915]
Fieber, in: Vossische Zeitung vom 12. September 1919, S. 2/3
Das Lied der Mutter. Gedichte. Charlottenburg (Lehmann) 1919
Der unversiegbare Brunnen. 1922. Bisher konnte kein erhaltenes Exemplar des Gedichtbandes nachgewiesen werden.

Die unsichtbare Grenze, in: Vossische Zeitung vom 21. Juli 1922. o.S.
Gedichte, in: Heinrich Eduard Jacob (Hrsg.), Verse der Lebenden. Berlin (Propyläen) 1924
Marionetten, in: Berliner Tageblatt und Handelszeitung Nr. 267, 53, 6. Juni 1924. S. 2
Abgrund. Zwei Erzählungen. Berlin-Charlottenburg (Weltgeist) 1926
Die spanische Frau, in: Vossische Zeitung, Unterhaltungsblatt vom 25. März 1926. S. 1
[Mit Armin T. Wegner:] Wasif und Akif oder: Die Frau mit den zwei Ehemännern. Ein türkisches Puppenspiel in acht Bildern. Berlin (Oesterheld) 1926 [Aufgeführt in der Komödie am Kurfürstendamm]
Der Flug um die Welt. Märchenspiel von heute in acht Bildern. Berlin (Oesterheld) 1927 [Eine Aufführung am Kindertheater Leningrad war geplant, ist aber nicht gesichert.]
Das Kind im neuen Russland, Rundfunkvortrag, gesendet »Ende Januar 1928« [Gesichert durch einen Brief Lola Landaus an Armin T. Wegner vom 29. Dezember 1927]
Die Frau ohne Gesicht, in: Scherl's Magazin Band 6, 1930 Heft. S. 566–573 und Heft 7. S. 654–657. Mit eigenen Photos von der Palästina- und Nahost-Reise
[Mit Armin T. Wegner:] Treibeis. Umkehr und Sieg Frithjof Nansens. [1931], in: Armin T. Wegner, Odyssee der Seele. Ausgewählte Werke. Herausgegeben von Ronald Steckel. Wuppertal 1976 (Peter Hammer). S. 247 - 280
[Ps. Leonhard Wegner:] Kind im Schatten. Berlin (Oesterheld) 1932 [Breslau, Lobe-Theater, Zürich, Prag, Tel Aviv Habimah-Theater}
Der alte Olivenbaum, in: Aufbau. N.Y. Vol. 16, 1950. No. 2, Jan. 13th 1950
Das hässliche Mädchen, in: Für Dich (Bertelsmann) 2, 1957. o.S.
Das Mädchen, das immer nein sagte, in: Für Dich (Bertelsmann) 3, 1958. S. 245–252
Porträt einer Idealistin. In Memoriam Nadia Stein, in: Erna Meyer / Michaela Aloni, Nadia Stein zum Gedenken. Haifa (Privatdruck) 1962. S. 4–10
Familie und Tradition [der Familien Landau und Hahn], in: Hermann Röhrs (Hrsg.), Bildung als Wagnis und Bewährung. Heidelberg 1966. S. 102–107
Gedichte, in: Erdkreis. Eine katholische Monatsschrift. Würzburg (Echter) 16, 1966. Heft 9.
Noch liebt mich die Erde. Gedichte. Bodman (Hohenstaufen) 1969
Hörst Du mich, kleine Schwester? Sieben Erzählungen. (Hohenstaufen) Bodman 1971
Pesah Hevroni: Naftuli Hayim shel Tsa'ir Yerushalmi. Ruman. Tel Aviv (Kiriat Sefer) 1972 [Aus dem Englischen der Lola Landau übersetzt von Chaim Maas. Arbeitstitel Baakifin (Auf Umwegen). Verlagsort auch: Haifa]
Variationen der Liebe. Sieben Erzählungen. Bodman (Hohenstaufen) 1973

Der Lichtertanz. Am Vorabend einer jemenitischen Hochzeit in Jerusalem, in: Andreas W. Mytze (Hrsg.), Europäische Ideen, (Verlag Europäische Ideen) Heft 47, Berlin 1980. S. 15/16

Die zärtliche Buche. Erlebtes und Erträumtes. Gedichte und Prosa. Bodman (Hofenstaufen) 1980 [Unter anderem: Kindheitserinnerungen an Berlin]

Schicksalhafte Begegnung mit Armin T. Wegner. Erinnerung an den Besuch von Ernst Toller und Gedichte, in: Sprache im technischen Zeitalter (Literarisches Colloquium) 95, 1984. September 1984. S. 226–235

Drei ungedruckte Gedichte, darunter »Verschwendung. Krieg im Sommer« und »Schicksal, schenke mir noch ein Jahr« (für Jörg Deuter), in: Sprache im technischen Zeitalter (Literarisches Colloquium) 93, 1985. März 1985. S. 29–31

Brief an Jörg Deuter vom 16. Juni 1983 und Erlebnisse nach der Novemberrevolution aus: »Meine drei Leben«, in: Sprache im technischen Zeitalter (Literarisches Colloquium) 114, 1990. Juni 1990. S. 82–86

Vor dem Vergessen. Meine drei Leben. Frankfurt/Berlin (Ullstein) 1987. Taschenbuch 1992

Leben in Israel. Herausgegeben von Margarita Pazi. Marbach/Bonn (Internationes) 1987. Festschrift zum 95. Geburtstag durch den Senator für kulturelle Angelegenheiten

Die Verwandlung, in: Hartmut Vollmer (Hg.), Die rote Perücke. Prosa expressionistischer Dichterinnen. Paderborn 1996. S. 65 - 70

Oral History Interview Code: USC Shoah Foundation: Interview Code 27.857 (Fay Nicoli) and Code 48.194 (Maureen Halpert). Los Angeles 1997/98

[Mit Armin T. Wegner:] Positano oder: Der Weg ins dritte Leben. [Briefe und Teile der Autobiographie] Herausgegeben von Thomas Hartwig. Berlin (Das Arsenal) 1995

[Mit Armin T. Wegner:] »Welt vorbei.« Abschied von den sieben Wäldern. Die KZ-Briefe 1933/34. Herausgegeben von Thomas Hartwig. Berlin (Das Arsenal) 1999

Autolied, in: Johannes Vennekamp (Hrsg. und Graphiker), PS Hero. 50 Gedichte und Autobilder. München 2001

Armin T. Wegner / Lola Landau. Gedichte. Herausgegeben von Bernd Jentzsch. Flamersheim 2012 (Reihe Poesiealbum 161)

Brief an Jörg Deuter vom 16. Juni 1983 [Wiederabdruck], in: Armin T. Wegner, Rufe in die Welt. Manifeste und Offene Briefe. Herausgeben von Miriam Esau und Michael Hoffmann. Göttingen (Wallstein) 2015. S. 230

Gedichte und Texte Lola Landaus finden sich zeitgenössisch auch in folgenden Anthologien:

Meir Marcell Färber (Hrsg.), Stimmen aus Israel. Gerlingen (Bleicher) 1979

Margarita Pazi (Hrsg.), Nachrichten aus Israel. Hildesheim/New York (Olms) 1981
Alice Schwarz-Gardos (Hrsg.), Heimat ist anderswo. Freiburg (Herder) 1983
Alice Schwarz-Gardos (Hrsg.), Hügel des Frühlings. Freiburg (Herder) 1984
Meir Marcell Färber (Hrsg.), Auf dem Weg. Gerlingen (Bleicher) 1989
Shlomo Erel (Hrsg.), Kaleidoskop Israel. Deutschsprachige Einwanderer in Israel. Klagenfurt (Alekto) 1994
Max Kerner (u.a., Hgg.), Es stand Jerusalem um uns. Jerusalem in Gedichten des 20. und 21. Jahrhunderts. Mönchengladbach (Kühlen) 2016

Danksagung

Mein Dank gilt insbesondere Hartwig Behr M.A., Bad Mergentheim; Dr. Michael Bischoff, Berlin; Dr. Birgitta Hamann, Heidelberg; Ulrich Klan, Wuppertal; Professor Matthias Koeppel, Berlin; Dr. Uwe Laugwitz, Buchholz; Dr. Sabine Lehmann, Berlin; Renate von Mangoldt, Berlin; dem Deutschen Literaturarchiv Marbach; Ilan March und seiner Schwester Shlomith, Moledet; Michael Stevens, Essen; Andreas W. Mytze, London; Dr. h.c. Friede Springer, Berlin; Sybil Stevens-Wegner, ehemals Wroxham; Bernd Wagenfeld, Oldenburg; Dr. Johanna Wernicke-Rothmayer, Berlin.

Die Abbildungsvorlagen stammen aus dem Familienbesitz Landau/Marck, mit Ausnahme der Abbildungen 14.1 und 14.2 (Postkarte von Albert Meyer und anonyme Sammelmarke), 16 (Faksimile aus dem »Stern«), 17 (© Bernd Wagenfeld), 19 (© Walter Höllerer/Renate von Mangoldt) und 20 und 24 (der Autor)

Jörg Deuter, geboren 1956, ist promovierter Kunsthistoriker und Germanist, der an Museen und Hochschulen (Carl von Ossietzky-Universität Oldenburg, TU Berlin) wirkte.

Ein zentrales Thema des Autors bilden Forschungen zur Kunst und Architektur der Goethezeit und des Klassizismus, so etwa in Studien über »Die Genesis des Klassizismus in Nordwestdeutschland« (1997), Christian Frederik Hansen (2000), den Klopstock-Kult in den deutschen Landesteilen Dänemarks (1989), Johann Heinrich Dannecker (1992), über unveröffentlichte Schadow-Entwürfe (1990), sowie zur Schinkel-Schule in Norddeutschland (1990 und öfter).

Die Forschungsinteressen Deuters sind oft durch solche geistesgeschichtlich-kunsthistorische Grenzgänge und Grenzgebiete geprägt, die auch der Theorie und Wissenschaftsgeschichte der Kunstgeschichte gelten, wie zum Beispiel der Vermittlerrolle Francesco Algarottis (2009) zwischen dem gerade entstehenden architektonischen Funktionalismus Venedigs und der palladianischen Baukunst in Brandenburg-Preußen oder der exakt rekonstruierenden Chinoiserie am Beispiel von William Chambers (1993 u.ö.).

Die oft noch aus persönlicher Begegnung und Befragung entsprungene Darstellung von Künstlern, entstanden aus Zeitzeugen-Interviews zu Kunst und Widerstand, liefern eine Grundlage für verschiedene Veröffentlichungen Deuters. Derartige direkte Kontakte reichten zurück bis zu Künstlern und Autoren der »klassischen Moderne« und des expressionistischen Jahrzehnts, so etwa zu Gerhard Marcks, Hannah Höch oder Armin T. Wegner.

Die neueren Buchveröffentlichungen des Autors sind: Nicht nur Lili Marleen... Der Briefwechsel des Dichters und Malers Hans Leip mit dem Esperantologen Richard Schulz (Nordhausen 2013); Gert Schiff (1926–1990), von Füssli zu Picasso. Mit einer Einleitung von Werner Hofmann. (Weimar 2014); Friedrich der Große, die Ostasiatische Compagnie und Sir William Chambers (in: Festschrift Gert-Helge Vogel, Kiel 2016); Bildende Kunst des Sturm und Drang. Johann Heinrich Füssli (in: Matthias Luserke-Jaqui (Hg.), Handbuch Sturm und Drang. Berlin/Boston 2017); Ernst Willers. Ein Beitrag zur Geschichte der Landschaftsmalerei (Buchholz 2017, ^{2}2021); »Zweimal Prager Frühling«. Über eine Ausstellung, die nicht sein durfte, und über Bohumil Kubišta und die Maler der »Brücke« (Buchholz 2019). »Festschrift Matthias Koeppel zum 85. Geburtstag« (Buchholz 2022).